本书出版得到“龙图法律教育基金”的资助

2020
第1辑·总第7辑

师大法学

ECNU LAW REVIEW

华东师范大学法学院 组编
张志铭 主编
于浩 林国荣 执行主编

法律出版社
LAW PRESS · CHINA

卷首语

本辑《师大法学》共刊佳作十一篇，分别收录于“帝国叙事”“国家治理”与“译文”三个栏目中。从所设主题来看，“厚重”乃是本辑基调。对于作者而言，文章是千古事，而对于编者而言，如若要对得起作者的信任与期待，就需要不断给自己加码压担，致力将那些真正富有时代担当、旨在启迪智慧的文章送到读者面前。这也意味着，年轻的我们不会选择轻装上阵，而只能负重前行。是故所谓“厚重”，不仅为本辑基调，也是《师大法学》整体所欲呈现的风格。

“帝国叙事”专题研讨栏目收有五篇佳作，它们均围绕帝国话题铺陈叙述，指向历史长河中熠熠生辉的雅典帝国、罗马帝国、英帝国与俄罗斯帝国。我们期望读者在庄严的帝国叙事中，感受欧洲的久远历史与厚重文化。在《柏拉图、亚西比德与雅典帝国问题》中，王恒关注导致雅典帝国从极盛转向衰落的关键人物亚西比德，通过分析柏拉图的对话，反思苏格拉底和亚西比德，从哲学与政治的角度对雅典帝国的历史展开了深入而有益的思考。以此为线索，文章进一步展示出柏拉图对希腊政治和文明的理解，包括他对叙拉古、马其顿以及波斯帝国极富洞察力的思索，为读者讨论相关话题提供了广阔的视野。在《从蒙森到塞姆：罗马帝国叙事的变迁》中，林国荣介绍并比较了蒙森和塞姆对罗马帝国变迁、发育的叙事模式，其中蒙森的作品被誉为19世纪历史学在该论题上的集大成之作，它高举理想主义的大旗；而塞姆的《罗马革命》一书则开启关于历史解释的根本性变革，其秉持严格的不可知论，以现实主义为标志和特征，被奉为20世纪该领域最具代表性的作品。在关于罗马帝国叙事的变迁中，作者向读者展现出那些潜藏于叙事背后，颇具深意的社会、经济、政治等诸多因素。

在《戴雪的两种形象:法学家和政论家》中,何永红通过对英国法学家戴雪生平事迹和写作背景等情况的考察,旗帜鲜明地提出戴雪的两种形象,即在被普遍承认的法学家形象外,还有着政论家的形象,他用文字直接参与政治斗争,捍卫自己的理想信念与联合王国的统一。作为法学家,戴雪杰出而成功,影响深远;作为政论家,戴雪富有激情,极为关注爱尔兰问题和主权问题,力图维护英帝国的完整性,只是影响较为有限。何永红认为,戴雪的两种形象与两类作品,都集中表达了英帝国鼎盛时期的价值观和信念。时间向后推移,学者的目光也从雅典帝国、罗马帝国移至近现代的大英帝国。胥博的《英帝国联邦的"愿景"与帝国史叙事——读西利〈英格兰的扩张〉》一文,向读者引介了 19 世纪英国著名历史学家和政治学家西利的代表作《英格兰的扩张》。他指出,西利站在民族国家的立场上理解和诠释英帝国,将其从性质上界定为现代技术条件下的一个巨型民族共同体。就此而言,英帝国的合法性依赖民族性原则来维系,而与此同时,民族性也构成"帝国联邦论"的限度,并由此将印度排斥在英帝国联邦之外。在此意义上,作者视《英格兰的扩张》一书为一种"高明"的修辞,它力图"合法化"英帝国强劲的扩张冲动,同时又为其设限。

水土育人,地域立国,在西欧各国与乌拉尔山之间这片被称为欧俄的辽阔地域,诞生了在风土人情和政制风格方面与西欧帝国迥异的俄罗斯帝国。傅强的《地缘变迁与俄罗斯帝国政制的奠基》一文,集中展现了一幅俄罗斯服役帝国的面貌。他指出,由于莫斯科君主在地理上的东西两方均受到巨大的防卫压力,对军事服役的要求日益增大,所以才会形成以服役为基础的君主执政国家。尔后彼得大帝改革,使得俄罗斯彻底转变为实行君主专制的帝国。地理因素对俄罗斯发展的深刻影响表明,在俄罗斯帝国政制的奠定与持续过程中,地缘压力与服役国家之间的互动与促进始终贯穿其中。

"国家治理"专题研讨栏目推出三篇佳作,分别从治理技术、治理共同体与治理的具体路径方面讨论中国国家治理问题。孟涛长期关注法治评估的理论与实践,他在《作为一种治理技术的法治评估》中提出"法治评估是一种学术研究事业还是一种'治理术'"的问题,并在文中给出了相应的回答:法治评估的"学术性"与"治理术"这两种性质是不可分割的,作为一种学术理论的法治评估,深受作为一种治理技术的法治评估的制约,这是法学"科学性"与"实践性"

相统一的缩影。当前,法治评估明显呈现为一种治理技术,它具有两种典型形态。对于学术界和非政府组织而言,法治指数评估是施展治理效果的主要方式,而对于政府而言,法治绩效评估则是最佳选择。他进而提出,随着法治的深入发展,在未来,关于法治的定性评估应该得到更多的适用。

在《从社会共同体到社会治理共同体的法治路径——以基层群众性自治组织为中心》一文中,张青波将社会共同体看作连接国家和个人的纽带和桥梁,高度肯定建设社会共同体的意义。在我国社会转型的背景下,旧的社会共同体逐渐瓦解,新的社会共同体尚不足以妥善发挥整合社会的作用。基于此,张青波提出,要发挥社会共同体妥善化解社会矛盾、适足回应个人需要、有效弥补国家治理不足的作用,进而形成共同体内部共建共治共享的治理格局,就必须将社会共同体转化为社会治理共同体。而为实现这一目的,必须审视社会共同体的法治路径,使社会共同体建设符合法治理念、法治思维和法治规范。在此基础上,他将当前基层群众性自治组织面临的法治困境总结为"政府的外在干预"与"内部治理制度的欠缺",并结合系统理论,提出应在社会宪治的视角下保障共同体的自治,优化社会规范的程序法治。

对于国家治理而言,社会治理共同体的建设固然是一项重要维度,但同样关键的一个面向在于,如何合理确立国家治理中政府与公民的角色关系。在《国家公共政策的"私人执行":草根动员与公民诉讼》中,陈洪杰重点关心在公共政策执行过程中,以政府或公民为执行主体的各种不同治理路径具有怎样的特点。他首先指出,传统行政中心主义的治理模式常常会陷入自相矛盾的境地中,即本应作为政策执行者的政府机构却以各种方式"扭曲""抗拒"政策的执行。为克服这种治理模式弊病,他在文中以"草根动员"与"公民诉讼"这两类社会行动类型与国家治理机制之间的互动为分析线索,尝试在理论上讨论是否有可能以一种"市场化"(而非"科层化"或"私法化")的路径来配置社会行动资源,从而基于社会行动路径分化以及国家治理结构(行政/司法)的有效对接,在社会行动者的竞争性选择中实现国家治理资源(权力/权威)的优化配置。

"译文"栏目收录三篇英美学者的佳作,它们由林国荣、董成龙和张卓明译为中文,行文流畅、表意精准,体现了译者扎实的文学功底与精深的学术素养。在《基尔克〈自然法与社会理论:1500 年 ~ 1800 年〉导言》中,英国历史学家、政治思想家E·巴克,对基尔克所著《日耳曼社团法》中第四卷的五个小节给予了介绍与评论,该书全面而细致地讲述了从1500年到1800年间出现的各种现代政治理论。作者不仅阐释了基尔克对政治理论、自然法理论和历史法学派的突出贡献,更重点着墨于基尔克提出的关于团体和团体人格的重要理论,为读者熟悉基尔克的学术思想、乃至了解从1500年到1800年间整个自然法与社会法理论的面貌提供了工具。《论〈独立宣言〉》选自芝加哥大学博雅学科讲师、罗萨里学院政治科学助理教授阿纳斯塔普罗所作的两次公开讲演。第一部分选自讲演《独立宣言:说明与提示》,第二部分选自讲演《再观独立宣言》,前者侧重于叙事,后者则回应了前者提出的部分问题,作者在其中有更多的发挥。阿纳斯塔普罗在开篇即将《独立宣言》在本质上认定为一份发表国内外各种公共目的的公共文件,继而以节为单位,陆续对《独立宣言》的全部内容进行了细致的说明,并针对《独立宣言》中以直接或间接形式出现的人人平等、政府形式、政府目的、幸福、美德等重大议题展开了充分的讨论。在《公民身份与尊严》一文中,美国著名法律和政治哲学家杰里米·沃尔德伦阐述了他的尊严观,即视尊严为一种地位,继而提出,公民身份是尊严的一种类型,并且由于公民身份是如此普遍,每个人都属于一个特定政治共同体,每个人都拥有一个对自己负责的国家,所以公民的尊严就成为了实现人的尊严的最佳方式或优良方针。他认为,公民的尊严不仅能够证成公民的权利,还能够导出公民的义务;公民的尊严意味着对公民的理性能力持有敬重,每个公民都应该获得平等的尊重。

目录
Contents

帝国叙事（专题研讨一）

国家治理（专题研讨二）

译 文

帝国叙事（专题研讨一）

柏拉图、亚西比德与雅典帝国问题

王　恒*

内容摘要:亚西比德是雅典帝国从极盛转向衰落的关键人物,也是苏格拉底的热烈仰慕者,这种关系后来成为苏格拉底之死的一个重要原因。在柏拉图对话中,亚西比德是除了苏格拉底之外最为重要的人物,柏拉图通过对苏格拉底和亚西比德的反思,不仅深入思考了哲学与政治的关系,也思考了雅典帝国扩张失败的原因。此外,对雅典的反思促使柏拉图从更为广阔的语境来理解希腊政治和文明,柏拉图的书信以及晚年的《法篇》,是这种思考的结晶,对叙拉古、马其顿以及波斯作出了富有洞察力的思考。

关键词:柏拉图　亚西比德　帝国　雅典　波斯　马其顿

一、亚西比德与雅典帝国

在伯罗奔尼撒战争前夕,面对斯巴达的最后通牒,伯里克利(Pericles)在雅典公民大会上发表演说,鼓励雅典人勇敢地面对战争,不要对斯巴达人让步,并细致分析了雅典和斯巴达的力量对比以及雅典的优势所在,在演讲的结尾,伯里克利对雅典人提出了告诫:“如果你们一致同意不再利用战争来实施新的征服扩张计划,如果你们不主动地把自己牵入新的危险中去,我还可以举出很多理由来说明你们是有希望取得最后胜利的。事实上,我所担心的不是敌人的诡

* 西南政法大学行政法学院副教授,法学博士。

计,而是我们自己的失策。"[1]在战争第一个年头的阵亡将士葬礼上,伯里克利再次发表演说,赞美了雅典帝国的伟大以及雅典生活方式的卓越:"如果说我们的祖先是值得歌颂的,那么我们的父辈们受到赞扬就更加当之无愧了。因为他们还为我们留下现在我们所拥有的这个帝国,而他们能够把这个帝国传给我们这一代,不是没有付出惨痛代价的。"[2]伯里克利最后得出结论:"一言以蔽之,我们的城邦是全希腊的学校。"[3]但是,随后斯巴达入侵阿提卡,以及意外暴发的瘟疫,让雅典人陷入了恐慌,伯里克利被迫在公民大会上为自己的政策进行辩护,阐述了帝国的重负和秘密,激励雅典人为捍卫帝国而战:"你们还应当维护雅典帝国的尊严。帝国对于你们每个人来说都是可以引以为自豪的共同源泉。对你们而言,拒绝承担帝国的责任,同时又企图享受其荣誉,这是不可能的。你们还应当知道,你们战争的目的不仅是享受自由或遭受奴役的问题,同时也牵涉帝国的丧失以及帝国在实际管理中所招致的仇恨而产生的危险。此外,假如在危难时刻你们当中确实有人曾认为放弃帝国是一种正直的事,那么,放弃这个帝国已经是不可能的了。坦率地说,因为你们的帝国已经成为一种僭主政治;过去取得这个帝国也许是不公正的,然而放弃这个帝国是不可能安全的。"[4]伯里克利没有明确说出来的弦外之音是:放弃这个帝国不仅意味着雅典霸权的丧失,更重要的是必然导致雅典政体的改变,因为自公元前461年厄菲阿尔忒斯改革,尤其是伯里克利时代以来,雅典民主制正常运转的基础就在于由雅典海权所保障的帝国。但伯里克利似乎没有想到这样的情形,即随着敌人情况的变化,维持帝国意味着同时扩张帝国,而成功的帝国扩张也同样面临着改变雅典政体的危险。此外,如果雅典真的像伯里克利说的那样是全希腊的学校,有什么充足的理由阻止雅典帝国的光芒照射到更广阔的地方呢?是否通

---

〔1〕 [古希腊]修昔底德:《伯罗奔尼撒战争史》,徐松岩、黄贤全译,广西师范大学出版社2004年版,第76页。

〔2〕 [古希腊]修昔底德:《伯罗奔尼撒战争史》,徐松岩、黄贤全译,广西师范大学出版社2004年版,第98页。

〔3〕 [古希腊]修昔底德:《伯罗奔尼撒战争史》,徐松岩、黄贤全译,广西师范大学出版社2004年版,第101页。

〔4〕 [古希腊]修昔底德:《伯罗奔尼撒战争史》,徐松岩、黄贤全译,广西师范大学出版社2004年版,第112页。

过改变雅典的扩张方式,可以改变雅典帝国的僭主形象?

自修昔底德(Thucydides)以降,伯里克利一直被视为完美政治家的典范,因此,当雅典最终战败投降,丧失帝国之后,人们最习惯性的做法,便是将伯里克利"被背叛的遗嘱"视为雅典帝国毁灭的最根本原因。其中,公元前415年的西西里远征则是雅典人犯下的最不可饶恕的错误,因为西西里远征正是伯里克利担心的最危险的"新的征服扩张计划"。伯里克利的养子,西西里远征计划的筹划者亚西比德(Alcibiades),也被认为恰好与伯里克利的审慎形成了鲜明的对照,成为不审慎的政治家的代表。

20世纪的历史研究逐渐改变了人们对伯里克利和亚西比德的认识,著名的伯罗奔尼撒战争研究者唐纳德·卡根(Donald Kagan)指出:"伯罗奔尼撒战争是一个陆上强国和海上强国之间的经典对抗。在投身这场战争时,每一方都希望并预期守己之长,按照一种符合本身强项的方式,以相对较低的代价赢得胜利。在几年之内,事态表明无论哪一方都不可能用这种方式取胜。为了取胜,每一方都必须学会如何在对方擅长的领域内打仗。雅典在西西里的惨败给了斯巴达依靠同波斯结盟来打赢战争的机会,而且在多次失败后,他们通过摧毁雅典舰队赢得了战争。没有别的途径。为了赢得真正的胜利而非伯里克利式的平局,雅典人必须找到一种在陆地上打败斯巴达人的办法。……旧战略甚至无法赢得伯里克利追求的那种有限胜利,更不用说一种剥夺敌人的战斗能力的胜利,这种胜利由于斯巴达人的决心而变得不可或缺。为此,雅典人本将需要采取攻势,在陆地上进行一场大战役,并且找到赢得这场战役的办法和时机。然而他们不愿下此决心。……更大的讽刺在于,敏捷、积极进取和善于创新的雅典人(就像科林斯人在战前将他们同斯巴达人比较的那样)竟不如迟钝、墨守传统和缺乏想象力的斯巴达人那么能够调整自己,适应一种不同的作战方式。"[1]在公元前5世纪,陆地上的战争主要是重装步兵的战斗,选择在陆地上与斯巴达展开斗争意味着或者像4世纪的伊巴密浓达(Iba Menonda)那样,革新雅典的重装步兵结构和战术,或者削弱斯巴达在伯罗奔尼撒联盟的地位,从

---

〔1〕[美]唐纳德·卡根:《伯罗奔尼撒战争中雅典的战略》,载[美]威廉森·默里等编:《缔造战略:统治者、国家与战争》,时殷弘等译,世界知识出版社2004年版,第56~58页。

而间接地削弱斯巴达重装步兵的力量。实际上,革新雅典的重装步兵力量不可避免地会改变雅典寡头派和民主派的力量对比,因此,后一种策略似乎是更便捷的选择。公元前 420 年,利用斯巴达与阿尔戈斯的矛盾,亚西比德策划了雅典与阿尔戈斯、门丁尼亚和伊利斯的联盟。朗佩特(Lampert)指出:"柏拉图的两篇《希庇阿斯》就是以这一年为背景的。亚西比德虽然没有出现在对话中,可他的影子却无所不在,因为对话的背景正是他一手操控的政治大事。"[1]但雅典的内部斗争使他们错失了这次良机,公元前 418 年的门丁尼亚战役后,斯巴达保持住了在伯罗奔尼撒联盟中的霸权。卡根对这次错失机会尤其感到叹息:"事实上,至少有一回,雅典人看来有机会取得那本来会使他们摆脱斯巴达人的永久猜疑和妒忌的彻底胜利。假如他们派遣一支更大的军队,并且使用为牵制敌人而部署在派罗斯的舰队和美塞尼亚人,他们本来可以于公元前 418 年在门丁尼亚打败斯巴达人。"[2]或许正是这次失败,迫使亚西比德谋划了更为激进的西西里远征方案。

公元前 416 年冬天,雅典人决定派遣一支更大的远征军到西西里去。[3] 这次远征不仅成为希腊史上最著名的远征,更成为整个伯罗奔尼撒战争乃至希腊政治命运的转折点。这次远征既是雅典帝国雄心最强有力的表达,也是雅典帝国衰落的最重要原因。

但西西里远征最终以失败而告终。那么,究竟是什么原因导致了这次远征的失败呢?细致揣摩修昔底德的评论,我们发现修昔底德并未将远征视为判断的错误,相反,是国内的内讧使远征军丧失了活力和失去了援助。[4] 甚至,尼

---

[1] [美]朗佩特、普兰诺:《〈蒂迈欧〉和〈克里底亚〉人物身份考》,载徐戬主编:《鸿蒙中的歌声:柏拉图〈蒂迈欧〉疏证》,朱刚等译,华东师范大学出版社 2008 年版,第 115 页。

[2] [美]唐纳德·卡根:《伯罗奔尼撒战争中雅典的战略》,载[美]威廉森·默里等编:《缔造战略:统治者、国家与战争》,时殷弘等译,世界知识出版社 2004 年版,第 56 页。

[3] 此前,雅典已经两次派遣军队到西西里。第一次是公元前 427 年,第二次是公元前 424 年,直到公元前 424 年基拉同盟大会召开,雅典才退出了西西里事务。

[4] [古希腊]修昔底德:《伯罗奔尼撒战争史》,徐松岩、黄贤全译,广西师范大学出版社 2004 年版,第 114 页。

西阿斯(Nicias)在远征中多次犯下的错误也不是失败的根本原因,[1]在尼西阿斯犯下错误之前,这出伟大的悲剧已经拉开了帷幕。实际上,远征失败的最终根源在于雅典人对亚西比德的放逐。放逐亚西比德不仅使雅典丧失了最有才华的将军,让叙拉古的赫莫克拉底(Hermocracy)有机会成就地米斯托克利式的事业。而且使亚西比德在流亡中说服斯巴达援助叙拉古和进攻阿提卡,也是叙拉古能够抵抗并击败雅典的重要原因。当然,更关键的是,放逐亚西比德这一事件涉及了雅典政体在进行帝国扩张时存在的难以克服的两难困境。雅典人以不虔敬和意图成为僭主为由放逐了亚西比德,我们将看到,虔敬和僭政的问题,是希腊城邦,尤其是雅典遭遇的最根本性问题,也是修昔底德史书叙述的一条隐秘的线索。史书中数次明显的"离题话",都与这个问题存在重要的关联。对于雅典而言,虔敬与僭政的问题体现了雅典民主制扩张能力的"阿喀琉斯之踵"。

远征军刚达到西西里不久,"萨拉明尼亚"号战舰就来卡塔那召亚西比德回国受审。修昔底德沉痛地写道:"远征军出发后,雅典人仍旧像从前那样积极地调查秘密祭祀和赫耳墨斯神像事件的真相。他们并不考查告发者的品质,把各种无关紧要的传言都当作怀疑的理由,仅凭无赖之徒所提供的证据就将最优秀的公民逮捕入狱。"[2]修昔底德还告诉我们,雅典人的这种歇斯底里的怀疑和疯狂的根源在于对道听途说的雅典僭政的恐惧。接下来,修昔底德插叙了一段关于雅典僭政的"离题话",澄清了雅典僭政的真相,虔敬问题是其中最重要的主题。

由此我们不难理解修昔底德对亚西比德的反思:西西里远征无疑是一次正确的行动,亚西比德的天赋使得他有资格和能力来策划和指挥这次最具雄心的

---

〔1〕 关于尼西阿斯在西西里远征中犯下的错误,主要有以下几点:第一,让雅典人扩大此次远征军的规模。第二,在亚西比德被召回国后无谓地绕行西西里,错失战机。第三,没有对普利姆密里昂足够设防,导致雅典失去最好的机会。第四,在西西里外交的失败。第五,向国内求援,再次扩大远征军的规模。第六,德谟斯提尼的援军在厄庇波利失利后拒绝撤退回国,导致了雅典在西西里全军覆没,而雅典人最初的计划是如果在西西里没有好的机会就撤军。第七,在其后不得已的撤退中,两次错失良机,导致雅典最终全军覆没。

〔2〕 [古希腊]修昔底德:《伯罗奔尼撒战争史》,徐松岩、黄贤全译,广西师范大学出版社 2004 年版,第 349 页。

远征,将雅典的帝国事业推向顶峰。但如同他同样天才的前辈地米斯托克利一样,亚西比德的天赋强化了他的不虔敬的外观,而这种不虔敬又被误解为建立僭政的企图,这导致了他和地米斯托克利一样的命运,也导致了远征的失败和帝国事业的失败。

二、柏拉图对话中的亚西比德

修昔底德的史书对哲学和哲学家几乎不置一词,尽管在史书后三卷对亚西比德进行了浓墨重彩的精心描绘,但却没有提及亚西比德与苏格拉底(Socrates)的关系,对亚西比德的教育也完全沉默。与修昔底德不同,在柏拉图的所有对话中,亚西比德无疑是除了苏格拉底之外最引人注目,倾注了柏拉图最多心血的人。[1] 柏拉图不仅写了两篇以亚西比德的名字命名的对话,在《普罗塔戈拉》《会饮》等对话中描绘了亚西比德与苏格拉底的关系,还在《蒂迈欧》《克里底亚》《大希庇阿斯》《小希庇阿斯》等对话中暗示了亚西比德。当然,最著名的是《苏格拉底的申辩》。苏格拉底被雅典公民大会指控不虔敬和教坏青年,其中最重要的一点就是指控苏格拉底教坏了亚西比德和克里底亚(Cratideia),克里底亚后来成为"三十僭主"的领袖。与色诺芬(Xenophon)试图遮掩苏格拉底和亚西比德的真实关系不同,柏拉图深入地思考了这一问题,尤其是哲人与虔敬和政治的问题。

为了更好地理解虔敬、僭政与帝国之间的复杂关系,我们先来看一下《蒂迈欧》和《克里底亚》这两篇对话,因为这两篇对话中出现的叙拉古人赫莫克拉底,据说就是西西里远征中大败雅典海军的同名人物,而对话中缺席的第四个人,也有学者认为即是亚西比德。因此,亚西比德的缺席与苏格拉底的沉默,体现了苏格拉底对亚西比德的教育的一些实情。

在《蒂迈欧》之前,已经发生过一场对话,苏格拉底作了主要发言,谈论了他

---

〔1〕 朗佩特也指出:"柏拉图的对话单独展示了苏格拉底和亚西比德之间的关系。除了苏格拉底,对话中可没有再提到,或者再让其他人出现的频率和亚西比德一样多。"参见[美]朗佩特、普兰诺:《〈蒂迈欧〉和〈克里底亚〉人物身份考》,载徐戬主编:《鸿蒙中的歌声:柏拉图〈蒂迈欧〉疏证》,朱刚等译,华东师范大学出版社 2008 年版,第 83 ~127 页。

心目中最好的城邦。《蒂迈欧》和《克里底亚》的对话地点从苏格拉底家转到了克里底亚家中,对话的时间是公元前 421 年的小雅典娜节期间。[1] 但是,这一系列对话给我们留下了很多疑问:柏拉图为什么要安排一个精通哲学的罗克里政治家和叙拉古将军参加这场对话?苏格拉底的发言为什么会与《理想国》相似但却并不完整?苏格拉底主导了《理想国》的对话,但为什么在《蒂迈欧》和《克里底亚》中大部分时间保持了沉默?柏拉图在《蒂迈欧》中承诺了赫莫克拉底的发言,为何最后却没有写成《赫莫克拉底》?此外,《克里底亚》的结尾为什么那么突然,以至于显得看上去像一个残篇?

朗佩特深入地研究了蒂迈欧(Timaeus)和克里底亚的发言以及赫莫克拉底的沉默,认为:"柏拉图仿佛安排了一系列演讲,从宇宙论到神话,再到历史的现状和未来,直至雅典气壮山河的帝国梦想毁于势单力薄的匹夫之手。赫莫克拉底将讲述大西岛和雅典为他准备的故事,他非常适合这么做:因为雅典目前正卷入了战争而且将来会指向他的叙拉古人民。"而且,与克里底亚讲述的大西岛的毁灭一样,雅典也将因为帝国的不义而遭到毁灭和惩罚。朗佩特由此认为,柏拉图之所以没有写《赫莫克拉底》,是因为公元前 421 年时西西里远征尚未发生。由此,《蒂迈欧》和《克里底亚》中缺席的第四个人,就是策划了西西里远征但被雅典放逐的亚西比德。[2]

尽管我们同意朗佩特关于亚西比德的推断,但关于赫莫克拉底可能的演讲内容,我们有不同的看法。很难想象,在雅典娜节上,审慎的赫莫克拉底会讲述一个让雅典娜(Athena)蒙羞的故事,这与他客人的身份不相吻合。如同《美涅克塞努》中苏格拉底"审慎"地赞美雅典以及《法篇》第三卷中雅典陌生人"审慎"地赞美斯巴达政体一样,赫莫克拉底将会得体地赞美雅典战胜傲慢和不可一世的波斯,赞美地米斯托克利的"天赋"。这样的发言非常得体,也达到了自己的真正目的,因为赞美地米斯托克利其实就是赞美自己:他带领叙拉古人民

---

〔1〕 朗佩特根据修昔底德的记载,从雅典和罗克里的外交关系出发,对对话的场景进行了有说服力的研究。参见[美]朗佩特、普兰诺:《〈蒂迈欧〉和〈克里底亚〉人物身份考》,载徐戬主编:《鸿蒙中的歌声:柏拉图〈蒂迈欧〉疏证》,朱刚等译,华东师范大学出版社 2008 年版,第 83 ~ 127 页。

〔2〕 [美]朗佩特、普兰诺:《〈蒂迈欧〉和〈克里底亚〉人物身份考》,载徐戬主编:《鸿蒙中的歌声:柏拉图〈蒂迈欧〉疏证》,朱刚等译,华东师范大学出版社 2008 年版,第 83 ~ 127 页。

完成了地米斯托克利式的任务。[1]

我们发现,在柏拉图对话中有一个非常重要的细节,在苏格拉底主导的对话中,喜剧色彩较为浓厚,而且暗示了苏格拉底的“不虔敬”,但在苏格拉底沉默或缺席的对话里,悲剧色彩更明显,神学或神话特征比较突出。蒂迈欧讲述了宇宙创世的神话,克里底亚认为9000年前雅典的政体与苏格拉底描述的最好政体相类似,但以雅典娜取代了哲学王作为城邦的创建者,雅典娜的智慧取代了哲人的智慧。对于政治共同体而言,虔敬与政治和法律有着更为紧密的联系。

柏拉图让赫莫克拉底静默地聆听了蒂迈欧和克里底亚的发言,从而也向我们暗示了缺席的第四个人所遭遇的真正问题:帝国与虔敬。如果第四个人发言,或许将会比赫莫克拉底更为直率地讨论帝国的问题,但这种直率,或许正是其失败的潜在原因。苏格拉底的沉默与亚西比德的缺席,表明了苏格拉底在“虔敬”问题上对亚西比德教育的失败。但是,要对这种失败更为深入地理解,需要我们把目光转向《普罗塔戈拉》《亚西比德前篇》《亚西比德后篇》《会饮》。

学者们通常都把《普罗塔戈拉》和《会饮》视为柏拉图最富于戏剧性的对话。[2] 此外,这两篇对话还在很多细节方面存在关联。《会饮》中出现的人物,除了阿里斯托芬(Aristophanes)之外,都出现在《普罗塔戈拉》中,这在柏拉图的对话中,是绝无仅有的事情。《普罗塔戈拉》中,苏格拉底和希波克拉底(Hippocrates)在家里停留了一段时间之后才去卡里亚家见普罗塔戈拉(Protagora),《会饮》中,苏格拉底让阿里斯托德莫斯先走,自己在路上沉思良久之后才到了阿伽通(Agathon)家。在《普罗塔戈拉》中,苏格拉底说自己刚进门,亚西比德就随后而到,而在《会饮》中,苏格拉底刚刚转述了蒂俄提玛(Tiotima)关于爱若斯(Eros)的教诲,亚西比德就不请自来。《会饮》的结尾是第二天拂晓,而《普罗塔戈拉》则以天色微明开始。《会饮》的结尾苏格拉底迫使阿里斯托芬承认,悲剧作家也可以创作喜剧,而《普罗塔戈拉》一向被研究者视为柏拉

〔1〕 但赫莫克拉底没有像地米斯托克利那样获得命运女神的垂青,利用战争奠定了雅典帝国的基础,在战争还没有结束之际,赫莫克拉底就被叙拉古民主派放逐了。

〔2〕 [英]A. E. 泰勒:《柏拉图——生平及其著作》,谢随知等译,山东人民出版社1996年版,第336页。

图最富喜剧性的对话。

更让我们感到惊讶的是，尽管柏拉图在这两篇对话中赋予了苏格拉底极大的荣光，但实际上，似乎亚西比德才是这两篇对话潜在的真正主角。除了以亚西比德为标题的两篇对话之外，这是柏拉图所有对话中开篇就提及亚西比德的对话，而且从柏拉图透露和暗示的时间来看，这两篇对话是苏格拉底第一次和最后一次教诲亚西比德。在《普罗塔戈拉》中，柏拉图暗示了我们苏格拉底即将对亚西比德进行的教诲的内容或主题，这一主题分别在其后的《亚西比德前篇》和《亚西比德后篇》中详尽展开。在《会饮》中，柏拉图让亚西比德自述了苏格拉底对他的教育产生的影响和效果，并通过对话的细节暗示了我们这一教育的失败。不管怎么样，看来柏拉图确实试图通过亚西比德这个最不安分、最雄心勃勃的人，尤其是通过反思苏格拉底对亚西比德的教育，来反思“马格尼西亚”以及作为“马格尼西亚”的替代版本的雅典帝国在战争中的表现。我们不知道，如果是柏拉图而不是苏格拉底来教育亚西比德，是否将获得亚里士多德教育亚历山大那样的成功？

朗佩特认为，苏格拉底在《普罗塔戈拉》中对普罗塔戈拉炫耀性的激烈反驳是为了吸引亚西比德，而且，亚西比德在对话中的发言已经展示出了杰出的政治才华。[1] 但朗佩特却没有注意到，《普罗塔戈拉》最重要的主题是苏格拉底对“虔敬”这一美德的忽视，这种忽视是苏格拉底对亚西比德教育的重要内容。

在普罗塔戈拉讲述的故事中，诸神为人类带来了正义和虔敬，并且是正义和虔敬的守护者。而苏格拉底在《理想国》中放逐了创造了诸神的诗人，也放逐了虔敬这一传统的美德，只保留了智慧、节制、正义和勇敢。美德的统一性是由智慧而保证的：智慧才是判断节制、正义和勇敢的标准和尺度。普罗塔戈拉讲述的故事传达了民主的信息，宙斯平等地将政治智慧分配给每一个人而不是少数人。而《理想国》中的苏格拉底却批判了民主制，理由就是只有少数人才能够拥有政治智慧：诸神造人的时候，在土中掺杂了不同的元素，决定了人不同的自然资质。这是否暗示着我们，虔敬这一德性，不仅对君主制和贵族制是重要的，

---

〔1〕［美］朗佩特、普兰诺：《〈蒂迈欧〉和〈克里底亚〉人物身份考》，载徐戬主编：《鸿蒙中的歌声：柏拉图〈蒂迈欧〉疏证》，朱刚等译，华东师范大学出版社2008年版，第83～127页。

而且对于民主制更为重要。[1] 从《普罗塔戈拉》中,柏拉图似乎已经向我们暗示:雅典民主制的悲剧,乃是关于虔敬的悲剧。

《亚西比德前篇》和《亚西比德后篇》中,亚西比德尚未进入政治公共生活,所以对话应当发生在《普罗塔戈拉》之后一到两年,即公元前433~432年。而且,两篇对话都非常具有私人性,没有其他人在场。[2] 在这两篇对话中,苏格拉底就正义、祈祷和智慧等问题对亚西比德进行了教导。

《亚西比德前篇》在古代柏拉图研究者中享有盛誉,他们通常把这篇对话置于所有柏拉图对话之首,并给这篇对话加了一个副标题——论人的本性。这篇对话的副标题很容易让人误以为柏拉图试图讨论所有人的本性,但柏拉图通过以亚西比德来命名这篇对话,暗示了试图讨论的是亚西比德这类拥有卓越天资的人的本性。恰恰是天性最好的人,最需要得到恰当的教育。柏拉图在对话中,通过精心安排的细节,向我们展示了苏格拉底对亚西比德的教育,并暗示了亚西比德其后的命运。

对话一开始,苏格拉底强调了他对亚西比德的爱,而且,神灵没有反对他接近亚西比德。[3] 苏格拉底看出了亚西比德的雄心抱负,但认为自己能够帮助亚西比德实现这种抱负。随后苏格拉底与亚西比德讨论了正义和不正义,并教导亚西比德如何才能认识自己,做到正义和节制。

在讨论正义和不正义时,苏格拉底反对大众拥有关于正义的知识,从而潜在地批判了民主制的基础。而且,苏格拉底还鄙视亚西比德与城邦里的同伴相比较,进一步刺激了亚西比德对同伴的优越感。苏格拉底暗示了斯巴达政制的缺陷,这一缺陷其后被亚西比德所利用。苏格拉底让亚西比德在雅典城邦中鹤

---

[1] 柏拉图在《法篇》中强调了这点,其后,卢梭在《社会契约论》中重申了柏拉图的教诲,而托克维尔在考察和比较新大陆的美国和旧大陆的法国时,对此尤其感慨。

[2] 柏拉图似乎还有两篇更具私人性的对话,即《希帕库斯》和《米诺斯》。这两篇对话都是苏格拉底和一个匿名的人交谈,没有暗示任何对话的场景,因此我们几乎可以将之视为苏格拉底与自己灵魂的对话。在《希帕库斯》中,苏格拉底赞美了僭主希帕库斯,在《米诺斯》中,苏格拉底讨论了"什么是法律"的问题。苏格拉底赞美希帕库斯的方式与修昔底德形成对照,但实质精神和结论却相一致。

[3] 在《苏格拉底的申辩》中,苏格拉底告诉我们,由于某个神灵的反对,他终身没有从事政治。从《亚西比德前篇》我们才得以知道,神灵其实并不反对苏格拉底从政,而是反对他直接参与政治。甚至,神灵还让他去教育雅典最具政治天赋的青年人亚西比德。

立鸡群,但没有反思这样的卓越潜在的危险,雅典不可能从民主制转变为王政,鹤立鸡群只能被误解为僭政的企图。苏格拉底尤其担心亚西比德被雅典的大众败坏,成为大众的情人,但没有教导亚西比德如何去约束和改造大众。苏格拉底看到了自己和亚西比德的差异,苏格拉底并不参加政治,而亚西比德的志向则在于政治,所以苏格拉底看到了亚西比德与城邦更为紧密的关系。但他又把亚西比德和自己联系在一起,希望通过对亚西比德的教育来改善城邦和自己的处境。苏格拉底看到了一个已经腐败的城邦蕴含的巨大的危险,但他并没有告诉亚西比德应付这种危险最恰当的做法,相反,苏格拉底还试图教育亚西比德,让亚西比德按照他的标准和方式行事。最终结果证明:这样的做法对于雅典城邦、亚西比德和他本人,都是一个巨大的悲剧。亚西比德最终既没有走上苏格拉底的道路,也没有走上恺撒的道路,而是走上了科利奥兰纳斯(Coriolanus)的道路。

与《亚西比德前篇》享有的盛誉和重要性相比,《亚西比德后篇》长久地被人们忽视了。《亚西比德后篇》有一个副标题——论祈祷,整个对话尤其笼罩在一个晦暗不明的神意之中,似乎已经暗示了亚西比德日后对雅典的背叛和苏格拉底之死。对话发生在亚西比德去神庙祈祷的路上,苏格拉底遇到了亚西比德,拉着他探讨了祈祷的危险,从而让亚西比德最终放弃了祈祷,把准备献给诸神的花冠戴在了苏格拉底的头上。苏格拉底的智慧战胜了对诸神的祈祷。

亚西比德尽管把花冠给了苏格拉底,但对苏格拉底说,对于诸神,除了花冠,还需要献上其他习俗要求的事物,并期待着能够祈祷的那一天尽快到来。在《蒂迈欧》和《克里底亚》中,亚西比德似乎获得了一个这样的机会,蒂迈欧和克里底亚的讲辞,或许能够让亚西比德按照习俗的要求敬神,像狄奥墨得斯那样,得到雅典娜——战争和智慧的爱好者——的青睐。

亚西比德的缺席暗示了他最终的命运,在《会饮》中,亚西比德的自白向我们展示了这一缺席的后果和意义。

《会饮》是柏拉图最为引人入胜的对话。这篇对话还似乎与其他的对话存在着戏剧性关联,这种关联指向了一个核心的问题——哲学与僭政。对话的时间和背景也充分地表明了这点。会饮发生的时间在公元前416年,即雅典远征西西里前夕,根据修昔底德的记述,雅典城内的赫尔墨斯神像在一夜间被破坏引发了雅典民众的恐慌,并最终导致了亚西比德被放逐。而《会饮》中对宴饮当晚的讲述则发生在大约公元前 404 年,当时雅典在伯罗奔尼撒战争中战败投降,丧失了帝国,亚西比德被暗杀。[1]

在《亚西比德前篇》和《亚西比德后篇》中,柏拉图告诉了我们苏格拉底对亚西比德的追求,但在《会饮》中,柏拉图则让亚西比德讲述了自己追求苏格拉底的失败。亚西比德的发言改变了之前别人发言的规则:将对爱若斯的赞美变为了对苏格拉底的赞美。但苏格拉底并没有制止亚西比德的发言,亚西比德依次赞美了苏格拉底的智慧、节制和勇敢,却对苏格拉底的正义和虔敬保持了沉默。这似乎表明了苏格拉底对亚西比德教育的成功。亚西比德讲述了苏格拉底言辞的神奇魅力以及自己的痛苦。亚西比德没有告诉我们这种痛苦其实源于他和苏格拉底扮演的角色的根本不同:苏格拉底试图成为一个哲人;而亚西比德试图成为政治人。苏格拉底让亚西比德感到哲学的生活相较于政治的生活的高贵和优越,让他感到得到少数人的承认和大多数人承认的差异。苏格拉底刺激了亚西比德的政治野心,但却迫使亚西比德承认他耽于政治生活而忽略了灵魂的事务,以致亚西比德不得不想法躲避苏格拉底。亚西比德把苏格拉底的言辞比喻为塞壬的歌声,但他并没有学习奥德修斯,依赖神女的指点和同伴的帮助。苏格拉底对他的教育让他变得既不相信诸神,也不相信同伴。

三、柏拉图与叙拉古僭政

亚西比德死后,雅典帝国已经成为明日黄花。公元前 5 世纪末雅典政治的动荡和混乱让柏拉图感到眩晕,公元前 399 年苏格拉底死后,柏拉图离开了雅典,到南意大利、西西里、北非和埃及等地漫游,据说柏拉图还试图到波斯但没有成行。在南意大利,柏拉图认识了叙拉古僭主老狄奥尼修斯(Dionysius)的姻弟和大臣狄翁(Dion),开启了柏拉图的三次不成功的叙拉古之旅。第一次是公元前 387 年,第二次是公元前 367 年,第三次是公元前 361 年。对此经历的详情和细节,学界异议不大,但是对于柏拉图叙拉古之行的目标和意义,却存在不同

[1] [美]布鲁姆:《爱的阶梯》,秦露译,华夏出版社 2017 年版,第 143 页。

的理解。由于叙拉古之行是柏拉图一生中唯一的政治行动,而且还留下了数封关于此经历的书简,此外,尽管柏拉图有35篇对话传世,柏拉图却从来不以自己的名义发言,但在书简中,柏拉图却坦承自己的经历并为自己辩护。因此,对叙拉古之行的目标和意义的解释,对于理解柏拉图的“言辞”与“行动”,尤其是二者的关联具有非常重要的意义。

柏拉图的叙拉古之行在后世经常成为对哲人参与政治的笑谈,[1]但英国著名思想史家恩斯特·巴克(Ernst Barker)则清楚地认识到柏拉图行动的重要政治意义,并为柏拉图辩解:“这些就是柏拉图在他那个时代的现实政治中所发挥的作用。它不是空想:它不是不切实际的。如果他成功了的话,叙拉古本来会建立起一种模范政制,希腊文化也就会在西方确立起来,而不受任何来自迦太基以及甚至可能来自罗马的颠覆之威胁。他的失败不完全是——或者不主要是——他自己的错。”[2]巴克的提醒让我们注意到:只有将柏拉图的对话和书信放置到比雅典更大的希腊政治和历史语境中进行考察,才能更好地判断希腊政治的局限,尤其是柏拉图对希腊政治局限的理解及其限度所在。

柏拉图传世的书简共有13封,与叙拉古之行相关的有8封。综观整个柏拉图书简,可以很快发现柏拉图的关注点主要集中在大希腊的两个地区,即西西里、南意大利和赫勒斯滂地区。从历史上看,这两个地区对于雅典帝国的兴起和衰落具有最为重要的意义。此外,事后看来,这两个地区对于希腊文明的存亡也具有举足轻重的意义。从书简的时间看,柏拉图对赫勒斯滂地区的关注大致在叙拉古事务之后。由此可以发现,雅典帝国衰落后,柏拉图转向了大希腊的西部边疆和东部边疆,在公元前4世纪,大希腊的边疆地区在希腊政治中产生了越来越重要的作用。

在13封书简中,《书简七》和《书简八》在篇幅和内容上都显得不同凡响,也最受历代注疏者的重视。在这两封书简中,狄翁的朋友和追随者都急切地希望

---

[1] 马克·里拉在《当知识分子遇到政治》一书中研究了海德格尔、施米特等几个20世纪著名思想家与暴政的关系,结论部分的标题即为“叙拉古的诱惑”。参见[美]马克·里拉:《当知识分子遇到政治》,邓晓菁、王笑红译,新星出版社2005年版。

[2] [英]恩斯特·巴克:《希腊政治理论:柏拉图及其前人》,卢华萍译,吉林人民出版社2003年版,第164页。

柏拉图能够对叙拉古的政治事务给他们提出良好的建议。然而,令人颇感奇怪的是,柏拉图不仅在《书简七》和《书简八》中给狄翁的朋友们出具了极其不同的政治建议,而且给出建议的方式也极其不同。在《书简八》中,柏拉图非常直接而具体地给出了自己的建议,然而在《书简七》中,柏拉图却显得躲躲闪闪,不愿直言,给出的建议也非常含混。尤其让人感到费解的是,柏拉图在《书简七》中多次长篇大段的"离题话",使得《书简七》看起来根本不像是在提出建议,而是在"喋喋不休"地为自己的"言行"进行辩解。

沃格林(Voegelin)认为,《书简七》其实是一封公开信,表面上写给狄翁的追随者,实质上是写给整个希腊世界看的,柏拉图这封书信的真正目的,是为自己的哲学以及学园的声誉进行辩解。沃格林的看法颇有道理,柏拉图本人和学院的某些学生极深地卷入了叙拉古僭主政治,这需要柏拉图对二者的关系进行澄清和界定。

在《书简七》开篇,柏拉图谈及了自己青年时期在雅典的经历和对政治的艰苦反思、与狄翁相识的过程,以及第一次和第二次去叙拉古的经过。在谈论完这些看似离题的问题之后,柏拉图才开始给狄翁的朋友们提出建议。柏拉图首先回顾了第二次叙拉古之行给狄翁和小狄奥尼修斯的那些建议,其中最重要的就是劝告狄奥尼修斯养成一种节制的生活方式,并获得忠诚的朋友。柏拉图以大流士、雅典和老狄奥尼修斯的经验教训为例:大流士建立波斯帝国以及雅典能维持帝国 70 余年,靠的就是能够赢得忠诚的友谊,而老狄奥尼修斯的失败,则缘于友谊的匮乏。此外,还要服从法律,而不是被各种欲望所支配,为此需要相信灵魂不朽这一古老而神圣的传说。柏拉图认为,如果狄翁获得权力的话,他将会采取以下几项措施:第一,狄翁会结束叙拉古的奴役状态,使城邦获得独立和自由;第二,给叙拉古人制定恰当的法律,并培养他们服从法律的习惯;第三,向西西里殖民,把西西里从迦太基人的统治中解放出来。最后,柏拉图还建议狄翁的朋友们要模仿狄翁对国家的忠诚,以及狄翁多利斯式的生活方式,尤其是通过制定法律来避免城邦的党争,党争是叙拉古最大的不幸。在谈论完这些之后,柏拉图才对狄翁的朋友们提出了具体的建议:在希腊人中选择 50 个优秀人物,让他们给叙拉古立法,法律必须对征服者和被征服者都平等,而且以整个城邦的公共善为目标。然而,在给出了这一严格说来不是建议的建议之后,[1]柏拉图旋即对狄翁的朋友们说:这一目标仅仅是次好的,最好的仍然是让小狄奥尼修斯服务于城邦的公共善,只是时运不济,导致了这一计划没能实现。在给狄翁的朋友和追随者的书简中如此对小狄奥尼修斯"念念不忘",真是咄咄怪事!

但是,柏拉图并未由此结束这封书简,而是用了近一倍的篇幅叙述了自己的第三次叙拉古之行。除了第三次叙拉古之行的种种人事纠缠之外,柏拉图尤其叙述了自己对小狄奥尼修斯的哲学教育,教育的主要内容则关乎对第一因的研究和写作。

在《书简八》中,柏拉图给狄翁的朋友们的建议要直接和具体得多,篇幅也较《书简七》远为简短,而且没有什么"离题话"。在扼要地概括了从老狄奥尼修斯获得统治权力以来迄今的叙拉古政治经验教训以后,柏拉图借狄翁之口向狄翁的朋友们提出了建议。

狄翁的建议不同寻常地加了引号,狄翁认为,灵魂高于身体,身体则比金钱更重要,法律应当使人们转向灵魂的美德而不是金钱。只有尽快结束党争,克服过度的专制和自由,公民和国王都必须遵从法律,西西里才能获得拯救。具体的做法是设立三个国王,即狄翁的儿子、小狄奥尼修斯的儿子和小狄奥尼修斯。设立三个国王之后,应当召开西西里人和外邦人都参加的公民大会,通过立法确立政体,明确国王的权力。国王的权力主要包括三点,即祭祀等宗教事务的权力、决定战争与和平的权力以及任命法律监护者的权力。在这一新政体中,除了王权之外,还有公民大会、元老院和一个由 35 人组成的法庭,但是,死刑和流放只能由 35 个法律监护者组成的法庭作出。

为什么《书简七》和《书简八》提出的建议如此不同呢?从表面上看来,最重要的原因或许是,柏拉图写作两封书简时叙拉古的政治局势完全不同,这导致了柏拉图两封书简的写作意图也不一样。除此之外,我们还注意到《书简七》

---

[1] 成官泯指出:"只要阅读此信,我们就能得到这一确定无疑的印象,即柏拉图给西西里政治家们提的建议几乎没有什么实现的可能,可以肯定,柏拉图的回答一定大大出乎他们的意料,远离他们的期望。"成官泯:《柏拉图〈第七封信〉的结构与主题》,载刘小枫、陈少明主编:《柏拉图的哲学戏剧》,上海三联书店 2003 年版,第 51 页。

和《书简八》的一个关键性差异:《书简七》中多次提到了哲人—王的观点,也多次提及机运,但却极少提及神圣的事物,对诸神保持了沉默。恰好相反,《书简八》中没有任何地方提及哲人—王的观念,也极少提及机运,但却反复提及了诸神和祈祷。《书简七》和《书简八》看起来似乎也是对《理想国》和《法篇》关系的模仿。《书简七》的主题是哲学,是在现实的政治语境中为哲学辩护,而《书简八》的主题是立法,是柏拉图对叙拉古现实政治的理解以及出具的建议。然而,《书简七》和《书简八》与《理想国》和《法篇》的核心差异恰恰也就在这里。《理想国》和《法篇》都是在"言辞"中探讨问题,《理想国》在"言辞"中建立了一个完美的城邦,在完美的城邦中,哲人应当成为王;《法篇》在"言辞"中建立了"马格尼西亚"殖民地,在这个城邦中,哲人应当转变为立法者,与年轻的僭主或富于政治智慧的年迈政治家建立起一个现实中最可能好的政体。然而,《书简七》和《书简八》都是在"行动"中探讨问题,这使得《书简七》和《书简八》更多地受到了叙拉古现实环境的限制和束缚,而没法像《理想国》和《法篇》那样自由地选择理想的条件。《书简八》中柏拉图出具的建议与《法篇》中的观点不相一致,就是因为柏拉图在《法篇》中为"马格尼西亚"假设了比叙拉古优良得多的立法条件。[1]

在《法篇》第三卷中,雅典陌生人说一个优秀的立法者与一个年轻僭主的合作可以产生现实中最好的法律,[2]柏拉图去叙拉古的政治目标,就是把僭政改变为王政。把僭政改变为王政的关键,就是创设一套最好的法律制度,即僭主与立法者的合作。如果"下降到洞穴"是哲学必需的政治义务,那么,这需要哲学家转变为立法者。《理想国》中对僭政的批判必须转变为《法篇》中设想的立法者与僭主的合作;《理想国》中潜在的无神论倾向必须被《法篇》的虔敬所取代。希腊的悠久传统一直认为,服从法律的统治即是自由。在希腊的历史中,庇西斯特拉图的僭政就是典范。由此我们不难理解,为什么僭政与虔敬的问题成为《书简七》的"离题话"的核心。小狄奥尼修斯关于第一因的探讨,对自然

---

〔1〕 关于"马格尼西亚"的优良条件,参见王恒:《柏拉图的"克里特远征"》,上海人民出版社2008年版,第三章"复古与革命:柏拉图的'马格尼西亚'与雅典'先祖政制'"。

〔2〕 参见《法篇》,709a~710b。

的研究,将导致无神论的结果,[1]将这种结论用文字表达出来,更是摧毁了习俗和法律的虔敬根基。[2]

苏格拉底的“不虔敬”教坏了亚西比德,导致了亚西比德的失败,而柏拉图则没有遇到自己的亚西比德,回到学园后,柏拉图只能把对雅典帝国和希腊政治的反思写进对话和书简。

四、马其顿与波斯帝国

叙拉古之行失败以后,柏拉图的目光转向了赫勒斯滂地区。《书简五》和《书简六》表明,柏拉图已经先知般地感知到了重要变化:希腊政治的指针正在从西部拨向东部。这种变化,将在柏拉图去世后半个世纪更为明确地展现出来,并决定性地彻底改变希腊政治和文明的方向。一个比亚西比德更具天赋或者说机会更好的人,同时也是柏拉图的学生的学生,将完成这一新的历史使命。

《书简五》写给马其顿国王佩尔狄卡(Perdica),柏拉图派了一个学园的学生去帮助他。佩尔狄卡是腓力二世的哥哥。《书简五》的主题是君主制。柏拉图对叙拉古僭主的改造失败了,但马其顿已经是君主制国家。柏拉图告诉佩尔狄卡:每一种政体都有它独特的声音,只要听从这种声音的呼唤就行了,不用把君主制改造成其他形式。马其顿在希波战争后加速了希腊化的进程,欧里庇得斯(Euripides)和阿伽通这样的雅典悲剧作家甚至都死在了马其顿。但是,马其顿在政治上并没有模仿希腊城邦的政体模式,而是保留了以部落王权为基础的君主制,并在军事上对君主制进行了改革和强化,尤其是腓力二世,把他在底比

〔1〕 对第一因和自然的研究与无神论的关系,参见阿里斯托芬的《云》、《苏格拉底的申辩》以及《法篇》第十卷。

〔2〕 哲学、僭政与虔敬的关系,还非常清晰地体现在《书简六》中。林国华观察到:“在柏拉图的十三封书简中,也许《书简六》最令人称奇:其他十二封都写给一类人,要么是有权者(僭主、君王),要么是哲人。《书简六》却是同时写给哲人与僭主两类人的。这封书简意在劝说两个哲人(柏拉图的弟子)和一个僭主为了共同利益而结为朋友。这封谈论友谊的书简篇幅短小,只有两页,然而,在如此仓促的行文中,‘神’以及神的变体(诸神、机运、恩典)竟然被七次提及。”林国华:《诗歌与历史》,上海三联书店2005年版,第15~16页。《书简六》的结尾亦同样令人称奇:“如果可能的话,这封书简必须你们三人一起阅读,即便不可能也要两人一起阅读,而且,只要有机会你们就要反复阅读。你们必须把它视为一个契约和一条律法,也就是说,一条正当的法律。”(323c~d)

斯做人质时学习到的伊巴密浓达的新战术与马其顿传统结合起来,创建了随后主宰希腊和东方战场的“马其顿方阵”。

《书简六》写给阿塔纽斯的僭主赫尔米亚(Hermias)和柏拉图的两个学生伊拉斯图(Erastus)和科里斯库(Coriscus)。这封信的形式和内容似乎都显得比较奇怪,在古代世界中也是一个比较独特的文本。在这封简短的信的结尾,柏拉图写道:“你们三人全都必须读这封信,尤其是要聚在一起读;如若不能,那就要两个一起读,尽量一起读,尽可能经常读;你们还必须以这封信作为一条约定和一道至高的法——这是理所应当的——同时以一种不无品味的严肃和作为严肃之姊妹的戏谑起誓,向那位统帅着一切存在和将要存在之物的神(起誓),并向那位统帅和原因的至高的父起誓;如果我们真正爱智慧的话,我们所有人就会清楚地认识他,就像那些幸福的人所能的一样。”[1]在这里,柏拉图把书简视为三个人之间的一种共同约定或者共同誓约。柏拉图把它作为他们三个人之间的共同纽带或者一种神圣纽带,他认为他们之间要缔结一种政治的联系,这种政治的联系使他们紧密地结合,因此通过培养一种哲学的友谊可以为他们的政治结盟提供基础。最为重要的是,在这里,僭政、虔敬和法律紧密地连接在了一起。

写作《书简六》的时候,希腊政治的气候已经发生了新的变化,腓力二世成为了马其顿国王。如果我们更好地了解一下赫尔米亚的生平,将会更好地理解《书简六》的政治意义。赫尔米亚死于公元前341年,在此之前,他已经预感到阿塔纽斯将会成为希腊进攻波斯的桥头堡。他和腓力二世可能达成协议,如果进攻波斯,他将会提供帮助。但这个计划被泄露了,赫尔米亚被波斯总督逮捕了,在酷刑下也没有屈服,说只要以后解放波斯时人们能够记住他就可以了。此外,亚里士多德恰好是在柏拉图去世的那一年,即公元前347年去了赫尔米亚的城邦,我们不清楚亚里士多德是否是柏拉图派去的,这种可能性也极大。亚里士多德在赫尔米亚那里参加了一些活动,还娶了赫尔米亚的侄女。在赫尔米亚被波斯处死前一年,亚里士多德去了马其顿首都培拉,成了亚历山大的老师,这很可能是他和马其顿合作进攻波斯的交换条件。从这些情况来看,柏拉图学园与赫尔米亚的联系是非常密切的。根据希腊变化了的政治形势,柏拉图

〔1〕[古希腊]柏拉图:《柏拉图书简》,彭磊译注,华夏出版社2018年版,第50~51页。

似乎把关注点从大希腊西部转到了东部。

尽管柏拉图书简似乎对进攻波斯持支持态度，但实际上，柏拉图对波斯的态度颇为复杂。除了书简，我们还要联系柏拉图的其他对话，尤其是《法篇》，才能较为完整地把握柏拉图对波斯君主制和波斯帝国的看法。尽管短暂地在公元前5世纪初赢得了对波斯的胜利，但波斯帝国的阴影一直笼罩在希腊上空。如果我们把公元前6世纪以来的希腊发展视为对波斯帝国兴起的一种激进反应，并试图改变波斯和希腊的中心和边缘地位，那么，对古典时期希腊的政治会有更好的理解。

在公元前4世纪初，波斯又再次成为希腊人关注的焦点。这当然有历史和现实的背景。公元前411年后，波斯开始介入伯罗奔尼撒战争，对雅典和斯巴达的政策产生了重要的影响，波斯最终偏向斯巴达，是伯罗奔尼撒联盟最终能够赢得战争的重要原因。如果没有波斯提供的大量黄金，斯巴达就不可能屡次装备舰队并最终在海战中摧毁雅典舰队，从而迫使雅典战败投降。波斯对于希腊政治事务的影响在伯罗奔尼撒战争之后不久爆发的"科林斯战争"中达到了顶峰，使得波斯成为这次战争实际上的最大受益者，公元前387年缔结的和约通常被称为"大王和约"（从名称就可以清晰地看到这次战争的后果）。

公元前4世纪的希腊作家对此历史现实作出了自己的反应，在半个多世纪之后，波斯再次成为希腊作家关注的焦点。[1] 在这些作家中，伊索克拉底

---

〔1〕 希腊作家对波斯的首次重要关注大约在希波战争之后不久，以埃斯库罗斯和希罗多德为代表。埃斯库罗斯的《波斯人》是现存所有希腊悲剧中唯一以历史现实为题材的悲剧，其写作意图值得关注。希罗多德则记述了希腊和波斯的战争，探究了这次战争的表面的和真正的起因，以及这场战争对于希腊和波斯的意义，尤其是反思了战争和习俗、政制之间复杂的相互关系。希罗多德的历史编纂当然有自己的写作意图，并根据自己的写作意图来挑选和裁剪史料，但其关于波斯历史和习俗的记载，一直被人们所接受，并成为希腊人理解和认识波斯的最为重要的，甚至几乎是唯一的资料。埃斯库罗斯和希罗多德之后，由于雅典帝国的发展，希腊的自我意识日趋强烈，在希波战争中被击败的波斯成了东方蛮族的代名词。如同莫米杰里亚诺深刻地观察到的那样，大约在希罗多德之后一代人写作的修昔底德，在写作风格上和希罗多德产生了强烈的反差：在刻画人类生活的复杂时，修昔底德再也无法像希罗多德那样，以荷马为榜样。确实，修昔底德是如此坚定的希腊中心论者，以至于他甚至忘记了卡利阿斯和平；在《伯罗奔尼撒战争史》中，他有两次将注意力转向波斯，第一次是因为不这样做，故事就无法进行下去；当他第二次面临同样处境时，他干脆中断了这部历史。此外，值得注意的还有一点，在雅典帝国的开端和终结之处，雅典最具天才的两个政治家地米斯托克利和亚西比德都被迫叛逃波斯，也让我们感叹不已，是否波斯的政体和习俗中，隐含了某种对于雅典政制具有重要意义的东西？

(Isocrates)和色诺芬最为有名,[1]同时也反映了他们对于希腊政治事务的不同理解和对解决出路的不同看法。

"大王和约"之后不久,伊索克拉底发表了著名的《泛希腊集会辞》,指责了斯巴达与波斯的勾结和对希腊的背叛,回忆了特洛伊战争以降希腊和波斯的冲突,分析了波斯的衰落和现状,建议斯巴达和雅典和解,共同征伐波斯,并在对外的征服中获得希腊的统一。

与伊索克拉底不同,[2]色诺芬对波斯采取了不同的态度,色诺芬不仅没有建议希腊远征波斯,而且将波斯国王大居鲁士作为了自己笔下政治家的楷模,《居鲁士的教育》记述了大居鲁士的生平和功业,成为西方君主宝鉴系列的鼻祖和典范。

如果说伊索克拉底敏锐地感受到了希腊统一这一公元前 4 世纪希腊政治的重要主题的话,那么色诺芬则深刻地感受到了公元前 4 世纪希腊政治的另外一个问题,即君主政体的问题,《居鲁士的教育》是色诺芬关于这一主题最卓越的思考。

色诺芬写作的时代,确实是希腊城邦制度濒临瓦解的时代,雅典的民主制和斯巴达的寡头制都显示了其难以克服的内在缺陷,以致色诺芬被迫转向希腊的宿敌波斯,试图从波斯的政体中获得解决希腊问题的灵感,《居鲁士的教育》之所以虚构了历史,将斯巴达的法律和政策与波斯相混合,原因即在于此。但色诺芬的尝试失败了,尽管在《居鲁士的教育》开篇,色诺芬高度赞美了居鲁士的改革和政策,但在《居鲁士的教育》的结尾,色诺芬却承认,居鲁士一死,他的帝国就瓦解了。

在《法篇》第三卷中,柏拉图思考了雅典民主制与波斯君主制混合的可能性。历史和现实中的斯巴达政体是一种贵族政体或者说寡头政体,在其中,王权受到极大的限制从而无法彻底发挥王权的优点,波桑尼阿斯(Possanias)、莱

---

〔1〕 除了伊索克拉底和色诺芬之外,比较著名的还有提细阿斯。提细阿斯曾在波斯国王阿塔薛西斯的宫廷中做了 17 年的御医,于公元前 398 年回到故乡希腊。回到希腊后,提细阿斯根据自己在波斯的见闻以及从波斯宫廷中看到的史料编写一部《波斯志》,从亚述和美地亚的历史一直记述到公元前 398 年。可惜这部史书后来失传了,尼禄时代一位不知名的史家对这部作品的节录也没有能够流传下来。

〔2〕 没有资料表明伊索克拉底曾去过波斯,而色诺芬则曾经参加了波斯王子小居鲁士反对其兄的王位争夺战,并在小居鲁士死后率领希腊雇佣军横穿了整个波斯,安全地回到了希腊。

山德(Lysander)、阿吉斯二世等斯巴达国王试图推翻监察官制度,扩大王权的努力最终都遭遇了失败。监察官制度使得希洛人永远是斯巴达人的梦魇,从而无法扩张。色诺芬在《居鲁士的教育》中设想了斯巴达政体和波斯政体的混合。但是,居鲁士成就波斯帝国的方式却是通过推翻斯巴达式的波斯祖制,尤其是斯巴达式的教育方式之后完成的,在居鲁士的波斯帝国政体中,已经没有斯巴达政体的身影,彻底沦为了希罗多德笔下的东方专制帝国。

雅典陌生人认为波斯君主拥有的绝对权力和雅典民主制下的自由相混合,将产生最好的政体,达到自由、友爱和审慎的立法目标。雅典的民主政治和自由精神拥有开放性、创造性和进取心的本能。正如科林斯人在伯罗奔尼撒战争前夕对雅典人本性的分析以及伯里克利在葬礼演说上对雅典政体的赞美一样,雅典人的这种生活方式具有扩张的潜能,雅典是“希腊人的学校”,但雅典并未自己找到合格的好校长。如果雅典的政体中能够混合君主政体的要素,即克服对伟大政治领袖的恐惧和嫉妒的话,那么雅典人或许将能够成就更大的伟业。在民主政体中混入君主制的要素,是因为只有杰出的人物,才是民主政体的真正保卫者,尤其在民主政体已经败坏,民众获得了过分的自由而趋于放纵之际,更是需要拥有君主式权力的公民,才能约束公民的欲望,重建对法律的信仰和服从。

在《法篇》第三卷中,雅典陌生人洞察了波斯君主政体的重大缺陷,即由于教育不当导致的王位继承危机。波斯的幸运在于居鲁士之后,尽管冈比西斯德行羸弱,但随即出现了大流士这样杰出的人物,使得波斯不仅保存了居鲁士的帝国基业,而且在大流士时代有了新的扩展。然而,大流士之后,数代波斯君主都是平庸之辈,导致波斯帝国再也无力向外扩张。

雅典陌生人同样认为波斯君主教育的失败,或者说居鲁士的后继者缺乏伟大的品质是波斯帝国衰落的最主要原因。但雅典陌生人还洞察了更深的问题,即波斯君主制下民众自由的匮乏,破坏了作为国家基础的友爱和共同精神。实际上,正是自由和公共精神这一问题,使希腊城邦与东方帝国之间的差异显示了出来。雅典陌生人希望混合波斯的君主制,但肯定不愿看到雅典由于混合导致的东方化,混合的基础是城邦的自由,即民主制,混合的方式是使希腊的民主城邦能够接受和认可君主制的要素,使得拥有君主式权力的城邦领导人能够成为民主和法律的保卫者。

但是,这样一种王权或君主制的权力能在希腊获得成功吗?柏拉图似乎对此也比较悲观,在第四卷中,雅典陌生人放弃了这一计划,考虑了另一种可能性,即一个年轻僭主与哲学家的合作。但随即雅典陌生人也放弃了这一计划,"马格尼西亚"的政体,[1]最终更像梭伦和克里斯提尼立法的混合物,但雅典陌生人给这一混合政体增加了一个神秘的守卫者,即"夜间议事会"。因此,《法篇》最终达致的图景,更像是一幅"异教版"的神权政制,正如恩斯特·巴克说的那样:"他的政治理论的最后定论其实是神权政治。他在《法篇》最后一卷所设想的国家是由一个宗教议事会领导的国家,这个议事会行动的根据是由天文学研究得来的神圣真理。这个时候,夕阳已西下,夜幕刚降临,满头银发的柏拉图抬起他的眼睛:看见闪亮的星开始在夜空中优雅地舞动。"[2]

五、柏拉图的哀歌

公元前367年,在柏拉图的第二次叙拉古之行前夕,伊巴密浓达在留克特拉战役中彻底摧毁了斯巴达霸权。接下来发生了一个小插曲,根据第欧根尼·拉尔修(Diogenes Larseo)《名哲言行录》的记载,伊巴密浓达击败斯巴达之后,建立了一个新的城邦麦加罗波利斯(Megalopolis),并邀请柏拉图为他们立法,但柏拉图拒绝了,因为他们拒绝财产平等。[3] 麦加罗波利斯是波利比乌斯(Polybius)的故乡,是亚该亚联盟的驻地,但联盟的思想理念似乎没有进入柏拉图的视野。如果说有什么重大的希腊政治趋势是柏拉图没有看到的,那就是公元前4世纪到公元前2世纪的联盟发展趋势,在柏拉图去世之后,贝奥提亚联盟、亚该亚联盟、埃托利亚联盟等深刻地影响了希腊政治的进程,但联盟的理念并没有在柏拉图的对话和书简中反映出来,柏拉图理解的联盟,像《书简六》和

---

[1] 对"马格尼西亚"制度更为详尽的分析,参见王恒:《柏拉图的"克里特远征"》,上海人民出版社2008年版,第三章"复古与革命:柏拉图的'马格尼西亚'与雅典'先祖政制'"。

[2] [英]恩斯特·巴克:《希腊政治理论:柏拉图及其前人》,卢华萍译,吉林人民出版社2003年版,第490页。

[3] [古希腊]拉尔修:《名哲言行录》,马永翔等译,吉林人民出版社2003年版,第183页。

《法篇》第三卷里提及的联盟那样,更多的还是一种统治者的联盟而不是一种常规的制度建构。

公元前362年,也就是柏拉图的第三次叙拉古之行的前一年,希腊发生了一件大事,在曼丁尼亚战役中,尽管底比斯再次打败了斯巴达,但伊巴密浓达去世了,结束了底比斯短暂的霸权,希腊再次陷入了更大的混乱,长期的内战耗尽了雅典、斯巴达和底比斯的元气,色诺芬的《希腊志》以曼丁尼亚战役结束了全书。腓力二世要到公元前359年才成为马其顿国王,他对希腊的威胁,要到公元前353年才体现出来。因此,当柏拉图第三次去叙拉古时,确实有理由把西西里作为希腊文明最有政治希望的地方,尽管从柏拉图第一次踏上叙拉古的土地开始,这个地方的民情就让他颇为失望,但依然值得再次尝试和努力。

在《外族的智慧:希腊化的局限》一书的结尾,莫米利亚诺(Momigliano)写道:"许多具有政治头脑的希腊人选择了罗马;许多具有宗教头脑的人转向了想象中的波斯与想象中的埃及。随着希腊主义政治命运的衰退,自我怀疑倾向日益增长,鼓励了那些意志薄弱、原则性不强的人,他们在那种不可能真实的文献中找到一条简便的出路。"[1]波利比乌斯就属于转向罗马的有头脑的希腊人,并试图探讨罗马快速崛起的秘密。由于罗马更为成功的帝国扩张,我们在讨论希腊政治时,总是不自觉地与罗马进行比较,这种比较一定程度可以看到希腊城邦缺失的重要元素,尽管它们作为地中海的古代城邦也共享了某些特点,尤其是将他们与东方进行比较时。从这一视角出发,我们可以看到,罗马的成功在很大程度上建立在两个柏拉图没有重视的因素上:一是贵族政体,二是联盟制度。罗马扩张的基础和秘密在于元老院的稳定和明智,以及拉丁同盟的坚实基础,通过极为灵活且富有弹性的罗马公民权制度,罗马能够将被征服地区的精英纳入罗马体系中来,而民主制的雅典则无法做到这点。在古代的经济和社会条件下,罗马的扩张是更为自然的道路,而雅典以海权为基础的民主制反而是一种例外,因此不难理解,与罗马政体更为类似的斯巴达,在希腊政治史上发挥了更为持久的影响。雅典的民主制更需要天才的指引,但也对天才更为不信

〔1〕 [意]莫米利亚诺:《外族的智慧》,晏绍祥译,生活·读书·新知三联书店2013年版,第194页。

任,地米斯托克利和亚西比德的经历验证了这一点。

具有宗教头脑的人转向了想象中的波斯和埃及,但事实上,最终席卷了地中海世界的,不是波斯和埃及宗教,而是基督教。在《现代史学的古典基础》第一章,莫米利亚诺指出:"在公元前 6 ~ 4 世纪,希腊人和犹太人意识到了身边的另一种文明,即波斯帝国,因而都重新调整了他们的社会团体生活。……波斯战争之后希腊政治生活的重塑有时会出现某种现象,使我们想到在犹太王国发生的类似事件。"[1] 受施特劳斯学派的影响,我们可能更多地强调了雅典与耶路撒冷的对立,但如果把雅典和耶路撒冷都视为波斯帝国边缘的地中海城市国家,那么我们则能够发现一些不同的、较有意义的新图景。这里我们可以提到一个细节,公元前 428 年,即柏拉图出生的前一年,以斯拉回到耶路撒冷重建了犹太律法,与此同时,柏拉图的老师苏格拉底也在建立一种新的生活方式,尽管或许是以一种"反法律"的方式,但苏格拉底死后,柏拉图试图调和哲学与法律之间的冲突,用苏格拉底的哲学,重建一套神圣法律,《法篇》中"夜间议事会"的统治,某种程度上可以视为"希腊版"的神权政体。由此也可以理解,为什么作为犹太教后裔的基督教,在传播过程中吸纳了柏拉图主义,被尼采戏称为"大众的柏拉图主义"。

由此,我们可以认为,柏拉图在政治和宗教方面,创造了一种与罗马和耶路撒冷不同的类型。这既是柏拉图的成就,也是柏拉图的失败。说柏拉图的失败,是因为正如莫米利亚诺说的那样,更具政治和宗教头脑的人会把目光分别转向罗马和耶路撒冷。事实上,这两个传统后来在罗马帝国那里统一起来了。但柏拉图的成功在于,具有反罗马情绪的人都可以在柏拉图这里找到慰藉。当他们试图复兴和传承柏拉图时,他们为西方文明提供了第三种替代。关于这种可能性,尼采在《悲剧的诞生》里的两段精彩评论值得引证,尽管尼采把印度而非犹太教视为另一个极端:"处在印度和罗马之间,受到两者的诱惑而不得不作出抉择,希腊人居然在一种古典的纯粹中发明了第三种方式,诚然并未成为自己的长久风俗,却也因此而永垂不朽。"[2] 尼采所谓"第三种方式"主要是指希

〔1〕 [意]莫米利亚诺:《现代史学的古典基础》,冯洁音译,华东师范大学出版社 2009 年版,第 19 页。

〔2〕 [德]尼采:《悲剧的诞生》,周国平译,华龄出版社 1996 年版,第 99 ~ 100 页。

腊悲剧,但这段话用在柏拉图身上也是恰当的。尽管柏拉图在见苏格拉底之前烧毁了自己早年的悲剧作品,但尼采依然看到:“柏拉图的对话犹如一叶扁舟,拯救遇难的古老诗歌和她所有的孩子;他们挤在这弹丸之地,战战兢兢地服从舵手苏格拉底,现在他们驶入一个新的世界,沿途的梦中景象令人百看不厌。柏拉图确实给世世代代留下了一种新艺术形式的原型,小说的原型;它可以看作无限提高了的伊索寓言,在其中诗对于辩证哲学所处的地位,正与后来许多世纪里辩证哲学对于神学所处的地位相似,即处在婢女的地位。这就是柏拉图迫于恶魔般的苏格拉底的压力,强加给诗歌的新境遇。”[1]或许,由此我们才能理解为什么沃格林把《法篇》称为一首宗教诗,也才能理解为什么雅典陌生人在《法篇》第七卷中认为:立法者才是最高贵的悲剧诗人。

---

〔1〕 [德]尼采:《悲剧的诞生》,周国平译,华龄出版社1996年版,第65~66页。

从蒙森到塞姆：罗马帝国叙事的变迁*

林国荣**

内容摘要：蒙森对于罗马帝国之变迁和发育的叙事，是19世纪历史学在这个论题上的集大成之作，塞姆《罗马革命》一书就同一论题提供的解释是20世纪的集大成之作；如果说前者以理想主义为标志和特征，后者则显然是以现实主义为标志和特征。历史解释的这场转变毫无疑问是巨大且根本性的。为何会出现这样的转变，恐怕不单单是因为历史批评意识的进一步提升。本文旨在探讨这背后更为深层的社会—经济—政治因素。

关键词：蒙森　塞姆　罗马帝国　历史解释

一、革命题材

历史戏剧当中，有些灾变或者革命是很容易同人类达成和解的，比如罗马帝国的衰亡以及西方帝国的瓦解，因为这类灾变实际上造就了更好的历史结果，也许当世之人承受了太多的苦难，但就后世之人由此得到的福祉来说，当年的苦难是可以得到补偿的。但是有些灾变却是很难同人类的历史命运达成和解的，因为灾变发生了，人类也为此承受了苦难，但悲剧当中常见的“和解”却并未到来，这样的灾变不但无法造就人类情感的升华，反而使得历史情感当中的一切高贵和怜悯的元素归于瓦解。灾变使得历史之道德化和良知化成为不可能之事，最终也使得人类自身的命运不可能同历史达成和解；没有人能够宣称

---

* 本文的一小部分细节性论述征引了作者本人先前发表的一些论述。

** 宜春学院公法与政治思想研究所研究员，哲学博士。

自己从这样无意义的灾变中看到了人类历史戏剧的意义;如此一来,给历史赋予意义的工作就变得十分艰难了。当然,人们大可以精简心力,依从古希伯来先知的那种历史思维,认定历史当中乃蕴藏着不为人知的"神圣规划",将灾难和苦难转化成神圣规划和使命的一部分;显然,这样的便捷方法若要转变成族群或者群体信仰,并不是很难的事情。除此之外,将意义赋予历史的工作实质上就会转变成极为私密的个人决断,涉及每个人要在这场人类戏剧中扮演怎样的角色,这就相当于在内心当中展开自我对话。显然,这是一种真正意义上的道德决断,不过,这样的个体性的道德决断在将灾变和苦难同历史和解的同时,也对历史实施了道德化。

这恰恰是罗纳德·塞姆(Ronald Syme)在《塔西佗》一书中予以呈现并予以反对的做法,更在《罗马革命》一书中着重强调了这种道德化的狭隘选材模式最终是如何造成帝国史学的悲剧的:

人们很少拒绝同情一位并不成功的政治自由派领袖。……造成这种不正常的偏袒的主要原因在于脱离历史背景而被人单独拿来研究的文学作品的影响力。

对共和的崇敬与其说是一种政治见解,不如说是一种社会道德风尚:它基本上是无害的、对罗马伟大历史表示敬意的行为,而不是基于对现实强烈不满而产生的情绪宣泄。……即便在共和体制还在事实上和法律上存在的时代里,共和派的信条当中就已经包含了太多的欺骗了。而在君主制已在实践中和理论中得到巩固并成为既成事实的情况下,专制之外的统治形式已不复存在的基本事实,便足以促使那些执着但不负责任的人去推崇共和制度。因为他们只需要将自己的思想向着实践映射就可以了,无须承担任何责任,更无须面对任何危险。[1]

死心塌地接受了罗马统治阶级和罗马史学家撰述传统的塔西佗,自然不会去描述帝国和行省,而是选择了狭窄、陈旧的罗马内政史题材。……跟从前一样,史学的主题仍旧是"著名人物的事迹与风尚"。这便是帝国史学的悲剧所

---

〔1〕 [英]罗纳德·塞姆:《罗马革命》,吕厚量译,商务印书馆2017年版,第672~673页。

在——帝国不再为人们在国内和国外提供展示公民美德的空间,因为帝国的目标就是消灭战争和政治。因此,罗马帝国中不会再有伟人出现了,罗马贵族受到摧残和破坏,以及他们覆灭的过程,这些主题虽然富于启示意义,但那绝非史学家乐于接受的使命,尽管《编年史》的作者塔西佗对自己的作品表示绝望——"留给我们叙述的是一堆狭隘的、毫无光彩可言的事情"。[1]

实际上,不光塔西佗(Publius Cornelius Tacitus)如此,古代最伟大的史家,诸如希罗多德(Herodotus)、修昔底德(Thucydides)、波利比乌斯(Polybius)以及利维(Livy),也都受制于这种典型的历史神话及其社会效能;修昔底德的情况当然是最能说明问题的。修昔底德便致力于当代事件,并认为当代事件才是最伟大的历史运动。然而,即便是修昔底德这样一颗精确且严苛的心灵所铸就的当代事件的历史,也不足以成为历史批评意识当中的历史真相,那只是历史当事人的行为和激情,也正因如此,修昔底德给予了自己近乎绝对的历史想象力和选材自由度,比如说,修昔底德叙事当中呈现的论战场景,是根本无法见容于历史的。正如芬利(M. I. Finley)所论:"要将意义赋予历史,就得抛弃历史。"[2]很显然,在他们这里,历史就是教化,植根于想象和道德领域的真相较之真实史料之准确性都更重要。当然,利维和塔西佗并不蔑视精确性。不过,他们真正关切的是私人德性和公共道德。他们的目的乃是去揭示究竟是怎样的品质令罗马赢得此等权势,又是怎样的弱点令罗马沦落耻辱境地。这些古代史家乃是运用过去的材料,来探索自己关切的问题,问题的核心乃锚定于人或者社会的道德品性。意识形态王国最引人侧目的面相就是对过去的这种如同吸血鬼一样的痴迷,并且是以人格化的方式呈现出来。

塞涅卡(Seneca)认为神灵能够见证的最高贵情形就是有德之人承受苦难,在痛苦中抗争,[3]被拖下讲坛并投入监狱的小加图(Marcus Porcius Cato Uticensis),跟羞辱他并在国家的废墟之上建立威势的人相比,自然是享有更大的内心愉悦。但是这究竟对罗马有何好处呢?在那样一个生死攸关的时刻,即

---

〔1〕 [英]罗纳德 · 塞姆:《罗马革命》,吕厚量译,商务印书馆 2017 年版,第 663 ~ 674 页。

〔2〕 M. I. Finley, *The Greek Historians*, New York, Viking Adult Press, 1959, p. 14.

〔3〕 Seneca, *De Providentia*, II. 7.

便是街头暴民也都能看明白,共和国安危之所系就在于元老集团和骑士集团之间的多党派联盟;倘若二者能结成万古联盟,即便不能制霸东方世界,至少也能制霸地中海世界,如此一来,不但马略(Gaius Marius)和秦纳(Lucius Cornelius Cinna)余党、格拉古兄弟(Gracchus)的余脉没有机会挑战罗马,即便是在山南高卢拥有决定性侧翼优势的恺撒(Gaius Julius Caesar),也绝对不会有机会在意大利寻求战事;如此一来,罗马的自由便可万古长存。西塞罗(Marcus Tullius Cicero)促成了这个联盟,加图(Marcus Porcius Cato)却将之摧毁。但当时的实情已经非常明朗了:罗马的自由在喀提林(Catiline)发动那场攻击的时候,或者说在西塞罗为了捍卫自由而以雷鸣之势攻击喀提林的时候,就已经瓦解了。只有疯子才会顽固依旧,试图修复无可修复的东西,并最终葬身废墟当中。最喜欢的制度毁灭了,就必须学会在最不喜欢的制度当中生活;毕竟一切制度都不是为一切人而生的,这就是多拉贝拉(Publius Cornelius Dolabella)在给西塞罗的信中专门谈起的道理。倘若加图能战斗到底,选择在蒙达战死而非在乌提卡自杀,也许更死得其所。他就这么自杀身死,而不是跟自由事业一同战死沙场,这样的情形又该当如何理解呢?很显然,这个深沉的斯多亚主义(Stoicism)者是要寻获一份超拔于世事变迁之上的内在宁静以及颇能撩动人心的共和派荣耀。在历次的公敌宣告运动以及内斗阴谋当中,太多的罗马显贵死于非命,或者战死沙场,唯有加图成了罗马自由的殉道者。

帝国降临,像塔西佗、普林尼(Gaius Plinius Secundus)这样仍然禀有共和派精神的贵族精英分子,不可避免地将这段时期刻画为几乎无法用言语形容的混乱,历史叙述在他们的头脑中真正成为"贵族政治永恒轮回的墓地",也可以说是一块葬满了死狗的墓地。一度充斥着反叛和喧嚣的共和精神同坚忍、冷漠的斯多亚精神之间的奇特联合,引导共和派精英将目光远离帝都罗马,转而观察帝国之下的"罗马和平"所带来的肃穆景象以及自然,仿佛人世间真的流淌着稳定而积极的自然规律,仿佛一切的邪恶和违反常态之事都势必瓦解,重新将其力量汇入自然的根基当中。在自然的映衬之下,即便沉静如塔西佗的作品也不免成为一部召唤罪人进行忏悔的先知预言式的愤怒叫喊,在描绘提比略(Tiberius)本人以及提比略时代的黑暗与痛苦方面,塔西佗同时也是在描绘人类事物当中长存的恐惧与希望、情感与狂暴。无可抗拒的真实性和想象力并重其间,激越和悲悯中倾泻而出的言辞的壮美和力量,恐怕只有古犹太教中的最伟大先知可与之媲美。在某种意义上,塔西佗乃是此一时期罗马精神即将实施重大转变的集中代表:他既不同情旧秩序,也不同情新秩序;对提比略的隐秘同情和罗马贵族的最后尊严感是并存并行的。他以及他所代表的罗马精英阶层在希腊文明的残酷洗礼之下,开始整体性地有意识遗忘并放弃往日里以政治才华著称于世的古老民族,将这个民族历经数百年之久积累起来的庞大政治经验视为无足轻重的过眼云烟,并转而提出异常严厉的要求,要求人类从无聊的政治党争中走出来,注视发生在人类灵魂内部的剧烈斗争。此一潮流之转变蕴含着难以尽数的力量,要等到 1500 年之后才有人斗胆说出"爱国家胜于爱灵魂"这样的话,真正的逆转则还要在马基雅维利(Machiavelli)之后再等三个世纪。

兰克(Leopold von Ranke)的一段集中性的评论显然并不仅是针对司各特式(Walter Scott)的浪漫主义小说的,同时也是针对古代以来的共和主义历史叙事传统的:

> 如果人们只根据不可能可靠的记忆写历史,就总要沾上神话的边,这一点十分引人注目。人物描绘越来越鲜明生动,在某些方面达到了人们想象得出来的优美的程度。特定的事件被描绘得更加鲜明突出,和事件有联系的环境和原因都被忘记了。似乎只有通过这样的写作过程,幻想提出的要求才能得到满足。在后来时期,才出现了怀疑这类东西的学者,他们不明白人们怎么会产生这样的错误观念;他们竭尽全力根除错误,但终于发现这种事情并非容易。道理可以使人信服,但想象却无法制服。[1]

据此,最完美的史学艺术应当充分接纳"偶然性",并以世事沉浮为风景画面的底色和原则,这意味着完美的历史学家应当学会无情侵犯所谓的"普遍语法",以便捍卫日常生活景象当中所蕴涵着的"气质"。确切地说,所谓"历史进程"或者"必然性法则"这样的东西即便真的存在,也不过是人为呈现在历史表

---

[1] 转引自[美]J. W. 汤普森:《历史著作史》(下卷 · 第 3 分册),谢德风译,商务印书馆 1996 年版,第 244 页。

面的东西，历史的因却是寓居于"背景"当中，也就是具体的"时刻""场合""人物"这类元素当中。

在此种局面下，负有保持记忆之责的历史学很自然地就要沉沦为意识形态专家手中的利器或者文人手中的审美工具，他们以类似古罗马"公敌宣告"的态度或者鉴赏的态度而非批评的态度去对待历史；他们觉得历史作品应该表现为华丽的形式，因为历史学的任务不是发现、确立并承担真相，而只是一种精致的消遣或者强有力的攻击。萨克雷(William Makepeace Thackeray)在著名的"斯蒂尔"讲座的开场白中对此作了直白的天才表述："当我们在研究一个过去时代的时候，我们是为了什么呢？是去了解政治交易和领导人的性格吗？是让我们自己熟悉那个时代的生活和人物吗？如果我们抱着第一种暗淡的意图，那么真理在哪里，谁又相信他拥有完全的真理？"他宣称，在他看来，我们在历史书中发现的关于公共事务的严肃论述都是没有意义的，他通过引用斯威夫特的《联盟的行为》和考克斯的《马尔伯勒传》这样一些标准的旧式神话作品来表明他认为的历史是什么。"当我们阅读到那一本本让人赏心悦目的《闲谈》和《观察者》的时候，过去的时代回来了，我们祖先的英格兰再现了。五朔节花柱在伦敦的浅滩上伫立，教堂里充满着虔敬者；花花公子们在咖啡店里聚集，士绅前往会客厅，女士们拥挤在玩具店，权贵们在大街上赶路，而仆从则拉着四轮车奔跑或者在剧院门前忙碌。我认为小说比那些旨在把握全部真理的大部头著作承载着更多的真理。正是在小说式的著作中，我对那个时代的生活有了印象；那个社会的习俗、运动、衣着、乐趣、笑声、讥讽——古老的时代又重生了，而我则在这个古老的英格兰旅行。即便是最重量级的历史学家还能为我做得比这更多吗？"[1]

据此，阿克顿(Lord Acton)写道：

19 世纪的倾向是将万物都臣服于理智法则的支配之下，这个世纪的德意志更倾向于无法抗拒的原因的那种简单性质，他们不喜欢自由意志可能带来的复杂冲突，萨维尼(Savigny)对这种倾向进行了定义，比较语言学家们则对之进行

[1] 转引自 J. R. Seeley, *The Expansion of England*, London, Macmillan, 1902, pp. 171 – 172。

了鼓励,最终是黑格尔以特有的方式完成了这种倾向。黑格尔将全部的历史展现在科学统一性的光照之中,使历史成为一种单一力量的显示,黑格尔的作品可说是全知的,最近的那部作品则称得上是最好的。……历史学家关注的是航船的路线,而非乘客的想法。有待关注的力量是那些长远来看终将胜出的力量。历史学家仅仅为那些经由经验的判断而成为公正之物的东西提供证明。人们会说,所谓史学就是选择一个在我们看来不错的立场,同时弃绝指定的路线和法则的主宰,由此将民族生活降解为种种偶然的和无关联因由的无序状态,这完全是胡说八道。在指导世界的各种力量当中存在恒定性,而这恰恰就是全部德意志思想的至高收获。不是出于派系偏见,恰恰相反,而是出于对派系情感和个人偏好的拒斥,历史学家们才坚持认为,这个世界运行良好,认为那些长久活在文明的光辉和挣扎中的事物才是活得正当的,认为无论什么事物的灭亡,实际上正是各得其所。……一位活着的古典学者不是也写道"永恒的智慧终究是要主宰时日的"吗?历史是人类的良知,这一点是无可逃避的,除非有人拒绝将未来和过去联结在一起的集体生长原则,并像阿基米德那样采取一种高高在上的立场。过去三代人的思想承续实际上构成了一把长矛,闪亮的矛头则是由启蒙和胜利之德意志的这批柏林阐释者们打造而出的。这批人构成了一个正统王朝,其统治既正当又有力,他们实际上是从伯克开始一直延伸到最近阶段的选择—进化论这一脉络的继承人,他们针对时断时续的神意、激情的戏剧以及人类的盲目意志,确立起了永不磨灭的道德力量的统治。[1]

此等道德力量的支配力度令人吃惊。倘若西塞罗突然现身 19 世纪欧洲议会或者广场,当然是极为荒诞可笑之事,但西塞罗的幽灵则是另外一回事。即便史学家置身自己的时代,即便古罗马政治涵括了极为广泛且充沛的人类经验,要摆脱这道德力量的束缚,也是难上加难的事情。库朗热(Numa Denis Fustel de Coulanges)以解释古代"革命"为己任,但众所周知,他的解释工作不过是为了自证 1848 年到 1850 年的法国社会。作为一个庸俗和折中的波拿巴

〔1〕 Acton,"German Schools of History",accessed December 04, 2020, http://www. LibertyFund. Org.

主义者,他恐惧革命,这样的恐惧显然是天生的,而不是基于对罗伯斯庇尔(Robespierre)的正确思考。在为私人财产权寻求终极性质的"宗教基础"之时,他显然是出于对大革命时代"土地法案"的担心,但恰恰是罗伯斯庇尔否决了"土地法案";这样的错误判断在《古代城邦》中不断出现,似乎是时局使他无法冷静下来认真分析一下格拉古改革运动和喀提林的阴谋,而将其视为简单的革命者和类似希腊式的民主煽动家。事实上,古罗马显贵元老的统治基础始终在于代表农业地区的特里布斯(Comitia Tributa),为了保卫这一统治基础,元老院随时警惕着不让城市的四个特里布斯产生政治影响;无论是格拉古兄弟还是喀提林,都绝不会想要改变这种情况并实现希腊式的民主。格拉古改革运动的首要目标便是重建罗马的军事防御力量,阻止农村土地所有者丧失社会地位和无产阶级化,阻止大地主们把他们的土地买光,借以维持自我装备的自耕农军队;格拉古的党派首先是个基于农业的政治派别,为了实现目标,格拉古不得不争取骑士阶层的支持,来对抗达官显贵;尽管格拉古的某些演讲的确传递出了一些带有"自然法"色彩的革命气息,但他的教养和他所面对的社会事实都只是成就他为改革者,而非革命者。正如科瓦略夫(С. И. Ковалев)所论:

公元前2世纪至1世纪的内战常常被人称为"革命",但是这种说法是奠基在"革命"一词的不精确的、过分广泛的使用之上的……真正意义的革命只能在摧毁该社会经济结构的那些客观和主观前提成熟的时候,也就是在这一结构处于本身的衰落阶段的时候,才能够开始。正处于改结构的上升路线之上的任何运动,尽管它为了更高一级的一套社会关系而带有反对当前制度和现状的武装斗争的性质,是不能认为是革命的。[1]

尽管格拉古民主派的主要核心仍然是农民,但他们已经不是公元前5世纪到3世纪的旧民主派中的农民,现在他们在社会地位和物质财富方面已经变化成为贫农、贫民和被剥夺了土地的农村无产者了。骑士是新民主派中最有组织的力量,但它是站在最右面的,它本身的巨大财富和组织性使之有时也成为民

---

〔1〕 [俄]科瓦略夫:《古代罗马史》,王以铸译,上海书店出版社2007年版,第398页。

主运动的领导者,但元老院是他们真正的统治堡垒,这是骑士阶层不可突破的政治底线。与社会实体中最贫苦的下层进行强有力的政治联合,这是自米拉波(*Honoré-Gabriel Riqueti, comte de Mirabeau*)死后的法国革命的最显见特征,但这样的联合并不曾见之于古代城邦。革命不曾在古代城邦发生过,修昔底德笔下的克尔西拉革命或者利维笔下的格拉古运动或许把一向注重节度的城邦政治带入某种激情乃至迷醉状态,但本质性的社会命运并未因此改变。

对于公元前 2 世纪罗马的骑士阶层来说,大征服的迅猛推进,尤其是在彻底摧毁迦太基并在希腊世界确立“秩序”之后,罗马不仅重新夺取了早期因王政垮台而丧失的在意大利的南部商业地位,而且更把这一地位迅速扩展到整个地中海世界;巨大的资本、商业、奴隶以及土地现在统归罗马人掌控,规模之大不但使传统的希腊化王国望尘莫及,更使罗马人自己瞠目结舌,可谓世界史上独一无二的壮观景象。在预感到即将发生大规模经济变化的罗马社会中,到处必定存在着强烈的经济价值感,加图的《农业志》显然不是出自对罗马古旧传统的贵族式乡愁,而正是出自这种为经济动荡时代所特有的强烈经济价值感,最大效率的产出是加图全部的关心所在,他就像一个十八九世纪的英国工厂主关心工厂那样关心着他的庄园。很明显,这样的一个具有代表性的理想庄园已经盛行于意大利的中部和南部,并且以大得多的规模盛行于西西里和北非,它们为市场而生产。这样的社会时刻要准备向前发展,不管它愿意与否,它必须随时随地准备在法律、政治、价值和社会条件等方面发生变化,这个过程将是再残酷不过的,对失败者和胜利者都是如此。骑士阶层是这一变化中首当其冲的力量,发财致富是他们的首要目标,最重要的却是,他们是否愿意承担由此而产生的一切后果;在这样的社会中,他们或许有机会,或许没有机会去研究他们赖以为生的基本价值,不过毫无疑问,他们都迫切地希望能找到某种能说明他们的当前价值作用的方法,当他们打算把资源安排于各种用途时,当他们本能地学着预测不同的安排将会产生的不同后果时,他们必定要培养并发挥出他们的聪明才智,格拉古运动为他们提供了这样的机会,而他们也巴望着成为罗马的科布登(Cobden Richard)和沃尔波(Robert Walpole)。

大征服时代之后仍显得古朴的罗马人是否习得了足够完善的政治科学,以掌控如此复杂多变的社会?答案是否定的,确切地说,一点都没有。在公元前 2

世纪屹立于地中海边上的这个社会,就像波利比乌斯所论证的那样,就是这么一个长期错综复杂的历史的必然结果。僵硬的习俗瓦解了,它的政治和经济地位已经举世无争;然而,也必须把公元前最后两个世纪的罗马经济史视为数不清的人们所作出的经济决策的综合结果,这一点似乎连精熟意大利城市更复杂的经济生活的马基雅维利也忘记了。这些数也数不清的人们生活在地中海周遭的各个角落,人人都在为决定未来事态的命运尽一份自己的力量,可是对于将来的事态究竟朝什么方向发展,谁也无法预测,根本也无法预测。就最特异的情况而论,西皮奥(Scipio)集团所养育的那些卓尔不群的政治家们也许有某种他们不愿意接受的预感,但这样的预感却是无可名状的朦胧。因此,在审视和判断这一时期的整体罗马生活时,必须记得,并不存在类似"革命"或者"共和与独裁之争"这样的概括性论断。关于这一时期的罗马生活,稍稍熟悉一下加图、格拉古、马略、恺撒的演讲,就知道全部的论辩只包含普通和简单的内容;这些论证常常显得目光短浅和平庸、动机堪称卑鄙、缺乏审慎精神、时常谬误百出,可也正是这些论证及其背后的支配性力量,为公元前 2 世纪到 1 世纪的罗马创造了一种新的经济体系和权力体系。罗纳德·塞姆的《罗马革命》就是对此一情形的强有力注解。

这一新体系的全部重心牢牢钉死在财富和权力的重新分配上,以致这成了罗马社会存活于这个世界的目的所在。罗马社会究竟为什么存在?似乎不曾有人进行过类似希腊人那样的广泛思考。这样一个疾进中的社会不可避免地也是一个严酷的功利的社会,这样一个社会并不需要来自伦理体系或者宗教体系的论证或者支持,正如同亚当·斯密时代的英国社会那样,它是自在和自为的。西塞罗和日后的斯多亚皇帝和法学家们认真思考了将权利和正义扩展至全部世界、扩展至所有人类这一严肃事件,以之作为罗马社会存在的真正目的所在,在乌尔比安的崇高正义观中,这样的权利和正义是绝对的、永恒的和不可变更的;这样的权利和正义并不来自罗马社会,也不是法律所规定,相反,它们独立于所有的法律和社会而存在,从而是所有的社会和法律的标准或尺度。无论如何,同那种乌尔比安式的崇高而宏伟的目标相比,公元前 2 世纪到 1 世纪的罗马无疑显得太苍白,称得上是沧海一粟,不值一顾。另一方面,此一时期的罗马史学和文化著述中,以及最为根本地,在此一时期的罗马宗教中,彻头彻尾的实利态度和顽固的形式主义要素占据着主宰性的地位,对东方密教、希腊式的救赎宗教以及整体上对希腊文化的拒斥成为这一时期罗马文化的主流感受;随着外在政治迫切性的消失,罗马政治丧失了一切原始的野性,西皮奥集团的覆灭则标志了政治激情状态的消散,以及为赋有政治天命感的超绝政治人物所必然无法缺少的神秘内在意识和悲情状态的消散。由此足以看出,从西皮奥结束的开始到恺撒开始的结束,所有此一时代的罗马政治人物无一不是世界史上最有权力、最为昭彰的实利主义政客,从最庸俗者如克拉苏(Marcus Licinius Crassus)、喀提林到最高洁者如格拉古兄弟,并无一人可为罗马生活规定共同的目的,或者赋予罗马生活以伦理和文化论证,也正是这些人物为布克哈特(Jacob Christopher Burckhardt)"权力即是罪恶"的世界史格言作了注脚。加图的"教子书"已经蜕化为意大利奴隶主狭隘自私的残酷圣经,罗马建城神话以及十二铜表法的素朴但激昂的严肃、汉尼拔战争为罗马社会注入的那种历经40年不散的巨大恐惧和紧张的政治情感、由此所激发起来的罗马人针对不共戴天的政治仇敌的强烈复仇欲望、在此基础之上的那种国族历史叙述振奋人心的力量与狂热,早已为罗马人内部争权夺利、无情剥削的日常功利行为所取代;政治生活中的那种强烈的情绪内涵则要等到塔西佗其人和作品的出现,而这一切的前提则是罗马共和的灭亡。

此一时期罗马的宗教纯然是具体的、正面的,而且是纯粹此世的,正如埃涅阿斯(*Aineías*)的古老应许也是具体的、纯粹此世的那样;唯有具体的、现世行动的当下问题才会浮现且要求解答。在"朱古达战争"和"喀提林阴谋"的年代,马略与喀提林的那种粗犷的、经验主义群众煽动家也远远异于雅典所有的高贵思想家,使人根本没有理由将此一时期的罗马广场演说与修昔底德作品中就"克尔西拉革命"及其连带后果所进行的雅典式论辩相提并论。雅典论辩几乎已经做到了将政治理想主义,以及此种理想主义中所涵养着的昂扬悲怆的强烈情绪,同最清明不过的事实和理路分析融合为一体,而这两者的结合在此一时期的罗马论辩中是完全缺乏的。正如蒙森(Theodor Mommsen)在品评恺撒之政治灵魂的时候所论:"如果要在他那组织得如此和谐的天性中单独强调最典型的一个方面的话,那就是他与意识形态和空想无缘。诚然,恺撒是一个有激情的人,因为没有激情便没有天才,但他的激情从来没有比他本人更为强大。

他有过青年时代，歌舞、爱情、美酒曾进入过他的充满活力的生活情感，但却并未撞入他的本质核心。文学曾唤起过他长期、严肃的兴趣，但如果说荷马的阿喀琉斯曾让亚历山大不能入眠，那么恺撒在失眠之时考虑的却是拉丁文名词与动词的变格变位。”[1]罗纳德·塞姆也完全赞同，恺撒是那种再纯正不过的罗马人，人所需要的是依据现世的经验命令行事，而不是对世界意义的认识。

在上述一切政治表象的背后所蕴含的乃是某种至深的政治意识，在赋有改革思维的部分罗马政治精英的准确感受中，罗马的未来乃是一个充满危险且依然遥远的神秘国度，至少，古典的城邦已经不足以领导这个未来，反而只能是谋害这个未来，必须作出某种重大变革，甚至革命的意识赋予此一时期的罗马社会以特殊的焦虑感。无疑，在公元前2世纪到1世纪的罗马盛世背后，隐藏着复杂而尖锐的巨大社会鸿沟。

科瓦略夫比任何人都更准确地判断出这一时期发展变化的基本因由。“这不是革命，而只是和经济与社会关系方面的深刻的质的变革有关的巨大的量的变化……在经济方面的这些变化的本质可以归之于下面的三个因素：一是奴隶制度这种经济制度的充分发展；二是大土地占有制的增长和小土地所有制的衰落；三是金融高利贷资本和商业资本的巨大发展。这些因素同时也便决定了相应的社会政治现象：一是奴隶数量的巨大增长和他们的处境的恶化；二是农民的贫困化和无产阶级化；三是城市流氓无产阶级的形成；四是骑士阶层的发展和新民主派的形成。”[2]公元前2世纪到1世纪罗马发展的全部秘密都在于与过去的经历相比，大土地占有制度、资本积累和投资的巨大增长；全部的经济和社会后果自动产生，元老院的政策对此既无贡献也无损害，然而，这一切需要有一个能与之相称的同样重要的社会适应过程，古朴的罗马社会在战后不得不以慎重的态度进入这样一个史无前例的崭新而复杂的社会。在社会经济职能方面，时间会自动推出新的概念，这种新概念与此一时期存在于罗马社会中众多而分离的其他目标之间必须学会相互承认，正因如此，在尖锐的社会变化背后，存在由于利害关系而引发的价值观念的斗争，这些斗争涵盖了奴隶主与奴隶、

---

〔1〕［德］T. 蒙森：《罗马风云》，王建、王炳均译，漓江出版社1994年版，第400页。

〔2〕［俄］科瓦略夫：《古代罗马史》，王以铸译，上海书店出版社2007年版，第428页。

贵族与平民、土地贵族与金融贵族、意大利与行省、意大利同盟内部之间的所有矛盾,也正是这些巨大的斗争为此一时期的罗马社会带来尊严和价值。在喀提林阴谋时期,“教育和繁荣”以及社会道德再造工程,能否像加图、特别是西塞罗所期待的那样将完成所有尚待完成的任务,已经值得怀疑,罗马政治已经呈现出一个再明显不过的结论:国家的大力干预和支持,才能给予人们认为他们所能达到的那种生活,精神的动荡已经使乐观主义完全过时,并在随后的年代里很快便陈旧不堪。经过此一时期的强烈紧张和疑虑之后,罗马社会看来已经无法达到成功的社会适应阶段,在汉尼拔战争年代里,在全新规模上创造财富、力量和舒适为罗马人带来正当的骄傲,然而由于没有一个权力重心可以控制并指导此等骄傲,这样的基础就太薄弱了;由此,罗马社会在此一时期的最显著特征便是:成功地排除一组难题也就意味着带来同样棘手和令人困惑的更大的难题。此一时期的罗马社会就像一个缺乏指导的人的生活那样,自我制造出他需要解决的难题,它因此只能在不断变更的风险中生活下去,等待一场总危机的爆发。也许只有后世的回顾才能真正看清楚,此一时代的幸福和安全与日后的苦难和不幸乃是直接关联的,构成一组一对一的因果链条。

在战争中赢得巨大威信的元老院在此一时期无可避免地变得盲目、狭隘而短视,它并不自认为要以任何方式在各阶级中保持平衡,同时,它公开回避使用税收重新分配财富的思想,哪怕是以最粗糙和最现成的方式。元老院的经济思维就是作为成员的元老个体的经济思维;这些人汲汲于减少自己的负担,并且深信他们能够使用手中的每一块金币作出良好的投资。无法对此种政策的社会责任心作出任何程度的猜测,但这种元老政策的实质就是严厉的节约,如加图《农业志》里所表现的那样;由于成为地中海的主人,罗马社会在长时间内取得投资和收入的机会都异常优越,经济似乎是要一直这么高速发展下去,没有什么东西可以阻挡这样的势头,就像没有什么东西可以阻挡罗马的扩张和征服那样。

很难对这样的时代作出概括性的评价,其中的绝大多数其实只是看法和立场问题。库朗热表明了那种最具代表性的19世纪的中庸态度。在他看来,波利比乌斯在罗马的经历足以证成此一时期的罗马社会。波利比乌斯以一个希腊爱国者的身份开始在罗马的生涯,但在这段生涯结束的时候,他成了不折不扣的罗马霸权的羡慕者和追求者,因为正是波利比乌斯告诉处于革命中的希腊人,如果罗马征服了世界,此乃得偿其所;与希腊城市自身的革新相比,罗马的外来统治更有价值。库朗热是否正确判断了心思百变、其深莫测的波利比乌斯式的希腊心灵,不是此处要直接关注的,此处的问题在于,库朗热在此处表现出某种神秘的天意信仰,这种信仰呈现为如下形态:罗马通过干预而征服并统治了希腊世界,这意味着拯救了希腊世界;通过此一拯救行动,罗马人教导希腊人学会尊重私人财产权,使之免受轮番的革命之苦。对库朗热来说,此一时期罗马社会的全部尊严和价值只在于此一时代的罗马人对私人财产权的保护和尊重。对此,我们必须注意到,库朗热的1858年,也正是奥尔西尼(Orsini)的刺杀阴谋发生的那年,在这一年,意大利正处于民族统一战争的前夜,此时的拿破仑三世正自鸣得意地视自身及其法兰西第二帝国为欧洲帝国观念的复兴者,对库朗热来说,此时的法兰西第二帝国也正表征着罗马社会在公元前2世纪到1世纪的世界位置,无论对内还是对外,它们都象征了秩序、霸权,以及最重要的对私人财产权的捍卫。波利比乌斯因此而被库朗热塑成为一个与塔西佗正相反的人物,在这一严格的对立中,波利比乌斯最终成为公元前2世纪到1世纪罗马社会的一个忠实描绘者和敏锐的信徒。这也正是托克维尔(Alexis de Tocqueville)对普遍民主浪潮的基本看法,实际上,从19世纪中期到第一次世界大战,这也是民主和帝国大拓展时期的"欧洲精神"。

这种典型的19世纪中期的欧洲意识形态解释了为什么李加图(David Ricardo)的悲观见解竟然对全部欧洲社会具有了盖棺定论的意义,一如加图的见解对公元前2世纪到1世纪的罗马社会具有同样的意义。如果现行的工资水平高于"天然的"工资水平,就绝对阻止不了工人阶级的最终的悲惨命运;如果国家出来干预,硬使工资高于"天然的"水平,就会破坏社会秩序的基础,正如加图绝不容许"纵容"奴隶那样。这也就是为什么在1848年革命期间,托克维尔坚称一切社会主义思想学派的显著特点就是"强烈地和顽固地诉诸人的物质欲望",他认为二月革命要保持1789年的伟大传统,就必须要接受一个无阶级社会的思想,而接受这种思想,就必须要放弃创建一种社会权力的主张,这种权力拿政府的靠不住的智慧来代替每个公民的实际的和亲身的智慧。因此,托克维尔认为,政府只要给人民以知识和自由,这就算尽到责任了。这样的看法也正是公元前2世纪到1世纪那种复杂而严酷的罗马等级社会而非阶级社会中典型的共和派精英的政治视野。

这样的政治视野为19世纪几乎所有的罗马史的研究者所分享,不管他们中间存在多么大的分歧。蒙森主要是把罗马文明呈现为这样的一副图景:品质坚强的罗马农民崛起于原始的农业集体主义形式当中。对蒙森来说,这一集体主义形式无疑也是日耳曼性质的,这些农民顽强地捍卫自己的土地,随时准备为之战斗;对蒙森来说,这些早期的罗马农民也正是普鲁士容克的对立者,正是这支力量足以构成自腓特烈大帝以来德意志民族性的支柱。韦伯则把注意力放在晚期的阶段,在此,同样的这些罗马农民已经蜕化为贪婪的土地占有者,并将自己及其庄园与他们亲手创建过的城市生活和商业生活隔绝开来,由此走向类似中世纪的农奴制和经济的自然化,终致古典文明自身的毁灭。在韦伯看来,罗马大土地主的这种自我隔离与英国土地主的积极的政治和商业身份形成了鲜明对比,因此他的罗马农业史研究同他对易北河以东的德意志农业调查活动乃是一脉相承的,不管是罗马晚期的大土地主,还是德意志的容克阶层,问题最终都涉及如何融入城市生活以及市民文明当中,不管这种市民文明是古典的还是现代的。确切地说,古罗马的土地主和德意志的容克阶层是否足够聪慧到成为威灵顿(Arthur Wellesley)或者狄斯雷利(Benjamin Disraeli)那样的代议制下的政治领袖人物?科瓦略夫的同胞罗斯托采夫(M. L. Rostovtzeff)接受了韦伯的这一"城—乡"对立模式所带来的启示,并更向前迈进一步,他不是将罪责归因于贪婪的、狭隘的罗马土地主,而是归因于无产阶级状态之下罗马农民兵,在帝国时期,正是乡野出身的这些人由于被剥夺了土地,而成为流氓化的职业士兵,他们的出身以及他们漫长的职业士兵生涯使他们分享了一个共同的生存前提,即对城市的恨,对他们来说,城市也许仍然象征了某种文明,但这种文明没有他们的份,罗斯托采夫因此将这些帝国中晚期的农民士兵称为"红军"。如果我们越过蒙森,回到尼布尔(Reinhold Niebuhr),就足以发现19世纪罗马史研究的全部光谱。尼布尔对罗马原始的集体农业制度几乎完全不知,对他来说,问题的重点乃在于古时罗马农民的德性和纪律,在尼布尔看来,正是这些罗马自耕农构成了塞维改革和十二铜表法,以及全部罗马文明和力量的基础,罗马正是借此也唯有借此才得以征服世界。这一切无非是为了迎合尼布尔本人所具有的那种英格兰式的政治经验和见解,他是一个典型的、俾斯麦曾与之终身作战的“汉诺威党人”,尼布尔的最终结论是把这些罗马农民放在一个突出的位置上,与之形成对比的另一个极端则是法国的“无套裤汉”。罗斯托采夫则仿佛置身于帝国晚期某座罗马城市的城墙之上,在众多围攻这座城市的流氓军队和匪帮当中,他仿佛清楚地认出了大批的农民,他仿佛亲见这些农民正在转化成一个“苏维埃”组织。[1]

至此,可以确切地说,20世纪之前的罗马史学研究几乎全部因为当下的原因或意识形态上的偏见,而趋于定型化,即使是在19世纪取得巨大成就的关于罗马农业史、社会经济史的研究,尽管以公正和现实主义自居,也无一例外。马基雅维利的罗马史论乃是为了适应他那挥之不去的人文主义情结而作,对马基雅维利来说,罗马和佛罗伦萨同样充满了斗争,但罗马人总能显示出德性的力量,这一点恰恰是佛罗伦萨迫切需要而不得的;然而,德性终非取胜的关键,这一点没有谁比马基雅维利更清楚,这迫使他不得不对意大利的大凶大恶之徒怀有隐秘的同情和由衷的赞叹,因为只有借助这些人,意大利才可能赢得统一之契机。毫无疑问,“国家理由”与德性之间存在矛盾,此一矛盾之深刻、所带来痛苦之深刻,足以使包括马基雅维利在内的所有晚期人文主义者一醉方休;因恨当下而爱过去,正是这种普遍的动机促成了一个理想化的罗马共和形象的诞生。莎士比亚(William Shakespeare)的罗马剧则只为迎合他那亘古不变的对“古老而美好的英格兰”的偏爱,为此,他使罗马人英格兰化,又使英格兰人罗马化;我们无法猜测,当克伦威尔(Oliver Cromwell)中止了莎士比亚的英格兰,法国大革命则永远了断了那么一个旧世界的时候,莎士比亚内心做何感想,但很显然,借助古典并不能使“古老而美好的英格兰”变得永恒。

历史首要的是一部物质变迁的历史,这样的一部历史必然是无情又无常,必然深受黑暗力量的全权支配。能否清楚认识到这一点,构成了布克哈特、蒙森式的历史解释和20世纪历史解释之间的决定性区别:前者以系统或者静止的方式撰写古代城邦的历史,而后者则以时间为顺序来编写;如果说前者是静

---

[1] A. D. Momigliano, *Studies on Modern Scholarship*, Berkeley, University of California Press, 1994, pp. 30 – 39.

态描述性质的,那么后者的性质就是动态的和流变的。与此相反,对布克哈特或者蒙森来说,在世界突然坠入剧烈变化的 19 世纪,以一种静态的、理想化的方式去理解作为全欧洲共同遗产的远古城邦,即使不能提供当下的解决办法,也能提供某种意义上的安慰。因此,在布克哈特和蒙森看来,至关重要或当务之急的是假设某种永恒且封闭的“希腊精神”或者“罗马精神”的存在。为了接受这种精神的存在或者熏陶,重要的不是从残酷的日常生活出发进行分析,而是分析希腊、罗马城邦的种种制度以及生活形态。因此,系统的方式要求不一定要审查希腊或者罗马生活的所有方面,确切地说,具有核心重要性的乃是文化、宗教、艺术等方面。众所周知,布克哈特和蒙森都声称研究者具有主观的自由去选择令他们感兴趣的社会事实。对布克哈特和蒙森来说,社会—经济事件一旦以积极且动态的支配性态势参与进来,无疑是以个别的元素污染了本质的元素、以流变污染了永恒、以偶然污染了常规。保存古代城邦的那种高度精神性的生活的前提就在于拒绝这样的污染。[1]

蒙森所赋予恺撒的那种强烈而高绝的世界史地位和文化意义,对于一个仍然期望德意志帝国掌握文化领导权,并且具有如此强烈内在信念的 19 世纪后期德国知识分子来说,必然合乎情理;但以 20 世纪已然迅速发育起来的历史批评意识来看,如此褒扬恺撒却是激情有余、中肯不足,历史也许承担不起安慰或者辩护的作用,也许就是在这个意义上才能充分理解罗纳德 · 塞姆对恺撒所做的祛魅式的总评:“作为一个心慈手软的‘苏拉’(Lucius Corne Iius Sulla)、一个缺少革命纲领的‘格拉古’,恺撒建立了自己的独裁统治。他是通过自己的党派在内战中的胜利才得以建立统治的,但他将超越党派纷争作为自己的使命。这种做法招致了自身的毁灭。……从名义和作用上看,恺撒的职责是重建共和秩序。……然而,他需要特别的权力,这种需求在内战过后已变得十分迫切。……公元前 44 年 1 月,恺撒被选举为终身独裁官。差不多与此同时,元老院颁布一系列命令,规定元老们必须宣誓向恺撒本人效忠。这就是恺撒治理罗马的手段吗?这还是一个法治共和国吗?……我们大可以猜测恺撒的最终计

---

〔1〕 [意]莫米利亚诺:《雅各布 · 布克哈特〈希腊文化史〉导论》《库朗热〈古代城邦〉》,载[意]莫米利亚诺:《论古代与近代的历史学》,晏绍祥译,北京大学出版社 2015 年版。

划，但无法给出一个确定的答案。他在担任独裁官期间进行的活动和规划并没有揭示这方面的信息。此外，我们拥有的证据或存在党派偏见，或是一种后见之明。……常常有人争辩说，恺撒希望或业已建立一种在罗马闻所未闻、不可想象的制度，一种建立在对统治者个人崇拜基础之上的、效仿希腊化东方世界的王权模式的绝对专制王权。如此，就可以将恺撒视为全盘继承了马其顿国王亚历山大政治遗产的后继者，以及那位集国王和肉身之神的身份于一身、平衡了各阶级与各民族关系、统治着铁板一块的臣民队伍、并借助神权统一与整体规划世界的卡拉卡拉（Marcus Aurelius Antoninus Caracalla）的先驱。这种对漫长、曲折的历史时代变迁的极端简化模式似乎表明，恺撒是同时代罗马政治家当中的另类：他要么对未来的历史发展趋势拥有开阔的眼界，要么与众不同地对当时的基本形势盲目无知。但这只是一个神话中的恺撒，或者是一种理性重构。那是一个专门为了同庞培或者奥古斯都构成对比的人造形象。”〔1〕此番阴沉评论浸染纯粹的现实主义气息，同蒙森那义薄云天的恺撒论析之间将会呈现出何等强烈的反差，在此无须多言了。

问题的根本在于概念与实在的关系。实证主义尝试从总体上捕捉社会实在的所有面向，并据此形成有关社会发展乃至世界历史进展的规律性法则。然而，由于社会事实的纷繁复杂和变化无常，任何规律性法则的建立都不得不是暂时性的和片面的，这一努力如果按照自身的逻辑推进，势必导致基础脆弱的法则本身在越来越多的社会事实当中遭遇瓦解。为此，实证主义不得不寻求同盛行于19世纪的进步论联手，由此导致的就是在众多社会事实中区分出“非本质的”元素和“本质的”元素，并放弃对非本质元素的收集、分析和归纳。“历史偶然性”再次被排除出历史和社会分析领域。然而，对于人类的知识及其获取而言，什么才是本质性元素呢？实证主义并没有提供任何的标准，实际上标准的选择归根结底关联到研究者个人的主观感觉或者体验。于此，正如科林伍德（Robin George Collingwood）所说，“结果是历史就纯粹变成了我们自己的心灵状态在不可知的过去的空白屏幕上的虚幻投影”。〔2〕反过来说，若非如此，则

〔1〕［英］罗纳德·塞姆：《罗马革命》，吕厚量译，商务印书馆2017年版，第75～78页。
〔2〕［英］科林伍德：《历史的观念》，尹锐等译，光明日报出版社2007年版，第128页。

实证主义的诸多努力将会遭到历史及社会事实之潮涌的报复,一旦与提供统一性法则的主观意识发生脱离,就势必将历史及社会实在的研究果实消解为与系列不相关联的偶然事件和个体性事实,自然与历史之关系的康德式古老难题不但不能得到解决,随之一同归于消散了的还会包括伟大的人道主义时代有关人之伦理尊严的普遍主义设定。

此种非理性的认识论便对人类在历史个体事件中进行推理认知和建构法则的企图进行了攻击,其矛头尤其针对盛行于 19 世纪 70 年代之前的那种"进步论";此种认识论遵循兰克的观念,以"每个时代都直通上帝"为认知论准则,既否认在世界历史进程中存在事实上的道德进步,也否认人类可以通过基于历史事件的自然主义认知的不断扩展来构建人类自身的进步法则,进而将基于实证主义研究的进步观念本身置于非经验的领域当中。韦伯在评述兰克和罗雪尔(Wilhelm Georg Friedrich Roscher)的认识论时写道:"对那种认为人应该期待在历史与人类生活的外部事件中发现类似神义论东西的观点,罗雪尔持拒斥态度。同样,他也反对席勒(Johann Christoph Friedrich von Schiller)的观点,即把'世界历史'等同于'世界法庭'。他提出这些观点时简洁明晰,你大概会认为这应该出现在更为晚近的进化论者的著述中。他的宗教信仰使得'进步'这个概念变得可有可无。众所周知,兰克既是个严谨的学者,又是个虔诚的教徒,在主观上他对'进步观'同样也冷淡。只有当人类处境的宗教重要性被破坏,从而需要给它赋予一种不仅仅是此世的而且是客观的'意义'时,才会产生对'进步'概念的需要。"〔1〕此种认识论对于史学的影响是多方面的,从整体上全面改造了史学著述的性质和面貌,其中根本之处在于对道德和罪恶问题持一种绝对主义的价值评判态度;罗雪尔在其《对宗教的反思》中这样论述对于史学来说至关重要的"罪恶"问题:"对超越物质世界漠不关心的人,会以泰然自若的心态来看待罪,尤其是高度文明化的罪。他会视罪为一种尚未到达的完满状态。但事实上罪是一种绝对的恶,它与我们本性深处的内核格格不入,甚至是对它的致

---

〔1〕 [德]马克斯 · 韦伯:《罗雪尔与克尼斯:历史经济学的逻辑问题》,李荣山译,上海人民出版社 2009 年版,第 156 页注释 83。

命威胁。"[1]此种极端的非理性认识论既反对启蒙运动中激进主义者对罪恶问题所持的机械理性主义的观念,也对康德式的形式真理持厌恶和拒斥态度,但是在罪恶和道德问题上,此种认识论较之上述两者都更坚持一种毫无宽容的绝对主义态度,从而也使得"罪恶"被剥夺了黑格尔辩证法曾赋予它的运动力量和进步力量。由此,历史本身便完全成为一桩自然主义的偶然事件,就像修昔底德或者兰克那样,完全依据人的种种自然主义动机或者单纯的心理动机来进行叙述;而对历史的认知则相应地也完全成为个人的价值评判之事,这种评判完全是主观的和个人的,此种极端宗教的、审美的和日常伦理的价值感受则成了完全外在于并高于历史领域的一个视点。最终历史便完全与实证知识发生了脱离:

在这些情况下,言说者与其说是科学之践行者,还不如说是价值之鉴赏者。其受众不仅包括对理论知识感兴趣的人,也包括那些作出评价的人。逻辑无法改变以下事实:仅仅基于这些原因,在具有强劲欲望的市场中,在兼有道德立场与审美立场的生活中,正是这些要素构成了"历史成就"的"真正价值"。逻辑为了维持其刚正,只能也必须确定:在这些情况中,决定"历史成就"的标准不是理论宗旨,而是日常生活的其他宗旨以及情感价值。[2]

布克哈特是此种史学取向最为率直的代表。在布克哈特看来,传统自由观念在19世纪的最大威胁来自大众及其民主诉求。由此,布克哈特对自由的理解充满了旧制度时期的那种贵族意识,他认为只有在人可以发展自己的创造性个性的地方,才可能谈论自由。显然,在布克哈特看来,自由应当脱离"单调而无名"的大众领域,而与特定的文化价值结盟。他在古希腊和文艺复兴时代的城市共和国中找到了这种文化价值的完美体现。就认识论角度而言,布克哈特的历史选材和分析通常遵从"国家""文化""宗教"这样的三分法;"国家"很少

---

〔1〕 转引自[德]马克斯·韦伯:《罗雪尔与克尼斯:历史经济学的逻辑问题》,李荣山译,上海人民出版社2009年版,第160页注释96。

〔2〕 转引自[德]马克斯·韦伯:《罗雪尔与克尼斯:历史经济学的逻辑问题》,李荣山译,上海人民出版社2009年版,第101页。

能够在他的历史分析中占有一席之地,因为"国家"在他看来是对文化价值的压迫物,《希腊文明史》几乎对政治制度及其历史变迁只字未提,《文艺复兴时期的文化》也许给予政治、历史微小的篇幅,但也只是注重政治生活当中的那些富有创造性个性的人物及其行动,吸引他的地方也仅及于此。宗教或许享有较之国家更充分的地位,但相比文化及其价值来说,也只配得上是残羹剩饭。由于仅仅考虑文化价值,布克哈特便得以放弃那种复杂而深刻的多脉络的叙述方式,并完全自由地在历史材料中进行取舍,他在这方面的主观性和任意性之发挥几乎到了无以复加的地步。同时,他也能够轻易地将古希腊和文艺复兴时期的城市共和国刻画成一种全然自在、自为的文化价值整体,这个整体不但丧失了时间坐标,也脱离了空间坐标,永恒地矗立着,毫无疑问,此种自由观念及其创造性个体并非矗立在社会实在之上,而是矗立在布克哈特主观而任意的想象当中。显然,以一种主观而任意的文化价值标准来评判历史,所导致的结果就是认定人不能从历史自身习得知识,并进一步认定民主对于历史的知识要求,是一种盲目而愚蠢的非分要求,简言之,就是认定人经由历史而获得的知识不能解除人类自身注定了的愚蠢。这与其说是一种历史观念,倒不如说是一种反历史的情绪失控。正如布罗代尔(Fernand Braudel)评论的那样:他"以鉴赏和智慧的眼光研究了文化的艺术价值,对他来说,价值决定一切;对比之下,宗教只得到了一些残羹剩饭。更糟的是,除了这'三要素'外,关于'豪华者'洛伦佐(Lorenzo Ⅱ Magnifico)时期意大利的物质和社会的实体没有或几乎没有谈及。因此,这部不朽之作所研究和确定的'上层建筑',尽管由于作者对个体性的嗜好而变得栩栩如生,但依然是没有根基的。这样做对吗?我是说,一个世纪后的历史学家能够满足于这个此后实际上一直无人予以取代的整体影像吗?"[1]

歌德曾指出历史学通常所得的"神经衰弱症"的致病根源:"对生活的描述应当像生活自在自为地和为了它自身所是的那样加以描述。不要指责历史撰写者,说他们到处寻找结局,而忽视个别的事实和个别死去的人……历史,即使是最好的历史,也总是带有某种尸体的气味。而且,人们可以说,世界离得越远,阅读它的历史就愈加令人厌烦。因为每一个后继者都需要从世界事件中净

---

〔1〕 [法]布罗代尔:《论历史》,刘北成等译,北京大学出版社 2010 年版,第 207 页。

化出一种更加鲜明、更加细致的结果。最后,那种作为没有价值的残留物而仍然保留在那里的东西将在烟雾中消失。”[1] 显然,这段话所作的诊断用来评判19世纪中晚期的史学状况更为合适,这也可说是具有非凡直觉能力的歌德所给出的预言。对“个别的事实”的刻意忽略是19世纪中晚期历史厌倦症的根本症状,由此导致的结局正如歌德所说,就是历史学家们本能地倾向于“从世界事件中净化出一种更加鲜明、更加细致的结果”;在这一工作中,历史学家所依据的认识论和方法论则是某种特定的“价值”诉求,这种诉求进一步导致了对长时段历史经验的神秘化,尽管论证的方法往往带有自然科学在规律和法则方面的诉求,但由于在“价值”的主宰下势必要造成人与历史的脱离,最后的作品也只能将史学转化为“价值论战的宣言书”,呈现为庸俗的甚至是明确用来诉求并煽动作为其作品诉求对象的特定社会阶层或者集团的政治情绪和野心。

19世纪最具分量的两部古代史撰,格罗特(George Grote)的《希腊史》与蒙森的《罗马史》正是在此种民主改革意志普遍瓦解的时代凸显于世,这使他们的作品在这样一个时代给人以鹤立鸡群之感。这种感觉是正确的,一方面建基于两部作品都极力突出的政治变革意志,另一方面则建基于两位作者对于“帝国民主”或者说较之整个19世纪都赋有激进色彩的民主形态的不可妥协的论证和追求之上。或许,在两个人看来,帝国与民主正是一回事情,更确切地说,帝国的“自由”恰恰正在于帝国的“民主”,这种统一性毫无疑问体现在他们各自的英雄身上,此即格罗特的伯利克里和蒙森的恺撒;确切地说,正是此种近乎意识形态化的改革意志,催动二人创造出各自的英雄。正如卡尔(Edward Hallett Carr)评论的那样:“格罗特是一位在19世纪40年代开始进行写作的开明的、激进的银行家,他以一副理想化了的雅典民主政治画面具体表现了正在兴起的、政治上进步的英国中产阶级的愿望,在这幅画面中,伯利克里以边沁式功利主义改革家形象出现,由于格罗特那一时带有情感的笔端使雅典获得了帝国的称号。……蒙森是德国自由主义者,1848~1849年德国革命的混乱与屈辱熄灭了他的理想。19世纪50年代——蒙森写作的这十年期间正好是‘现实政治’这

---

〔1〕 转引自[德]李凯尔特:《李凯尔特的历史哲学》,涂继亮译,北京大学出版社2007年版,第248页注释7。

一名称、概念诞生的年代——蒙森内心渗透着一种强烈的愿望:需要一位强人来收拾德意志民族未能实现其政治愿望而留下的残局;假如我们不能认识到蒙森笔下的恺撒这一著名的理想化人物肖像是蒙森渴望的那种强人拯救德国于危亡的产物,假如我们不能认识到法学家、政客西塞罗、这个缺乏艺术感的喋喋不休者和狡猾的拖延者是 1848 年法兰克福圣保罗教堂那些辩论中直接走出的人物,我们就永远也不能认识到蒙森笔下历史的真正价值所在。假如有人要说格罗特的《希腊史》肯定会告诉生活在今天的我们,这其中许多关于公元前 5 世纪雅典民主政治的事情,同样也有许多关于 19 世纪 40 年代英国激进主义哲学思想中的东西,或者说有人想知道德国自由主义者在 1848 年革命中的遭遇,就应该把蒙森的《罗马史》当作一本教科书,这类说法一点也不是自相矛盾的。"[1]

由此也就不难理解蒙森为何将他那超绝的历史想象力、历史构造力以及历史叙事能力,用来构筑一个由恺撒、伯利克里、克伦威尔以及亨利四世共同主宰的绝尘之地,反衬之下,1848 年法兰克福议会、俾斯麦帝国体制的所有缺陷以及荒谬都尽显无遗:

> 恺撒不可能采用自我毁灭的治国艺术,他坚信元老院这个建制的必要性,同时又决心不受这个机构的支配。显贵们却未能或者不愿意恰如其分地认识到君主这一做法的意图,即改变元老院此前唯独代表寡头集团的性质,恢复它在王政时代的职能,使它成为一个由出身低下的人在内的、即使是外国人也并非要排除在外的、最有聪明才智的人构成的、代表国民各个等级的帝国建制。……在同现实的斗争中,恺撒不得不放弃他的党派以及他青年时代希望的在罗马建立一个以民族信任而不是以刀剑力量为基础的伯利克里式的统治权能,但他现在仍然以举世无双的毅力坚持不建立军事君主制这一基本思想。然而,这个理想同样无可实现,纯粹是个幻想,在这一幻想中,伟大精神的炽热向往胜过了清醒的理智。恺撒所想象的统治权能必然是个人性质的,它不得不随着其建立者的死亡而消亡,就如同伯利克里、克伦威尔、亨利四世创建的类似政

---

[1] [英]卡尔:《历史是什么?》,陈恒译,商务印书馆 2007 年版,第 124 页。

权都不免跟随其创建者一同消亡一样。……厄运比天才更为强大,恺撒想成为公民国家的重建者,最终却成了自己所厌恶的军事君主制的奠基者。他推翻了一个国中之国(贵族和帝国银行家的国度),却不得不迎来另一个国中之国(军人国度)。[1]

二、反革命叙事

兰克在生命尾声之际仍然希望写一部普遍史,而且他也的确在86岁高龄的时候动手去写了。他在19世纪60年代的时候解释说:“在我看来,我们必须在两个方向上展开工作,其一是勘察历史事件当中的有效因素,其二就是理解它们当中的普遍关系……就单个细节展开勘察,这本身就要求相当深刻且敏锐的研究。不过,当今时代,史学家们也都同意,批评方法、客观研究以及综合建构是能够而且也是必须融合于一体的。历史研究不会因为同普遍性的东西建立关联而遭受折损;实际上,若不建立这样的关联,历史研究反而会失去力量,若是没有细节上的勘察,那么普遍性的东西则会沦落虚幻境地。”[2]显然,兰克的意向仍然是吉本式的,就是将最为精细的博学同哲学化的历史联结起来。19世纪的所有一流史学家都接纳了某种有关人类命运的宏大的结构性阐释,而且通常也都接纳了有关自身所属民族之命运的宏大叙事。但是随着批评意识的加速发育,20世纪迎来了一场变迁,有关历史之目的或者意义的设定,无论是宏大的,还是微小的,都频繁遭遇尖锐攻击。

如今,历史学家已经习惯了将历史事件至于当时的社会形态中予以考察。社会不仅仅是生活的静态画面,也不仅仅是故事的背景,而是历史过程本身的积极合作者。历史因此也就不再仅仅是由故事融构而成的脉络,相反,在思索历史之时,往往还要考量那潜在的支配结构,传统叙事当中那高翔云天的道德化、哲学化的宏大历史命运,则相应地羽翼尽折,坠入深渊。由此也就不难理解,“罗马革命”的故事到了罗纳德·塞姆手中,一旦触及政府和议会实际上做

---

〔1〕[德]T.蒙森:《罗马风云》,王建、王炳均译,漓江出版社1994年版,第416页。

〔2〕Fritz Stern et al., *The Varieties of History*, New York, Meridian Books, 1956, p.62.

过的那些事情,就都立刻保持了沉默,或者说,这是一种刻意为之的忽视态度。对于政策和重大决定之缘起也没有兴趣;对于具体举措和人物方面的公众态度,对于当时政治论战的实际内容以及议会辩论当中的唇枪舌剑,更是没有兴趣。一切的观念、激情和行动都可以化解到这样一个有代表性的解释框架当中:"如果没有自己的党派的话,一个政治家就一无是处。他有时会忘记这个危险的事实。如果一个派系的领导人或者主要代理人违背了同盟者的意志并我行我素的话,那么他就必须被抛弃或者被镇压下去。提比略·格拉古(Tiberius Gracchus)是一小撮影响力巨大的前执政官扶植起来的。当这个鲁莽、自负的保民官走上违法道路之时,这些谨慎的人马上便拒绝给予格拉古进一步的支持。政治巨头克拉苏以喀提林作为自己的代理人。但喀提林无法(或不愿)认识到,自己主子的计划中是不包含任何改革或者革命内容的。于是克拉苏便放弃了喀提林,听凭喀提林走上不归路。"〔1〕这样一个解释框架引领了一段平淡无奇的"罗马革命"进程:"罗马人民的政策和活动由一个寡头集团引导着,它的编年史也在以一种支持寡头政体的精神书写着。……在革命期间,旧统治阶级的权力被摧毁了,其结构发生了转型,意大利以及社会当中从前被排除在政治之外的阶层压倒了罗马和罗马贵族,但旧有的框架和类别还是被保留下来:王权通过寡头制来进行统治。……在格拉古兄弟政治活动的影响下,对外扩张催生的各种社会、政治和经济矛盾在罗马国家内部爆发了,由此引发了百年之久的动乱。……由显贵集团组成的政府在有产阶级神圣同盟的支持下,通过其被保护人在平民中的影响力以及金钱的诱惑力,原本是有可能将它对罗马和意大利残酷但毫无前途的统治长期维持下去的。但帝国最终还是摧毁了它。"〔2〕但事实上,借助责任意识或者对原则的持守,"罗马革命"时代的罗马人是完全有可能同自己的党派决裂,或者有时候也会采取有悖于自身眼前利益的行动。无论如何,在元老院以及经过格拉古之火淬炼过的骑士阶层,都存在众多的独立派,这类人当然会对政府保持常态的支持,不过他们时刻也都准备依从自己的判断进行投票。因此,论辩、民众激情的影响力甚或是一场民族危机,都会影响他们的

〔1〕[英]罗纳德·塞姆:《罗马革命》,吕厚量译,商务印书馆2017年版,第85页。
〔2〕[英]罗纳德·塞姆:《罗马革命》,吕厚量译,商务印书馆2017年版,第13~30页。

行动。此类情形就其性质而言完全有可能产生重大影响，因此在此类境况之下，就不能将“罗马革命”时期的政治纯粹视为对潜在支配性结构或者网络的反应，或者仅仅依托结构或者网络来进行解释。我们听闻了太多的结构和既得利益集团方面的事情，更高层面的政治考量则少之又少，但是恰恰就是这类更高层面的政治考量在这些重大环节上很显然都是介入到历史情境当中的，而且这类考量也都有助于将历史研究转化为一种政治教育。事实上，恰恰就是在这里，理性目标得以发挥效能，所谓理性目标也就是善于推理且赋有理智之人所做的有意识计算，而且，这样的理性目标也恰恰就是在这里超拔于这个世界的种种非理性之上，也超拔于种种的社会压力和赤裸裸的无力展示之上。

尽管庞培犹豫不决，危机却通过事物本身所具的分量，以不可阻挡之势缓缓前来。即将到来的不是一场共和和帝国的战斗，这场战斗实际上多年前就已经尘埃落定了，而是庞培和恺撒争夺罗马王冠的战斗。……恺撒没有选择。他从来就是一个严肃的民主主义者，他所理解的帝国和格拉古的民众统治的区别更多地在于外表，而不是本质。他是一个太高尚、太深沉的政治家，因此难以掩饰自己的本色，在另一个徽章之下作战。……此时，格拉古的理想因克劳迪乌斯(Tiberius Claudius Drusus Nero Germanicus)而变得可耻且可笑了，民主旗帜几乎难以带来积极的赢利。——如果大自然真的作出过安排的话，那毫无疑问就是把庞培安排成贵族派的一员；尽管就庞培自己来说，完全是极为偶然的因素和极为自私的动机令他从贵族派改投民主派。现在，同样是在情势和私利的双重驱迫之下，庞培回归苏拉统绪，回归显贵阵营；而显贵阵营也更需要跟这样一个野心勃勃的人结盟，给自己获得一个领袖的同时，也图谋胁迫并控制这个领袖。[1]

不过很显然，在塞姆看来，这样一种将具体和普遍、低贱和高贵以递进形态结合起来的历史叙事，不过是一种过于意识形态化的、哲学化的叙事模式，过于意识形态化的历史叙事当然意味着过度意识形态化的政治取向；塞姆对此展开

〔1〕［德］T. 蒙森：《罗马风云》，王建、王炳均译，漓江出版社 1994 年版，第 305 ~ 306 页。

抵抗和解构,其理据是充分且迫切的。可惜的是,塞姆针对这种部分地融合了人类有意识目标和目的元素在内的史学类型的反抗,也完全有可能会走过了头。塞姆的叙史模式很可能因此失去任何的框架和除了时间元素之外的历史连续性。关于这场“罗马革命”,蒙森的强烈意识形态取向自然会容许蒙森如自己所说的那样,史家有选择史料的自由,并据此建立起恢宏的历史哲学解释:“恺撒的历史以及罗马的恺撒主义,实际上是对现代独裁的难以言述的尖刻批评。按照最小的机体也要比最完美的机器强无数倍这一自然法则,每一个再有缺陷但能给大多数公民留有自由自决权余地的制度,都要比最天才、最人道的专制主义强出无数倍。……恺撒的建树是必要的、有益的,这并非因为它带来了,或者仅仅是可能会带来幸福,而是因为就建基于奴隶制基础之上的、完全背离了共和结构代表制的古代人民组织而言,就经历了500年合法的发展,逐步向寡头政治专制的成熟阶段迈进的城市制度而言,绝对军事君主制是逻辑的和必然性的最后一站,是最小的灾难。倘若弗吉尼亚和卡罗莱纳的奴隶主贵族会像他们在苏拉时代的罗马同行那样,走得那么远,那么在历史面前,恺撒连同恺撒主义都将是合法的。……历史也是一部圣经,如果说新君主制像圣经一样,不能阻止蠢人的误解,也不能阻止魔鬼的利用,那它也有能力来忍受这两者并为其作出补偿。”[1]但是塞姆针锋相对地认为,眼前的这些材料,并不存在任何可以为故事提供形态和凝聚性的东西,更否认这些材料当中有任何证据可以表明恺撒或者及其追随者是禀有深刻目的的,因此也就否认了他们的目的和行为当中是存在深刻连续性的。“我们当然可以肆意猜测恺撒的最终计划,但根本无法给出一个确定的答案。他在担任独裁官期间进行的活动和规划并没有揭示这方面有用的信息。我们现在拥有的证据要么是党派偏见,要么就是后见之明。对某些未曾付诸实践的动机的描述并不是历史学家的可靠向导,因为这类描述无法得到验证,因此是极具迷惑性的误导方式。……若必须评价恺撒,依据只能是历史事实,而不是莫须有的意图。从他的行动和著作来看,他只能是个现实主义者和机会主义者。在当政的短暂时期,恺撒很难制订长远规划,或

---

〔1〕［德］T.蒙森:《罗马风云》,王建、王炳均译,漓江出版社1994年版,第414页。

为一个稳定政府奠定基础。"[1]蒙森的模式固不足取,但问题的关键在于:倘若真的以这样的方式对待这段历史,那么也就没有任何理由不以同样的方式对待一切的历史,并最终将一切的历史都转变成"傻瓜讲的故事"。历史研究总是要挖掘出纷繁的境况、交错纠结的细节丛林以及大量的限制性的事实和因素;不过,置身其中,却也必须保持头脑清醒,必须凭借一颗主导性的心灵而对这一切实施总揽。历史研究不应当将人类引领到一片完全没有形态和轮廓可言的荒芜之地,任人们在那里绝望和困惑,任人们去承受那种没有任何宏大历史过程可言的感觉,以及那种没有任何历史意义可以诉求的感觉。倘若坚持对历史论题实施此等离散化处理,那无疑就是夸大了无常偶然性在人类命数当中所扮演的角色,仿佛理性和目标在这个世界上毫无意义可言。

厄运胜过天才和理性,事件是以无可预测的方式自我塑造起来的,此种观点当然包含真理的成分;不过若是将此种观念推向极端,那么历史,既然是由种种偶然和境遇的反讽融构而成,将何以成为重大事务,就彻底成了问题。当然可以像以塞亚·伯林(Isaiah Berlin)那样,将历史视为不过是偶然或者机缘构成的序列,倘若真是这样,也就没有什么东西真正值得研究和叙述了,事件之间也将不会存在关联,实际上能够存在的只能是一系列没有前后关联的事件,靠着盲目的必然性法则向前推进,人们除了叙述之外,便什么都不能做。一个人在反教义主义的斗争中,也可能会变得极为教条,同样道理,一个人在强调历史之任性和时间之无常的时候,同样有可能变得过于任性。观念和目标可能会受到遏制或者牵制,甚至也可能遭遇正面的阻击,这一切在人的日常行为中都是可以见证得到的。若因此就认定,唯有细节才是重要的,一切细节的价值都是同等的,那么政治家也就不再会有什么系统性的目标,有的只不过是一连串的矛盾而已,而且,一切事物都将接受偶然的主宰,委身于细碎到荒谬地步的机缘的威力之下,最终,历史本身则沦为境遇的反讽。

如此一来,将罗马共和历史当中最为黑暗且盲目的支配性结构揭示出来就是顺理成章的事情了,在塞姆看来,这场"罗马革命"当中最重要的幕后推手就是以元老院为权力枢纽的寡头集团。古罗马的家族式寡头集团以元老院为决

---

〔1〕[英]罗纳德·塞姆:《罗马革命》,吕厚量译,商务印书馆2017年版,第77、79页。

策之基石,将强悍且稳定的政治意志贯注整个的大政府时代,其间,这个集团表现出了类似于英格兰寡头集团的那种灵活和宽忍,这是罗马大政府时期政治神经的中枢;但是到了苏拉时代,罗马的这种寡头政治骤然蜕变,沦落到比波利比乌斯时代希腊财阀政治更为自私、狠毒和不堪的境地。究其原因,当然不在于德性的堕落,而在于赋有无限权能的统治资本彻底毁灭了意大利、拉丁同盟乃至整个地中海世界正在艰难求存的中产阶级,同时也令帝国致命毒瘤大庄园经济肆意且猛烈地提升起来。家族式寡头政治较之波利比乌斯时代希腊世界的财阀政治以及汉尼拔时代迦太基的财阀政治,对统治集团来说,是有着决定优势的,这便是家族集团无须担心财富消长引发精英更迭。既有此等优势,便也不难想见必然催生的两种政治结果:其一,太过古板、高尚的少数显贵,思考和行动仅凭"信念伦理";其二,为求自肥而不择手段的多数显贵,这个群体已经彻底放弃了"责任伦理"的最后底线。此等独特的政治决策体系一旦沦落到离散的境地,所催生的权力真空将迅速地将常态政治转化成纯粹的权谋游戏,读一读马基雅维利笔下的博尔吉亚(Borgia)时代,便不难有似曾相识之感。这样的时局,蒙森自然不会没有生动刻画:"既然这个街巷的阿喀琉斯被当权者争取过去,并经其许可扮演极端民主派角色,那么贵族派当然也会有街巷的赫克托耳,甘愿充做主张共和的反对派在任何暴动中的合法先锋。如果死去的喀提林提出同样的要求,共和反对派甚至都不会拒绝同他结盟。事实上,共和派在这个战斗领域获取的若干胜利,都是靠着这些街头暴民和一批训练有素的角斗士才得来的。加图集团自然是支持这样的人物谋取执政官头衔,甚至西塞罗也颇为愿意举荐这些人作为自己的保护者,最起码来说,这类人都是敌人的敌人。"[1]一个根本无能、无力、无意掌控帝国却偏偏大权在握的寡头集团,更因家族纽带而变得极端狭隘,无法在经济—社会层面实施政治拓展,在帝国范围的斗争中,便只能是两种结局:要么是猎人,要么是猎物。通常情况下,他们在猎捕他人的时候,都难免同时沦为猎物;权力则是博尔吉亚酿造的致命毒药,在这个集团当中随机流转。

那么,令波利比乌斯视为罗马世界霸权之基石以及相对于希腊人之优越性

[1] [德]T.蒙森:《罗马风云》,王建、王炳均译,漓江出版社1994年版,第287页。

的基石的“罗马自由”，又当如何？对此，塞姆的判决因其残酷无情之美而成为不朽格言：“自由和法律是动听的字眼；冷静分析之下，它们只是特权与既得利益而已。”[1]据此，塞姆进一步申述了罗马自由在这场革命当中的命运：“‘自由’会被寡头集团垄断。他们的反对者完全可以宣称并证明，某个暂时控制着合法政府的派系正在压迫共和国，并利用这一政体谋求一己之私利。……显然，‘再造共和’或者‘重塑自由’等口号可以赋予任何暴力和阴谋以合法性和神圣性。但自由、法律和秩序并不能代表一切。一个政治领袖或者一个党派时常会发现，敌人不断利用现存政体来反对自己。倘若罗马人民在运用自由权利之时受到误导，而元老院又是不可靠的、不爱国的或者不具代表性的，那又该如何呢？确实有一个补救办法。为了共和国的福祉，公民的个人事业可以结盟，可以在全意大利范围形成民意，对政府施加非正式压力。这被称为‘众意’或者‘公意’的字眼更能说明问题。倘若有人认为在这个时代请求通过政治授权来得到合法批准的做法还是不合时宜，甚至是过时且多余的做法，那么更广阔范围的诉求也已经就位了。所有的术语、武器都会一起上阵：当共和制度覆亡之时，军队和民众的意志马上就会得到强有力的表达。”[2]时光的流转使得帝国的历次社会运动的精英和领袖人物不再以精英和领袖人物的自我意识自居，他们不再借助运动来增长野心、寻求魅力，如果他们在运动中能够获得某种出人意料的“内在生命”的话，他们也并不理解这种内在生命。在这样的治国技艺当中，政治性的个人只能在理想与现实之间的巨大差距面前，成为孤独的个人，在这样的局面中，政治仅仅是个人的，甚至像在塔西佗和普林尼的情况中所表明的那样，政治往往在日趋文明化的社会运动中，淡入日常生活的神秘主义、情感主义和心理主义当中。野心和魅力对于“文明”社会不是什么好事情，但是，假如为了正义的目标，仅仅凭借善良、高贵但完全没有经验的人们去挣扎和奋斗，结果除了欺骗之外又能是什么呢？走向末日的罗马贵族乃是一个以多重的失败意识为共同基础的群体，他们身上既带着惯常的、缺乏自我意识的病态，又带着那种往往伴随着病态的精神亢奋；在他们这里，人类政府最终证明了争取美

---

〔1〕［英］罗纳德·塞姆：《罗马革命》，吕厚量译，商务印书馆2017年版，第84页。

〔2〕［英］罗纳德·塞姆：《罗马革命》，吕厚量译，商务印书馆2017年版，第210～212页。

好生活的决定性失败,在这一失败面前,置身帝国境遇的精英和贵族们所进行的长期努力似乎仅仅使他们企图传播的那些可怜的理想变得更加愚蠢和邪恶。正如塞姆在总评之时所说:“罗马人民为那些与罗马共和国史联系密切的古老家族权势、声望的衰微而感到悲伤。但这并不是最糟糕的。为了国家利益,政治自由必须被牺牲掉,这一看法是人们能够接受的。……但引发塔西佗强烈义愤的与其说是专制的惨无人道,还不如说是贵族的逆来顺受和堕落蜕化。忠于共和派和庞培党的立场、反对专制、不情愿充当元首制工具的提比略在目睹本阶级其他人物背叛罗马传统、像东方君王的廷臣和逢迎者那样奴性十足时,不禁作呕。史书记载了这位据有共和精神的憎恶人类者的一句很能代表其性格的评论:‘这是一群多么适合当奴才的家伙啊!’”[1]

三、结论:为《罗马革命》一辩

将近两个世纪之前,兰克实际上也研究了单个历史事件之独特性的问题、历史当中单个时刻的独特性问题,还研究了历史学家为什么会对细节乐趣无穷的问题。然而,兰克洞察到,历史并非没有自身的“内在关联性”;而且,兰克也看出,一个人倘若没有看到细节是可以凝聚为系统性的形态的,倘若不具备归纳的眼光,那么历史本身也就无法书写了。塞姆的研究方法当然是一种极为强劲且广泛的接收装置,足以搜寻并接纳特定波段的几乎全部信息。但书写这场“罗马革命”的人最起码也应当意识到,人们之所以支持政府,并不仅仅是因为可以从中获取利益和职位;一旦面临重大问题,靠着旧有的家族政治和腐败体制是根本不足以维持元老院的。共和晚期罗马寡头集团即便在骑士阶层的策应之下,有足够的财力广撒恩惠,有足够的苏拉或者庞培式的人物,以武力和威慑为之效力,也是根本不足以保证帝国民主派作出有悖于国家利益或者已然觉醒的民众激情的决定的。面对常规事件,家族纪律、家族义务以及依托父权体系的数百年涵养而来的虔敬和荣耀德性,也许会发挥出正常效能;一旦事件突破常规,人们的政治行动也就不是没有可能以更为高级且普遍的诉求为参照而

〔1〕[英]罗纳德·塞姆:《罗马革命》,吕厚量译,商务印书馆2017年版,第662页。

展开。

假如寡头集团是为原则和秩序而战,那么帝国民主派又何尝不是呢?可惜的是,罗纳德·塞姆爵士有意无意地忽略了这一点,他的革命叙事极为独特地完全回避了对一切革命叙事来说都是最为根本的一点:人当然是利益和欲望的承载者,但无可避免地也是观念和原则的承载者。实际上,罗纳德·塞姆自己也不得不在某处承认:"我们无须相信恺撒却曾试图在罗马建立'希腊化王权'。独裁官的权力其实已经足够了。恺撒能够看到,在一个世界帝国里,显贵阶层的统治已经不合时宜了;而在全意大利的居民都已经取得公民权的情况下,罗马平民掌握的权力已经是落后于时代了。……恺撒被强行推上独裁者的位置。这意味着一个人将取代法律、政体和元老院进行长期统治,意味着新的力量和观念迟早要获得审理,军队和行省的地位将要上升,从前的统治集团则已日薄西山。恺撒的独裁似乎远远不只是为巩固内战遗产和恢复罗马国家机器活力而采取的权宜之计。它将一直维持下去,罗马贵族将无法继续按照自己特有的方式去统治帝国并从中受益。历史上的悲剧并不是传统意义上'是'与'非'之间的冲突所酿造的。根据各自的立场,恺撒和布鲁图斯(Marcus Junius Brutus Caepio)都是正确的。"[1]也许,理想的史学类型应当将故事和事件置于动态格局当中予以呈现,同时在重述过程中又可以让故事禀有"深度",从而使得故事本身能够获得一个新的维度,此种史学乃是结构和叙事的合成品。学者和作家们偶尔也能达成这样的成就,此种历史解释模式既是故事也是研究,读者们也因此可以对人物的行事之道和历史过程都获得更为深刻的洞见。一方面是人类自身的理性目的和有意识的意向,另一方面则是历史过程,其中包含种种的必然性体系以及环境的反讽,正是这两者构成了人类命运织体的经线和纬线。唯有将这些元素融合起来,历史才能够一方面成为人类自身的创造,另一方面成为人类自身必须承受的事物。

在塞姆酝酿并撰写"罗马革命"的时期,灾变主义观念也正在世界范围肆意汹涌,大量而且越来越多的人相信革命是更为容易也更为有效的解决办法。至于公民自由就如同民主一样,只是作为社会变革的工具,才有利用价值。"罗马

〔1〕 [英]罗纳德·塞姆:《罗马革命》,吕厚量译,商务印书馆2017年版,第84页。

革命”的时代跟塞姆处身其中的那个时代何其相像,自不待言;社会发生迅疾变化,而旧势力依然盘根错节,难以迅速铲除,还随时准备反扑,既然如此,这场内战必将漫长而艰苦。恺撒的反对者中不仅包括贵族,还有纯正的民主派。前者是因为恺撒的民主措施,后者则出于对恺撒因这些措施而取得的权势和影响力的警惕和嫉妒。在这种氛围下,一个狂热分子可以很容易地煽动起一大批支持者,从而危及最基本的统治秩序。旧贵族不认为有妥协的必要,格拉古的内部改革运动以及马略、秦纳一直到庞培的帝国战争,又偏偏造就了一个足以向贵族挑战的平民阶级。这两派斗争的结果只能是:要么维持罗马城的寡头政权,要么建立一个帝国的民主政权;平民和贵族既然处在这样的关系中,便不可能像后世的英格兰那样虽时时冲突,但仍能和平相处、齐头并进,因此便只能你死我活。贵族们看到恺撒的改革已经严重危及他们的权利,于是决心与之摊牌,或者逼迫恺撒摊牌。危机定将爆发,至于恺撒本人是否如同蒙森断言的那样,有决心、有意志利用这一机遇,为活跃的旧时代来一个干净彻底的了断,以便开启那凝滞却充满政治机遇的新时代,对于这个问题,身处 20 世纪的塞姆显然没有刚刚走出 19 世纪中期革命理想主义年代的蒙森那般乐观,而是秉持了严格的不可知论,正如塞姆本人常常说起的那样:只能依据实际发生过的事情来建立历史评判。

戴雪的两种形象：法学家和政论家

何永红*

内容摘要：戴雪通过他的作品，给我们呈现出了两种清晰的形象，即法学家与政论家。在《论冲突法》和《英国宪法研究导论》中，他用奥斯丁式的法学方法，对英国法的两个重要分支，即国际法和宪法，进行了总结和提炼，深刻影响了英国法的发展；在《英格兰反对爱尔兰自治的理由》和《论华兹华斯的政治家气质》等政论性著作中，捍卫了联合王国和英帝国的统一性。总体上，戴雪是一个维多利亚时代中期的法学家，在这两类作品中，他都表达了英帝国鼎盛时期的价值观和信念。

关键词：戴雪　法学家　政论家　爱尔兰问题

过去10年间，戴雪（Dicey）的许多著作已经被译成中文，包括《论冲突法》（中国大百科全书出版社1998年版）、《法律与舆论》（上海人民出版社2014年版）、《思索英格兰与苏格兰的联合》（上海三联书店2016年版）、《枢密院》（上海三联书店2017年版）和《英宪精义》（再版，中国法制出版社2017年版）；最近面世的有《英宪精义》的全新译本《英国宪法研究导论》（商务印书馆2020年版）、《华兹华斯的政治家气质》（商务印书馆2020年版）。遗憾的是，关于戴雪的生平事迹、这些著作的写作背景等，目前中文资料中还没有完整的介绍。雷宾南先生曾写过《戴雪先生略传》，但非常简略；相对较详细的是郭秋永的《戴雪》〔1〕一文，但对了解戴雪的全貌而言，仍有缺憾。

---

* 西南政法大学行政法学院副教授，法学博士。

〔1〕 郭秋永：《戴雪》，载《宪政人物》，吉林出版集团2015年版，第177~205页。

科斯格罗夫所著《法治:维多利亚时代的法学家戴雪》(以下简称《法治》)恰好弥补了这一缺憾。[1] 与一般学术著作不同的是,该书在学理剖析方面着墨不多。但是,作者不仅高度概括了戴雪著述的内容,而且还利用二手文献对其进行了简要评述。尤其是,作者利用了戴雪大量的书信内容,让戴雪及其通信者本人说话。这样,作者对戴雪作品的介绍和叙述,就有了一个具体的语境;读者就能通过戴雪的生活或者工作背景以及他的写作意图,来阅读他的著作和文章。这对于理解戴雪而言非常重要,尤其是对于他众多的政治写作而言,更是如此。

一、两类著作

戴雪自 1860 年发表《枢密院》以来,到 1920 年出版最后一本著作《思索英格兰和苏格兰的联合》,总共有 18 本著作问世,各种主题(主要是法律和政治)的评论性文章 500 多篇。在这些著作中,为学界尤其是中文学界所熟知的,是戴雪的法学著作。

比如,《英国宪法研究导论》[2]就是其中的代表作。该书对英国宪法原则进行了提炼、总结甚至是简化。但这不是他的第一本法律著作。在 1870 年,也就是戴雪 35 岁那年,他写了《论诉讼当事人的选择规则》。[3] 看书名就知道,此书讨论的是一个纯粹的法律问题。作者所做的工作,就是将有关诉讼当事人的普通法进行总结,或者说,从法院判决中和权威作家的学说中,提炼出系列的规则。其成果是,戴雪细致地描述出了共 118 条规则。[4] 现在看来,戴雪的这种研究无甚新意,虽然具有明确的方法意识,但是还谈不上一个成体系的方法

〔1〕 Richard A. Cosgrove, *The Rule of Law: Albert Venn Dicey, Victorian Jurist*, Chapel Hill, The University of North Carolina Press, 1980.

〔2〕 [英]戴雪:《英国宪法研究导论》,何永红译,商务印书馆 2020 年版;此书又译为《英宪精义》,参见[英]戴雪:《英宪精义》,雷宾南译,中国法制出版社 2017 年版。

〔3〕 A. V. Dicey, *A Treatise on the Rules for the Selection of the Parties to an Action*, London, Maxwell & Son, 1870.

〔4〕 Richard A. Cosgrove, *The Rule of Law: Albert Venn Dicey, Victorian Jurist*, Chapel Hill, The University of North Carolina Press, 1980, p. 32.

论。但在当时,这种法实证主义的研究方法(从案例中提炼出规则的方法),具有重大的革新意义。因为在此之前,初涉法律的学生是不大能看懂法律著作的,更别提外行了。最重要的是,之前的法律著作没有文学上的趣味,用面目可憎来形容,估计也不为过。而戴雪将这一领域的规则清晰地展示了出来,显示了一个法学家的天赋和能力。

9 年之后,即 1879 年,戴雪运用同样的方法研究了一个国际法问题,即在法律的域外效力问题上,英国法院遵循了或将要遵循哪些规则?[1]他从制定法、判例和公认的原则中,总结出了有关住所的 73 条规则,形成了《住所法》一书。[2] 此书值得注意的地方有两点:一是他对前述研究方法的重申;二是这一主题所包含的问题意识。作为一个奥斯丁主义者,戴雪认为,所谓"国际法"是不存在的。能够得到主权者强制执行的规则才是法律。在当时的欧洲,也确实没有一个超越主权的强制执行者。因此,有关住所的规则,要想具有某种效力,必须得到英国法院的承认。换言之,住所法必须是作为英国法的一个分支,才是真正意义上的法律。

这个问题,一直是戴雪的一个关注点。他后来出任牛津瓦伊纳讲席教授之后,将工作重心放在了国内宪法的阐述,再加上他对爱尔兰问题的深度关注,使得这个问题暂时被搁置了。也许,写作上的难度也是一个重要原因,因为相较于《英国宪法研究导论》,冲突法领域的著作更加依赖于司法判决。一直到 17 年之后,在他 61 岁那年,一本扩展版的住所法著作问世了,这就是著名的《论冲突法》。[3] 这本书获得了非常高的评价,很快成为国际法的经典教科书。当然,此书总结的具体规则,需要与时俱进。今日所见之《论冲突法》,经过了后人

---

〔1〕 Richard A. Cosgrove, *The Rule of Law: Albert Venn Dicey, Victorian Jurist*, Chapel Hill, The University of North Carolina Press, 1980, p. 42.

〔2〕 A. V. Dicey, *The Law of Domicil as a Branch of the Law of England, Stated in the Form of Rules*, London, Stevens & Sons, 1879.

〔3〕 A. V. Dicey, *A Digest of the Law of England with Reference to the Conflict of Laws*, London, Stevens & Sons, 1896.

的修订和编辑,形成了一个全新的第 15 版。[1] 这本书在国际私法的领域,不亚于《英国宪法研究导论》在宪法学领域的影响。它们的一个共同点在于,将法律原则和规则以教义的形式呈现出来,让学生和大陆法系的学者,不用亲自去研究大量的案例,就能懂得英国法某一分支的法律;同时,这两本书也反过来都对司法判决产生了重要影响。

由上可见,戴雪的确是一个法学家。但是,除了以上这些法学作品之外,戴雪还有大量的政治论著,这些著作大多关乎爱尔兰问题或者主权问题。

1885 年,戴雪 50 岁,他出版了奠定其一生学术地位的作品《英国宪法研究导论》,由此也博得大名。英国时任首相格拉斯顿在议会辩论中引用戴雪的学说,以支持自己有关议会主权的观点。这让戴雪有机会通过言论来参与政治。这一时期,爱尔兰问题也刚好开始显现出来。总体来讲,戴雪反对一切形式的地方自治,理由很简单,就是议会主权不允许。自 1869 年爱尔兰废除国教以后,尤其是帕内尔将爱尔兰问题与英格兰关联在一起之后,戴雪就一直关注爱尔兰问题,直至晚年都一直如此。关注爱尔兰、反对地方自治,其背后的立场在于对联合王国的维护:对内是英爱联合、英苏联合的统一性,对外是英帝国的完整性。"对戴雪而言,联合的完整性已经成为他所有其他政治观点的试金石。"[2] 戴雪的许多著作要在这个背景下来理解。

《英格兰反对爱尔兰自治的理由》就是这一系列的第一本。[3] 用传记作者科斯格罗夫的话来说,这本书是戴雪在爱尔兰问题上写得最好的一本书:

这时,他的判断力尚未被激情所扭曲,在分析这件立法案时还可以正确地摆出一副"科学的立宪主义者"的样子。他此后所有关于内部自治的著作,都是对 1886 年首次陈述的主题予以改变的作品,只是运用现代统计学加以修饰了

---

〔1〕 Lord Collins of Mapesbury & Jonathan Harris ed., *Dicey, Morris & Collins on the Conflict of Laws* (15 edn.), London, Sweet & Maxwell, 2018. 现有中文译本参见[英]莫里斯主编:《戴西和莫里斯论冲突法》,李双元等译,中国大百科全书出版社 1998 年版。

〔2〕 Richard A. Cosgrove, *The Rule of Law: Albert Venn Dicey, Victorian Jurist*, Chapel Hill, The University of North Carolina Press, 1980, p. 123.

〔3〕 A. V. Dicey, *England's Case against Home Rule*, London, John Murray, 1886.

而已。[1]

此后的这些著作包括《冒险行动》[2]《联合主义者的错觉》[3]和《愚人的乐园》。[4] 1913 年出版的《愚人的乐园》,是戴雪关于爱尔兰问题的最后一本著作。有意思的是,这本书的论点只不过是重申了 1886 年时的论点。

二、法学传统

戴雪虽然在后来成为牛津法律系的讲席讲授,但他本身在 19 世纪 50 年代接受的牛津教育,并不是专业的法学教育。他实际上所受的教育是一种古典人文教育,也就是通识教育。在上大学之前,戴雪的基础教育主要是在家庭完成的;而从 17 岁开始,在伦敦国王学院学校(King's College School)的两年学习时间里,其课程也仅局限于古典学。因此,戴雪真正的法学教育是在他从牛津毕业之后进入内殿律师公会之后开始的。

可见,戴雪所在的法学传统当然是普通法传统,这点自无疑义。但同时,还有一个传统深深地影响了他,那就是奥斯丁开创的法实证主义传统。这两种传统结合起来,就是马丁·洛克林的所谓"保守的规范主义"传统。[5]

在《公法与政治理论》一书中,洛克林说,戴雪的研究方法属于奥斯丁式的形式主义方法,所谓形式主义方法,就是戴雪在《英国宪法研究导论》"本书概要"中所说的法学方法,它区别于弗里曼的历史研究和白芝浩的政治研究。[6] 另外,劳森对戴雪所在时代的法学教育做了一个总体描述。从这本书中,我们

---

〔1〕 Richard A. Cosgrove, *The Rule of Law*: *Albert Venn Dicey*, *Victorian Jurist*, Chapel Hill, The University of North Carolina Press, 1980, p. 126.

〔2〕 此书出版于 1893 年,全名是《冒险行动:对 1893 年法案中体现的自治原则的批判》。A. V. Dicey, *A Leap in the Dark*: *A Criticism of the Principles of Home Rule as Illustrated by the Bill of* 1893, London, John Murray, 1893.

〔3〕 A. V. Dicey, *Letters on Unionist Delusions*, London, Macmillan, 1887.

〔4〕 A. V. Dicey, *A Fool's Paradise*: *Being a Constitutionalist's Criticism on the Home Rule Bill of* 1912, London, John Murray, 1913.

〔5〕 [英]马丁·洛克林:《公法与政治理论》,郑戈译,商务印书馆 2002 年版,第 194 ~ 255 页。

〔6〕 [英]戴雪:《英国宪法研究导论》,何永红译,商务印书馆 2020 年版,第 89 ~ 114 页。

就可以知道,英国能够在19世纪末20世纪初,涌现出像戴雪、梅特兰、安森等一批普通法法学大家,并不是偶然的。[1] 不过,有意思的问题是,从思想史或者学说史的角度来看,论对法学专业性之贡献他不及奥斯丁,论思想的复杂程度远不及霍布斯,甚至就普通法而言,还不如布莱克斯通具有开创性。

既然如此,戴雪的贡献在哪里?要知道,在戴雪之前,关于英国宪法的研究,基本上都是以历史研究为主导的,其次是关于英国政府或者英国政治的研究。所以,詹宁斯才称赞他是英国"将司法方法运用于公法领域的第一人"。在谈到这个问题的时候,詹宁斯做了一个高度概括性的对比:

布莱克斯通对这一领域的研究是不成熟的。奥斯丁本质上是一个民法专家。波洛克和萨尔蒙德只是把英国私法做成了一门科学。梅特兰的零散文稿有着极大的潜在价值,但他的著作主要集中于历史领域。上一代学者中,只有戴雪可与拉班德、耶利内克、狄骥、奥里乌相比肩。[2]

这可是一个对戴雪的学说持全面批判态度的作者的评语。也难怪劳森在《圣殿》中称赞"戴雪成为后世的研究者无法绕开的一座丰碑"。[3] 但是,这一点戴雪究竟是如何做到的?笔者曾在《公共性与宪法研究》一文中,详细讨论过这个问题,[4]这里做一个简单的回顾。简言之,戴雪的法学研究满足了维多利亚时代的法学和政治需求。

首先是法律体系化、科学化的强烈需求。这个需求就是走出奥斯丁所谓的"混沌和黑暗"的普通法王国。举两个例子就清楚了。第一,1865年第一次出版的《判例法汇编》,让人们深感震惊,它足足有1500卷之多。因此戴雪感慨,那种像柯克、布莱克斯通,甚或半个世纪以前的坎贝尔勋爵一样阅读法律的方式已经过时了,如果他们还有精力将整个的英国法通读一遍的话,那么在他这

〔1〕 [英]劳森:《圣殿:1850年至1965年的牛津法学教育》,黎敏译,法律出版社2010年版。

〔2〕 [英]詹宁斯:《戴雪礼赞——纪念〈英宪精义〉出版50周年(1885~1935)》,何永红、侯欣译,载《北航法学》2017年第1辑。

〔3〕 [英]劳森:《圣殿:1850年至1965年的牛津法学教育》,黎敏译,法律出版社2010年版,第76页。

〔4〕 何永红:《公共性与宪法研究——戴雪〈英宪精义〉意图考》,载《政法论坛》2012年第5期。

个时代已经绝无可能。[1] 第二,1875 年废止了旧的诉讼形式;英国的普通法体系是建立在诉讼形式基础上的,既然废止了旧的诉讼形式,那就要重构新的形式乃至内容。所以,戴雪在就职瓦伊那教席时,发表的"法律体系化宣言"颇具代表性。他说:"学者活动的适当领域,就是矫正由单方面的实践训练体系所直接或间接导致的缺陷。法学教授的任务就是将法律作为一个连贯的整体来阐释:分析并界定法律概念,将浩如烟海的法律规则简化成一系列有序的原则,以此来协助、激励和指导法律文献的改革和创新。"[2] 他甚至还说,如果说我们的法律汇编之所以如此丰富,是因为有那些伟大法官的不朽创作,那么我们的法律著作之所以如此贫乏,肯定是因为此前没有法学教授。[3]

其次是向殖民地尤其是印度输出英国法的现实需求。尽管戴雪在《英国宪法研究导论》中没有讨论这个问题,但这似乎是不言而喻的。要知道,戴雪在文本中讨论英国宪法的问题时,理所当然地包括了殖民地,尤其是 5 个自治领。总之,这个需求是很现实的,戴雪等法学家对英国宪法的总结,首先是出于国内法律体系化的需要,但又不止于此,或者说,体系化的需求本身就包含向殖民地输出英国法的要求。国内的与帝国的法律,是一个问题的两个方面。

但不管怎样,上述法律改革及法学教育改革运动的结果,就是如同休格曼所说的,戴雪与梅因、波洛克以及梅特兰等人一起,开创了一个英国法律学术史上的黄金时代;这些学术法律人与法律执业者一起,彻底重构了英国法的形式与内容;他们由此成为现代英国法的真正编纂者。

但是,只有法律的体系化、明晰化与科学化这一点,似乎还不足以理解戴雪及其《英国宪法研究导论》的成功。这就涉及戴雪学说的另外一个传统,即保守主义传统。

如果戴雪的法学方法是针对史学和政治学的方法,那么他的保守主义则是针对激进主义而言的。也就是,休谟的、柏克的以及法国思想家迈斯特的宪法观与潘恩的宪法观之间的对比。对于这两种宪法观的差别,马丁·洛克林做过

---

〔1〕 A. V. Dicey, *Can English Law Be Taught at the Universities*? London, Macmillan, 1883, pp. 15–17.

〔2〕 A. V. Dicey, *Can English Law Be Taught at the Universities*? London, Macmillan, 1883, p. 18.

〔3〕 A. V. Dicey, *Can English Law Be Taught at the Universities*? London, Macmillan, 1883, p. 22.

这样的归纳:激进的宪法观认为,宪法必须是“真实的”而不仅仅是“理念上的”,“如果它不能以可见的形式产生,那就等于没有宪法”。[1] 这无疑是说,一部宪法先于政府出现,而且政府仅仅是宪法的创造物。在这里,他明确有力地表达了 18 世纪晚期制宪者的信念:人类社会“能够通过深思熟虑和自由选择来建立一个良好的政府”,而不是“永远注定要靠机遇和强力来决定他们的政治组织”。[2] 而在保守的宪法观看来,制定宪法就如同制定钟表的想法,是启蒙思想的最大错误之一,因为一个民族的宪法绝不是深思熟虑的产物,不仅如此,一个国家的宪法不只是体现在成文的法律之中——成文法仅仅是对已被遗忘的或正在斗争的权利的记录而已,成文法之外还有大量尚未被书写下来的事物。[3]

所以,这里讲的保守主义,并非英国内部的保守派与自由派之分。而是柏克保守主义与潘恩激进主义之间的区分。戴雪说,英国宪法是自然生长而成,而不是人为制造出来的。这个说法倒不是戴雪的独创,但是它表达了英国的保守主义宪法观。关键在于,戴雪强烈地信奉且捍卫这一点,并坚决抵制欧陆法对英国宪法的影响。最典型的是第十二章,即英国宪法中的法治原则与法国行政法的比较。[4]

戴雪的这种高度自信的甚至有点自鸣得意的观点,按照詹宁斯的评论,完全是辉格党的历史观所造成的。[5] 意大利法学家桑托罗认为,戴雪《英国宪法研究导论》“成功的原因之一是,它完全将奥斯丁的理论与辉格党人源于光荣革命所取得的成就的传统糅合在了一起”。[6] 但是,这里要注意的是,戴雪的“法

---

〔1〕 T. Paine, “Rights of Man”, in M. Philp ed., *Rights of Man*, *Common Sense and other Political Writings*, Oxford, Oxford University Press, 1995, p. 122. 转引自 M. Loughlin, “Constitutional Theory: A 25th Anniversary Essay”, *Oxford Journal of Legal Studies* 25, 2005, p. 184。

〔2〕 [美]汉密尔顿等:《联邦党人文集》,程逢如译,商务印书馆 1980 年版,第 3 页。

〔3〕 关于潘恩和梅斯特二者之间宪法观念的对比,详见 Loughlin, “Constitutional Theory: A 25th Anniversary Essay”, *Oxford Journal of Legal Studies* 25, 2005, p. 184。

〔4〕 [英]戴雪:《英国宪法研究导论》,何永红译,商务印书馆 2020 年版,第 322 ~ 373 页。

〔5〕 [英]詹宁斯:《戴雪礼赞——纪念〈英宪精义〉出版 50 周年(1885 ~ 1935)》,何永红、侯欣译,载《北航法学》2017 年第 1 辑。

〔6〕 [意]皮特罗 · 科斯塔、皮特罗 · 科斯塔主编:《法律的规则:历史、理论及其批评》,田飞龙等译,上海三联书店 2015 年版,第 147 页。

治"原则不纯粹是学理分析的成果,也不纯粹是对现实政治制度的描述,当然也不是简单重复柏克等思想家的话。他在法学上的成功,除了前文所说的,迎合了法律改革和法律职业界的需要之外,还要一个更广阔的背景。

戴雪当时所在的法学家阶层毕生致力于改善法律教育,教育的目的既在于职业训练,也在于人文教育,也就是说,他们想要让法律语言成为英国人思考自身历史与政制的基本工具。[1] 换言之,他们就是要让英国人觉得,英国历史与政制的独特性,就体现在它是"法治的"这一点上,其结果便是,英国民族是"法治的",英国人的国民性格就是"法治的"。在这个意义上,戴雪的法治原则不仅仅是一个法律原则,还是一个政治的和历史的原则。这种原则,如果不放在一个保守主义的立场上去看,有些地方似乎有点难以理解。

三、政治斗争

戴雪是一个法学家,这个形象产生于他的法学作品之中,尤以《论冲突法》和《英国宪法研究导论》为代表。对此,他的传记作者给予了如此评价:

> 他最重要的一部著作是《论冲突法》,因为它对现代法律的这一重要分支产生了决定性的影响。戴雪取得如此巨大的成功,是因为这一领域最适合采用他一贯运用的法律实证主义方法。他从大量未经整理的司法判决中概括出基本原则的能力发挥了很好的作用,因为国际私法是散乱地发展出来的。……《英国宪法研究导论》过去是,现在仍然是一部经典著作,但是,其中所阐明的原则尽管对戴雪而言是不变的,却已经被后面的每一代人给予了重新解释。[2]

与此同时,戴雪还是一个政论家。他用自己的文字直接参与政治斗争,捍

---

[1] 笔者曾借用当代政治思想史家科里尼的研究,对戴雪的成功做过详细解释:戴雪之所以能做到这一点,是因为他的文本有三个特点:一是说话姿态上面向公众;二是讨论的主题涉及公众事务;三是站在公众立场上为公众说话。参见何永红:《公共性与宪法研究——戴雪〈英宪精义〉意图考》,载《政法论坛》2012 年第 5 期。

[2] Richard A. Cosgrove, *The Rule of Law: Albert Venn Dicey, Victorian Jurist*, Chapel Hill, The University of North Carolina Press, 1980, pp. 298 – 299.

卫自己的信念,捍卫联合王国的统一。比如,在前述《英格兰反对爱尔兰自治的理由》中,他最后得出了三个一般性的结论:

> 第一,内部自治会让大英帝国的扩张出现倒退,会危及国家的政治统一。第二,要求内部自治就如同联合王国内部的宪法革命,他认为这是灾难性的事件,因为这会终结大不列颠走向统一的历史趋势。第三,他反复强调,内部自治永远满足不了民族主义者的要求。内部自治者寻求的是就政治合作进行重新协商,而不是民族主义者所要求的分裂。[1]

对这个结论,戴雪可以说非常笃定。在之后的各种政治评论文章和专著中,凡是涉及爱尔兰问题的分析,基本都没有偏离这个结论。有意思的是,格拉斯顿首相在此书出版的数月之前,还对戴雪的宪法学说表示赞赏,但在爱尔兰问题上,却受到戴雪的抨击。

在《英国宪法研究导论》出版之后,戴雪就将时间大量花在政治论辩上。1888 年,帕内尔事件受到专门成立的特别委员会的调查。戴雪表示反对,理由有两个:一是帕内尔应该接受普通法院的审判,而不是特别委员会的调查,这是他所珍视的法治原则的体现;二是他担心,在这一事件上,有关地方自治的民族问题,会演变成一个有关帕内尔个人的品性问题。在 1890 年年初,调查委员会公布报告之后,戴雪有针对性地写出了《裁断》[2]一书,以总结出一些有利于联合主义的结论。结果证明,戴雪的努力是徒劳的。此书充满了党派偏见,从结论上看,是一个十足的政治判断而不是学术研究;重要的是,它在政治上没有产生影响力,没有达到它的作者所要达到的那种影响力。

戴雪的许多政治著作,都应该放在类似的背景下来理解。比如,《论华兹华斯的政治家气质》一书,也有一个写作背景问题。这是戴雪晚年的一个著

---

〔1〕 Richard A. Cosgrove, *The Rule of Law: Albert Venn Dicey, Victorian Jurist*, Chapel Hill, The University of North Carolina Press, 1980, p. 127.

〔2〕 A. V. Dicey, *The Verdict: A Tract on the Political Significance of the Report of the Parnell Commission*, London, Cassell & Co., 1890.

作。[1] 晚年意味着什么？意味着他最富激情和最有学术创造性的时期已经过去了。碰巧在他写作的那段时期，英格兰总体上处于一种从帝国鼎盛时期走向衰落的阶段，加之遇上一战这样一个情形，此时在戴雪的头脑中，民族主义是他关注的焦点。所以，在此书中，华兹华斯的诗歌不是重点，反倒是华兹华斯的政治内容，也就是他诗歌里所体现的帝国或者外交政策，与现实才有直接的相关性：

> 这本书的要点出现在最后一章，戴雪在这章中认为，大不列颠应该仿效华兹华斯一个世纪以前宣布的政策。尤其是，国家一定要表现出自律，尊重民族主义精神，拒绝接受任何不能带来彻底胜利的和平。此外，他必须维护小国的民族独立，以抵抗德国的侵略。戴雪主张，自拿破仑时代以来，这一活动已经成为不列颠外交政策的基石，因此它不应该在如此关键的时刻改变这一传统政策。[2]

戴雪的这本书，是一个非常民族主义的一个产品。他认为华兹华斯的这些诗歌，能够为当代的英国政策和外交提供很多启示。这是此书最基本的一个意图。

总体而言，在政治论著上，英帝国问题是戴雪的一个核心关注点。他最基本的一个主张就是，要维护联合王国和大英帝国的统一性，反对任何温和的或激进的地方自治，他认为，只要是自治，都会破坏这种统一性。除了本文所提到的那些著作之外，戴雪还在《民族》周刊和英国的《旁观者》周刊上，发表了大量类似的评论文章，仅《民族》周刊上，一共就有 285 篇文章——当然并非所有文章都涉及爱尔兰问题和帝国问题。所以，戴雪真可谓是不厌其烦地、孜孜不倦地捍卫自己的信念。用他的传记作者的话来说，“戴雪一次又一次如飞蛾扑火

---

〔1〕［英］戴雪：《论华兹华斯的政治家气质》，戴鹏飞译，商务印书馆 2020 年版。此书英文版于 1917 年面世。

〔2〕Richard A. Cosgrove, *The Rule of Law: Albert Venn Dicey, Victorian Jurist*, Chapel Hill, The University of North Carolina Press, 1980, pp. 272 – 273.

般地回到爱尔兰问题”。[1] 他的政治立场非常坚定,常常是屡败屡战,锲而不舍。即便他原来非常支持和认可的那些政治家,包括格拉斯顿,如果他发现政府的政策与自己心目中有关爱尔兰的价值和立场相悖,他也会毫不犹豫地持一种批判和反击的态度。

除了这种直接的政治论著、有针对性的评论文章之外,戴雪还有一些看似历史性的,实则带有很强政治性的作品,如《思索英格兰和苏格兰的联合》与《19世纪英国的法律与公共舆论》。[2] 这两本书,实际上都不算是严格意义上的历史作品,更不是一种政治科学的分析。他通过这些作品,非常深度地参与了当时英国的政治斗争。这跟他的法学作品形成一种鲜明的对比。他所表现出来的那种政论家的激情,以及理念的坚定性,常常让人感到非常震撼。总之,他在政治论辩过程中,表达的是他对于英国鼎盛时期,也就是他青年时期的宪法的一种怀念和坚守。戴雪所信奉的个人主义、他所阐释的宪法结构,以及他对政治和政党的看法,都需要在这个语境下予以理解。在这个意义上,他是一个维多利亚时代中期的法学家。他的很多著作,表面上是一种经验论证,或者表面上是论历史,但是在以不同的方式去捍卫,有时候甚至是纪念他年轻时代的一种价值观。

总之,戴雪通过他的作品,给我们呈现出了两种清晰的形象,即法学家与政论家:法学家戴雪杰出而成功,影响深远;政论家戴雪富有激情,痴迷爱尔兰问题,实际影响有限,但提出的问题引人深思。

---

〔1〕 Richard A. Cosgrove, *The Rule of Law*: *Albert Venn Dicey*, *Victorian Jurist*, Chapel Hill, The University of North Carolina Press, 1980, p. 227.

〔2〕 [英]A. V. 戴雪、R. S. 雷特:《思索英格兰与苏格兰的联合》,戴鹏飞译,上海三联书店 2016 年版;[英]戴雪:《公共舆论的力量:19 世纪英国的法律与公共舆论》,戴鹏飞译,上海人民出版社 2014 年版。

英帝国联邦的“愿景”与帝国史叙事

——读西利《英格兰的扩张》

胥　博*

内容摘要：面对殖民地和帝国问题在19世纪后期英国的日益凸显，西利在《英格兰的扩张》中通过对英国现代史的重构性叙述给出了自己的回答。西利不仅将英国现代史叙述为一部帝国史，认为帝国的成长而非围绕宪政自由之斗争才构成英国现代史最根本的线索和主题，而且还把英帝国从性质上界定为现代技术条件下的一个巨型民族共同体，或者说是英格兰民族性在全球的延展。基于民族性这一原则，西利得以为英殖民帝国的维系作出合法性辩护，并由此主张用联邦制来更紧密地整合英国的白人殖民地。但同时，民族性也构成西利所主张的“帝国联邦论”的限度，从而将印度排斥在作为民族共同体的英帝国联邦之外。

关键词：西利　《英格兰的扩张》　英帝国　帝国史　帝国联邦

一

《英格兰的扩张》是19世纪英国著名的历史学家、政治学家约翰·罗伯特·西利（John Robert Seeley，1834～1895年）[1]的一部代表作，发表于1883年，堪称是19世纪后期以来西方世界兴起的“帝国学”的一部里程碑式的著作。

---

* 西南财经大学公共管理学院讲师，政治学博士。

〔1〕 关于西利的生平、著作和思想的一个比较详细的介绍，可以参见 Deborah Wormell, *Sir John Seeley and the Use of History*, Cambridge, Cambridge University Press, 1980。

在它出版后的几十年里,一批关于现代帝国的研究著作也相继问世,除了休·艾格顿(Hugh E. Egerton)、查尔斯·卢卡斯(Charles P. Lucas)、雷金纳德·库普兰(Reginald Coupland)等人的专业作品外,还包括为国内读者所熟知的英国政治经济学家霍布森的《帝国主义》(1902)。而后者正是革命导师列宁撰写《帝国主义是资本主义的最高阶段》(1916)的主要理论来源之一。当然,在对现代帝国的理解上,西利与霍布森、列宁可谓是大异其趣。他并未把现代帝国在本质上理解为一种经济现象,是出于资本扩张的冲动。尽管西利承认现代帝国与资本主义的逐利行为有着千丝万缕的联系,但他还是坚持一种以国家为中心的更为古典的政治视野。因此,与 19 世纪粉墨登场的各种历史观相比,西利的历史观几乎"老旧"得让人无法不联想到修昔底德。西利对于他那个时代在英国非常流行的以自由、宪政为核心价值的辉格式叙事兴趣不大;对于时髦的、包罗万象的"文明史"心怀疑虑;对于把历史研究当作"昨日重现"的文学性消遣的虚无主义做法予以抨击;对于把政治行为进行种种经济的、社会的、文化的和心理的"还原"分析更是置之不顾。对于西利来说,历史只有一个永恒的主题,就是国家的存亡兴衰;而历史学就是要探求国家的存亡兴衰之道,从而对现实的政治活动有所指导。

或许部分是由于这样的一种历史观,西利的《英格兰的扩张》在当时取得的成功超出了狭隘的学术领域,并对英国的舆论界和政界产生了广泛的影响。这部著作"唤醒了无数不列颠人对于他们的帝国之伟大的意识",[1]"成了英帝国主义者们的《圣经》"。[2] 西利提出的"帝国联邦"的构想也成为英国政界的一种越来越流行的思潮[当然西利并不是唯一也不是最早提出"帝国联邦"构想的人,在此之前,英国的一位激进政治家查尔斯·迪尔克(Charles Dilke)在他 1868 年出版的《更大的不列颠》(*Greater Britain*)中已经提出了这一构想],并在实践上得到了以约瑟夫·张伯伦为代表的不少政治家的推动。1884 年,由英国各界名流组成的旨在推动英帝国的各白人殖民地组成更紧密的政治联合的

---

〔1〕 Clayton Roberts, David Roberts, Douglas R. Bisson, *A History of England*, Upper Saddle River, N. J., Prentice Hall, 2002, p. 676.

〔2〕 [英]乔治·皮博迪·古奇:《十九世纪历史学与历史学家》,耿淡如译,商务印书馆 1989 年版,第 593 页。

“帝国联邦协会”在伦敦成立,西利正是这个协会的一名重要成员。1887 年和 1897 年,分别以维多利亚女王登基 50 周年、60 周年为契机,英政府先后召开了第一次和第二次殖民地会议,并确立了此后定期召开殖民地会议(后来改称帝国会议)的机制。此外,重商主义思想也随着殖民地问题的日渐凸显而在英国这个自由主义的大本营卷土重来。1891 年,主张建立帝国贸易保护区的“联合帝国贸易协会”成立;后来,时任英国殖民大臣的张伯伦又在 1903 年公开提倡建立保护性的帝国关税,并在辞职后发起了声势浩大的关税改革运动。[1] 这一系列事件毫无疑问地表明,殖民地和帝国问题自 19 世纪后期以来已经成为英国政治的一个关键问题,甚至是最关键的问题。

因此,西利的《英格兰的扩张》的出版和大获成功可以说是“恰逢其时”。虽然这也颇有些令人费解。毕竟,如果从伊丽莎白一世时代算起,英国海外拓殖活动的展开也已经超过三个世纪了;那么,何以到了 19 世纪后期,也就是这一活动差不多完结的时期,它才赢得英国政治家,特别是公共舆论的强烈兴趣和真正重视呢?按照西利的著名说法,英国基本上是“心不在焉”地获取它那庞大的海外殖民帝国的。换句话说,英帝国根本就不是出于一种刻意的人为谋划。在长达三个多世纪的海外拓殖活动中,英国先后“不自觉”地建立起了两个殖民帝国,第一帝国已经随着美国的独立而消逝。但是,在残存的殖民地的基础上,第二帝国又自 18 世纪后期以来得到了顽强而迅速地成长,以致到 19 世纪末,英第二帝国已经拥有差不多世界上 1/4 的土地和人口,事实上不负“日不落帝国”的称号。不过,对于这个第二帝国,英国人在很长一段时间里抱有的漠不关心的态度可能较之于第一帝国更甚。这不但是因为美国独立给英国人造成的重大的心理阴影,并使他们更加确信那个在十七八世纪便已经流行开来的说法,即殖民地就像结在树上的果实,瓜熟蒂落。而且,19 世纪还是自由主义的黄金世纪,自由贸易理论特别地在英国占据支配地位。此前,像亚当·斯密这些自由主义理论家对英国的海外拓殖活动实际上是持批评态度的。既然自由贸易才能产生利润的最大化,那么殖民地除了成为一种障碍和负担外,还能够

---

〔1〕 Clayton Roberts, David Roberts, Douglas R. Bisson, *A History of England*, Upper Saddle River, N. J., Prentice Hall, 2002, pp. 676 – 677;钱乘旦、许洁明:《英国通史》,上海社会科学院出版社 2007 年版,第 307 ~ 308 页。

有什么用处呢?

只要英国还能够在自由贸易的竞争中保持优势,它恐怕就无法真正地体会到殖民地对于它自身的意义。反过来说,由于以美、德为代表的新兴资本主义经济体在19世纪后期越来越构成对于英国的经济霸权的挑战,英国重商主义的回潮和对殖民地兴趣的日益浓厚也就不难理解。在《英格兰的扩张》中,西利并没有从原则上对自由贸易理论进行否定,但他一直在暗示,从事实上说,英国的世界头号贸易大国的头衔是得益于它的世界头号殖民地大国的地位的。当然,西利也表明,要对殖民地和帝国问题进行全面而恰当的评估,就有必要跳出那种狭隘的经济和贸易思维。甚至追问殖民地有什么好处这一做法自身就是有问题的,既然我们不会问英国本土的康沃尔郡或肯特郡是否能够给我们带来回报,那么我们为什么又要对英国的海外殖民地(如魁北克或昆士兰)提出同样的问题呢?因此,西利主张,务必要以英国作为一个扩展的民族共同体的视野来看待它的海外殖民地,至少是它的海外白人殖民地。

归根结底,殖民地和帝国问题在19世纪后期的日益凸显,是因为它紧密地关涉英国未来的国势、国运。尽管从表面上看,这个时期还处在维也纳会议奠定的欧洲百年和平的蒙荫之中,国际形势相对稳定。但世界格局的大变革已经在悄然地酝酿,虽然它的爆发还要等到下个世纪。事实上,变革将是如此剧烈,以至于自大航海和地理大发现以来的世界格局将被根本地颠覆。造成大变革的基本动因,既不是俾斯麦统一德国而对欧陆均势造成的冲击,也不是美、德在经济上的高速发展;而是如当时包括托克维尔在内的一些有识之士意识到的那样,美、俄两个具有洲级规模的巨型国家将不可避免地崛起,并压倒在人口和土地规模上远为逊色的传统的欧洲列强。一句话,"老"欧洲退场了,"新"世界出场了。西利正是秉持着这样的一种世界性视野来看待英国的未来。甚至在他的历史叙事中,他都早已对"老"欧洲表现出了相当的倦怠。在他看来,虽然现代历史的聚光灯一直是打在欧洲的舞台上的,但舞台背后的真正活力却来自新世界。因此,在《英格兰的扩张》的第一讲中,西利便要求他的英国同胞们作出抉择,在美、俄注定将以其洲级规模而在下个世纪跻身一流的世界性大国的行列以后,英国是甘于作一个二流的欧洲强权,还是欲与美、俄试比高呢?面对美、俄,德、法是没有任何选择的,它们只能自顾自怜地看着自己权势的衰退,就像17世纪后期荷兰因为自身规模的有限而不得不拱手让出它的海上霸权一样。但是,英国看起来还可以掌控自己的命运。西利指出,英国可以选择放弃它的殖民地,这样它就彻彻底底地变回一个欧洲强权,或许比法国稍强,但至多与德国相当。或者,英国可以用联邦制来更紧密地统合它的白人殖民地,成为与美、俄并立的又一个世界性大国。[1] 毫无疑问,西利主张的是后一种选择。

但是,为什么联邦制对于英国及其白人殖民地来说是一种合理的选择呢?英国不是已经有过美国独立的历史教训了吗?这难道不已经充分地说明殖民地是终将离去的吗?另外,如果联邦制至少还可以在白人殖民地一试,那么被誉为"英女王王冠上的明珠"的印度又该作何处理呢?是应该依照民族性的原则(这一原则是"帝国联邦"构想的合法性基础)而放弃它吗?对于这些尖锐的问题,西利在《英格兰的扩张》中给出了颇具启发性的回答。

二

在西利看来,处理殖民地和帝国问题的最大障碍是观念性的。他抱怨说,英国人并没有形成把殖民地和本土加以一同思维的习惯。尽管英国已经是一个领土遍及四海的世界头号殖民帝国,但它的人民竟还是习惯于把自己的国家看作欧洲西北部的一个岛国。他们对威斯敏斯特宫的琐碎的议论辩论的兴趣远远要超过对发生在加拿大或澳大利亚的重大事件的兴趣,仿佛殖民地是完全外在于英国这个国家有机体似的。因此,西利告诫,务必要纠正殖民地长期以来并未得到应有关注的不幸局面,并真正地理解现代殖民体系的性质。

在《英格兰的扩张》中,西利对于殖民地这个重大政治问题的探索是以历史为向导的。对于他来说,政治与历史甚至本来就是一体两面。早在1869年被任命为剑桥大学钦定现代史讲座教授的就职演讲中,西利便指出:"我们的大学乃是,而且必须是,一所政治家的巨大培养所。没有至少起码的历史知识,一个人不可能对政治感到合乎理性的兴趣,而没有丰富的历史知识,一个人也就不

---

〔1〕 John Robert Seeley, *The Expansion of England: Two Courses of Lectures*, London, Macmillan, 1902, pp. 15 – 16.

会对政治作出合乎理性的判断。"[1]在《英格兰的扩张》中,西利也强调:如果缺乏政治关怀,那么历史学将不可避免地沦为一种浮华的文学;而如果没有厚重的历史积淀,那么政治学将显得非常肤浅,仅仅把自身沉溺于利益纠葛或党派斗争的问题之中。[2] 当然,西利并没有把历史理解为编年史。后者对于他来说是了无趣味的。历史并不是过去事件的烦琐罗列,而是一个库藏丰富的百宝箱。我们必须带着自己的问题在当中寻找合适的素材并加以重构,以形成对于我们问题的一种甚至长达几个世纪的全景式的理解。这是西利治史的一个特色。正如他的一位学生评价说:"他讲述一个世纪比讲述十年时期更为擅长。他心智的整个趋向是重大事件启发性的论述而不是显微镜下的细节考察。他的方法是天文学式的。他惯于以望远镜横扫整个天空。"[3]虽然西利喜欢把他自己的宏观考察标示为"科学"的,亦即他认为他的考察是能够在各个看似孤立的历史事件中"发现"它们的"内在"联系或者说"规律"的。但是,这并不意味着他与当下所谓的"社会科学家"分享着同样的信念。关键在于,西利的"科学"考察很明显展现出的是实践的而不是理论的兴趣。他并未把经验或历史世界当作一个可以纯粹"静观"的对象,仿佛他从其中真的可以像一位天文学家从对天体运行的观察中发现放之四海而皆准的自然规律似的。相反,西利强调历史考察中参照系的基本作用。当我们站在不同的位置进行考察时(而我们如果够明智的话,是应该根据我们的实践兴趣选择位置的),我们就会对各个历史事件的意义和重要性作出不同的评估,并对它们之间的联系得出不同的"发现"。记住这一点很重要。因为在《英格兰的扩张》中,西利的英国史叙事的重构性是再明显不过的了。毫无疑问,西利的英国史叙事只是众多可供选择的叙事之一。例如,西利的同时代人、著名历史学家麦考莱便有着另一种辉格式的叙事。但是对于理解和处理英国的殖民地和帝国问题来说,特别是就西利自己所希望的那种处理方式来说,他的叙事恐怕是最恰当的叙事。

---

〔1〕 转引自乔治·皮博迪·古奇:《十九世纪历史学与历史学家》,耿淡如译,商务印书馆1989年版,第590页。

〔2〕 John Robert Seeley, *The Expansion of England: Two Courses of Lectures*, London, Macmillan, 1902, p. 166.

〔3〕 转引自乔治·皮博迪·古奇:《十九世纪历史学与历史学家》,耿淡如译,商务印书馆1989年版,第593页。

广义的英国殖民地包括性质不同的两个部分。其一是英国人占主导的所谓白人殖民地,当时主要由四个区域组成:加拿大、澳大利亚和新西兰、西印度群岛、南非。其二则是印度。西利甚至并不把后者称为“殖民地”,毕竟和印度本土的上亿人口比起来,英国定居者的数量在那里几乎可以忽略不计。相应地,《英格兰的扩张》也就分成两个部分,分别处理白人殖民地和印度问题。但是,在第一部分,西利并没有对英国的白人殖民地展开逐一而散漫的考察,而是把聚光灯打到了十七八世纪的北美殖民地上,因此,和第二部分对19世纪印度的讨论加在一起,就构成了对英国三个世纪以来的现代史的一个概观。

对于白人殖民地,正如前述,西利是主张用联邦制来加以统合的。但这就要求对现代条件下的殖民地的性质有所澄清。“殖民地”最早是一个古希腊的概念,它通常意味着,由于一个城邦的人口过剩的压力,其中的一部分人不得不迁出并在另外一个相对空疏的地方再造城邦。虽然西利的政治观念渗透着一股强烈的古希腊的“民族”共同体的意识,但是他还是告诫说,不要把古希腊的殖民地概念简单地套用到对现代殖民地的理解上。在相当程度上,那种关于殖民地终将分离的悲观认识在性质上正是古代的。的确,通常来说,在古希腊,一旦一个殖民地得以建立,它就和母邦没有什么政治上的隶属关系了(最多保持着某种善意和友好),而是成为一个新的城邦。例如,当科林斯殖民者在西西里岛建立叙拉古的时候,他们就不再是科林斯人,而是叙拉古人了。但是,西利指出,较之于古代,现代拓殖活动的一个最显著的特征,就是殖民者是“把国家扛在身上”的。[1] 英国殖民者不论是在弗吉尼亚还是在新南威尔士都还是英国人。在某种意义上,现代国家的性质允许这样的一种拓殖,因为它本身是领土性的,而不是城邦性的。而且,西利也指出,现代拓殖活动在一开始就是在国家的庇护下进行的,因此,即便皮萨罗(Pizarro)和科尔特斯(Cortés)能够跑到大西洋的另一边去推翻那里的国王,去征服那里的土地。但是,他们却无法不使自己听命于远在伊比利亚半岛的国王。一句话,他们一切的征服成果都不是为他们自己所享有,而是为西班牙国王所享有。

---

〔1〕 John Robert Seeley, *The Expansion of England*: *Two Courses of Lectures*, London, Macmillan, 1902, p. 41.

既然现代殖民者是“扛着国家”走出去的，既然凡是有英国人的地方就有英国，那么，仅仅以一种传统的欧洲视野来看待英国就是相当有局限的。与迪尔克一样，西利在《英格兰的扩张》中使用了“更大的不列颠”这个提法，以表明现代英国的国家认同并不应该仅仅局限于英伦三岛，而是应该至少扩展到它的除印度而外的整个殖民帝国。西利提醒，只有从更大的不列颠而不是大不列颠的角度出发，才能够对英国的现代性格和发展轨迹形成全面而深刻的理解。现代英国史既不是王朝史，也不是议会史。尽管西利承认宗教改革曾一度是现代早期欧洲的一股巨大的政治动力，对当时的国内和国际政治的形塑起着非常重要的作用，但是，他也指出，这股动力到 17 世纪末已经逐渐衰退了。同样，那种把英国现代史理解为是围绕着宪政自由这一核心价值而逐渐展开的历史的流行做法在西利看来也是让人倦怠的。毕竟，英国的宪政自由在 17 世纪末已经差不多是稳固了，往后的发展至多是细节上的修修补补。唯一能够赋予英国现代史以连贯性和发展性的线索只可能是更大的不列颠的成长。根据这一线索，我们便能够最清晰地看出三个多世纪以来英国的一个持续的进程，它不因王朝更替而中断，不因革命与复辟而反复，甚至不因宪政自由的趋于成形而停滞不前；它只有一个永恒的主题，即海外殖民地的不断增加和帝国的日益壮大，尽管这中间也并非没有出现过重大的挫折。总之，西利试图表明，一旦考虑到新世界对于英国乃至整个欧洲的决定性的反作用，我们便会豁然开朗。伊丽莎白一世、查理一世、克伦威尔、詹姆斯二世和汉诺威诸王在宗教和政治立场上的差异不再像传统上认为的那样关键，因为他们在英国的扩张这一线索中都是一致的，仿佛他们共同构成了同一王朝的连续不断的世系似的。同样，整个十七八世纪的欧洲格局归根结底也是为新世界所左右的。西利指出，不管表面上有着何种原因，但英国在这两个世纪中与西班牙、荷兰，特别是与法国展开的多次战争其实都是为了新世界。维系欧洲大陆的均势这一英国传统上的战略目标则被他有意淡化。在西利的笔下，西班牙王位继承战争和七年战争的决定性战场被挪到了海上和北美，而拿破仑更是被描绘为一位已然对旧欧洲感到厌倦的统帅。拿破仑不是曾远征埃及、志在印度吗？这表明，他的确是旨在与英国争夺世界性的殖民帝国。

当然，西利对于英国的现代进程的线索的捕捉在性质上属于“后见”，他自己也并不否认这一点。他解释说，对于一个历史事件，后来人往往比当事人更能够理解其意义。因为后来人关注于事件的结果和影响，而当事人则沉迷于事件一时的景象。[1] 比如，一位英国国王的登基按照一名当事人的判断是重要的，因为它的场面够宏大、舆论够轰动。但是，按照一名后来人的判断，它则甚至可能并不比当时的一位探险家在海外默默无闻的拓殖更为重要。这或许就可以解释西利的英国史叙事的一个表面上的矛盾：一方面，西利认为，英国获取海外殖民帝国的过程是“不自觉”的、是“心不在焉”的；[2]但另一方面，西利又坚持把海外拓殖活动作为把握英国现代史的一条基本线索。换句话说，虽然事实上并不存在三个多世纪以来英国不同王朝的政治家之间关于构建海外殖民帝国的一种高度默契的人为规划——历史并不需要这种“阴谋论”的解释；但是，它的确是后来人在理解历史时的一种经济的、合理的解释，特别是这种解释能够帮助他认识当下问题的性质。显然，西利的英国史叙事试图达到这样的效果：当我们回溯历史时，殖民地和海外帝国的重要意义显现出来，不论它们曾经受到何种宗教、经济、政治或外交因素的支配，它们现在看来都构成英国的现代进程的真正主题，即英国作为更大的不列颠这个巨型民族共同体的成长。在这一意义上，殖民地（至少是白人殖民地）的性质一目了然，它其实和英国本土一样，正是英国民族共同体的有机组成部分。

三

西利在《英格兰的扩张》中之所以避免强调英帝国的人为性，除了历史进程自身的复杂性而外，也是在于他打算刻意突出英帝国的自然性。毕竟，只有自然的东西才是最合理的，也才是最稳固的。人为的杰作固然精湛，甚至引人称奇，但它终究难免腐朽。因此，西利尽管反对英国应该彻底放弃其殖民地的那种悲观主张，但他也并没有使自己陷入一种宣扬帝国荣耀的狂热情绪当中。西

---

〔1〕 John Robert Seeley, *The Expansion of England*: *Two Courses of Lectures*, London, Macmillan, 1902, p. 142.

〔2〕 John Robert Seeley, *The Expansion of England*: *Two Courses of Lectures*, London, Macmillan, 1902, p. 8.

利认为,我们并不应该对英帝国采取一种浮夸的态度,并不应该把它看作英国的民族英雄主义和荣耀的象征,并基于这种感情上的理由而维系它。相反,西利强调,在英国的拓殖过程乃至成长为世界头号强国的过程中,并没有什么真正的“天才”成分是值得夸耀的。并不是由于英国人天生的海洋、商业和工业禀赋才使得他们获得了一个庞大的殖民帝国,傲然地站在世界列强的排头。这在西利看来只是一种没有根据的想象。毕竟,英国人在16世纪以前似乎根本没有表现出这些禀赋来,而只是在对新世界的大规模介入之后才逐渐地发展出了它们。而英国人在海外拓殖活动中所以比法国人、荷兰人、西班牙人和葡萄牙人取得了大得多的成就,也并不是由于他们真的比起其他欧洲人更具勇气和才智。在相当程度上,英国的幸运是不可否认的,由于它优越的地理位置,它免于了欧洲大陆的颇具消耗性的权力纷争,从而能够更专心致志于在新世界和印度的事业。

总之,西利倾向于对英国的扩张成就作出一种“祛魅”的解释,这或许显得是对英国的民族荣誉感(或者说是虚荣心)的一种冒犯,但却更加精明和务实。英国的扩张按照西利的描绘远不是亚历山大式或恺撒式的,比起英雄们那传奇般的征服事业,它则甚至显得平淡无奇。然而,平淡无奇其实蕴藏的正是自然的力量。西利就是打算把英国的扩张描绘为一件平常而自然的事情,它在性质上就是英格兰民族向着空旷四海的迁徙。在这一意义上,它和古希腊的拓殖活动一样的平常而自然;只不过,西利也指出,在审视殖民地问题时,我们不应该缺乏时代感,现代国家在性质上是具备构建大型的民族共同体的能力的。特别是由于现代科技的推进,电力和蒸汽已经让空间距离大大地缩减。而且,美国的经验也已经表明,一个洲级规模的巨型民族共同体是可以依据联邦制的原则而组织起来的。既然如此,英国为何不能够效仿美国,用联邦制来统合它的海外殖民帝国呢?毕竟,民族性这一原则已经是赋予了英国本土和它的白人殖民地以一种共同体般的紧密联系,只是这一联系长期以来并没有形成于英国人的头脑当中。《英格兰的扩张》正是要对此加以纠正。

民族性既是西利构想的英帝国联邦的合法性基础,又是它的限度。毫无疑问,如果英帝国在性质上被西利努力地诠释为一个有机的民族共同体,那么印度就是真正外在于这个共同体的一部分。在这一意义上,放弃印度似乎是唯一合理的选择。但是,在《英格兰的扩张》的第二部分,西利并没有仓促地给印度问题得出一个明确的结论。这或许是一个更需要政治家审时度势的问题,而不是一个草草依据原则而行事的问题。毕竟,印度问题不但体现出的是西方与东方的遭遇,而且也是现代与古代的遭遇。西利因而提醒,并不能够把现代西方的观念和原则简单地套用到对印度问题的理解和处理上。如果英国立即从印度撤出,那么结果会是怎样呢?印度并不会因此独立而自由,恰恰相反,它将重新陷入无政府状态当中。

事实上,西利指出,英国征服和统治印度的一个关键特征正是在于印度并不是一个现代欧洲意义上的民族共同体。因此,尽管表面上看英国对印度的征服是历史上最不可思议的事件之一,数以万计的英国兵竟然征服了人口上亿的印度。但是,西利再次提醒,并没什么必要赋予这一事件以过多的英雄主义和传奇色彩。其实,英国对印度的征服过程是很平常的,可以用最简单的道理加以解释。因为印度并不具有它的名字所预设的那种同一性,在西利看来,它至多是一个地理概念,而不是一个政治概念。在政治上,印度是分裂的,甚至是一盘散沙。英国则由此获益,它对于印度的获取是时局使然,算不上是什么奇迹。事实上,西利指出,英国东印度公司雇佣并训练了大量的印度兵以征服印度,正是他们才构成了英国在印度部队的大多数。这要是放在现代欧洲几乎就是不可能的。比如,很难想象英国能够通过雇佣法国兵以征服法国,因为后者的民族意识已然存在。[1] 但是,在印度,当时并不存在一个统一的民族共同体和相应的意识,而只是存在若干大大小小的竞争性政权,既有英、法,又有本土势力;正是在这种情况下,英国才可能让大量的印度兵为己所用,它对印度的征服才显得如此容易。

但是,一旦有一天印度的民族意识和情感产生了,那么,西利清醒地认识到,英国在印度的统治就不得不终结,因为它不可能依靠它那相当有限的兵力来统治上亿的具有同一共同体感觉的人口,而这对于它的财政来说也将是无法承受的负担。不过,在西利看来,迄今为止,无论是对印度的征服还是对它的统

〔1〕 John Robert Seeley, *The Expansion of England*: *Two Courses of Lectures*, London, Macmillan, 1902, pp. 203 – 204.

治,英国都并未付出多大的成本。毕竟,英国与印度的关系还算不上是一个民族共同体与另一个民族共同体的关系。英国对印度的统治在性质上只是"填补"印度自莫卧儿王朝式微以来的权力真空。按照西利的说法,英国甚至从未盘算过要占有印度,因为它对印度的兴趣从一开始纯粹就是商业性的。英国出于保护自己在印度的商业据点的需要,出于对法国勾结印度本土势力的阴谋的恐惧,才不断地扩展自己在印度的疆土。在客观上,由于当时印度的无政府主义状态,英国实际上是"被迫地"一步一步地承担起了统治印度的责任,以维护其稳定。西利宣称,比起长期统治印度的各伊斯兰王朝,英国看起来甚至并不是一个坏的统治者。因为它并不以劫掠印度为目的,而是要阻止劫掠。并且,英国从 19 世纪中期起也有意识地开始承担起了对于印度的现代化教化的责任,尽管这本身可能并不一定就是一件好事。总之,西利力图表明,英国目前还在印度担负着道义上的责任,这是它还不能即刻放弃印度的一个基本理由。另一方面,对于英国自身来说,英印贸易到 19 世纪后期也已经发展得相当庞大;只要英、印之间的特殊关系还能够得到维系,那么英国就将从中获得可观的贸易利润。因此,尽管从性质上说,英帝国终究无法接纳印度,但英国从印度的撤离时机还是依赖于政治家的利弊权衡。西利暗示,在两种情况下,英国不得不考虑放弃印度:其一,正如前述,是印度作为一个民族共同体的成形;其二,则是在国际局势的恶化条件下(如欧洲战争),面对俄国的虎视眈眈,英国无力再承担起在东方的防务责任。

因此,总体来说,尽管西利在《英格兰的扩张》中主张通过联邦制更紧密地统合白人殖民地以维系帝国,但是,在帝国这个主题面前,西利表现出的冷静和节制同样是非常明显的。他关于印度的论述就是一个很好的例子。西利反复强调,一个国家并不应该为了纯粹地追求规模上的庞大而牺牲掉自身的自由与幸福。罗马曾经为了扩张而付出高昂的代价,不得不放弃自身的共和政体,而采用较低等级的组织形式。罗马曾是整个欧洲文明的灯塔,但它最后也没有使自己免于黑暗。相比之下,在西利看来,英帝国的一个优势正是在于它为帝国所付出的成本还算得上是低廉的,这不仅是指它的财政、外交和军事成本,而且,更重要的是,它并未由于帝国而改变自身的政治属性,它并未抛弃自由宪政,或转变成为一个军事化国家。这一优势在西利看来显然也应该是英国未来的帝国谋划的前提。事实上，在《英格兰的扩张》中，西利一直坚持的都是对于英帝国的性质和历史的一种“低成本”的诠释，极力突出英帝国的具有内聚力的民族性特征，而避免宣扬帝国固有的侵略性和普适性。从政治学上说，民族性和普适性的确是构成了现代帝国的基本张力。一方面，资本扩张和其相应的权利哲学为现代帝国的建构提供了非常强劲的活力；但另一方面，在现代条件下，“帝国”的建构却又只能是立足于民族国家这一特殊而有限的政治实体。西利站在民族国家这一立场上来理解和诠释英帝国，固然是对帝国过度膨胀之野心的遏制，但也是对英国三个多世纪以来获取的很大一部分的海外拓殖成果的一种“消化”。在后一意义上，英国在现代史上强劲的扩张和帝国冲动由于在西利的“后见”的指导下被诠释成为更大的不列颠这个扩展的民族共同体之奠基而得到“合法化”。就此来说，《英格兰的扩张》不啻一种“高明”的修辞。

地缘变迁与俄罗斯帝国政制的奠基*

傅　强**

内容摘要：与自由帝国理念截然相反，地缘压力与服役国家之间的互动与促进，贯穿了俄罗斯帝国奠定与持续的整个过程。莫斯科公国时期，公国的统一进程逐步使其成为整个欧俄地域唯一举足轻重的政治实体。随之，莫斯科公国的地缘形势发生重大变化，一方面它受到东南方向的草原游牧民族的直接压力，另一方面它也迅速地卷入了以瑞典为代表的西欧政治体系的斗争之中。在东西方的巨大防卫压力下，莫斯科君主对军事服役的要求日益增大。正是从此时开始，俄罗斯贵族阶层经历了重铸，农民阶层逐步农奴化，行政机构开始革新与集权，从而形成了以服役为基础的君主—贵族—农奴这样一种君主执政的阶层国家。彼得大帝改革虽使得君主取得了相对于其他各阶层力量的绝对优势，从而使君主执政的阶层国家逐渐变为帝国时期君主专制政权的国家。然而，从15世纪中叶一直到1861年的农奴解放，社会的阶层制基础与结构并未发生实质改变。

关键词：地缘　服役　大贵族　军事服役贵族　农奴制

1835年，托克维尔（Tocqueville）在《论美国的民主》上卷结尾作出了那个已然实现的著名预言，“当今世界上有两大民族，从不同的起点，但好像在走向同一目标”，[1]俄国人与美国人终将各自主宰世界一半的命运。在这个坚定的判

* 本文系2019年度国家社科青年基金“国际秩序变迁视角下战争法权的法理学研究”（19CFX012）的阶段性成果。

** 安徽师范大学法学院讲师，法学博士。

〔1〕［法］托克维尔：《论美国的民主》（上卷），董果良译，商务印书馆1988年版，第481页。

断之下，托克维尔简要地列举了两个帝国民族三方面的显著区别。其一，美国人是用劳动者的犁，征服自然为他们设置的障碍，亦即征服荒野和野蛮；俄国人则是用士兵的剑，与人搏斗，与全副武装的文明作战。其二，美国人以个人利益为动力，发挥而非限制个人的力量与智慧；俄国人几乎将社会的一切权力集中于一人之手。其三，美国人以自由为主要行动手段，而俄国人则以奴役为主要的手段。[1] 当然，美国作为一个能够激发个人创造性之自由帝国的缘由及其影响，已由托克维尔花费了皇皇两卷巨著加以阐释。至于后者，凭借一人集权而奴役全社会的服役帝国是如何产生的，正是本文将要简要加以勾勒的。俄罗斯帝国的奠定与持续确实是一种特殊的存在。它的特异之处首先表现在帝国建立的基础缺乏那种西欧典型意义上的封建制（农奴制）。其次，然而更为重要的是，帝国奠基的过程中，偶然的因素，尤其是地理或者地缘因素发挥着至关重要的作用。与自由帝国理念截然相反，在上述两种因素的配合之下，服役国家与地缘压力之间的互动与促进，贯穿了俄罗斯帝国奠定与持续的整个过程。

一、塑造俄罗斯帝国政制的外部压力

托克维尔关于美国的论述，从北美的外貌开始，先贤的范例也是本文的起点。同样，近代俄国史学家索洛维约夫（Соловьёв）、克柳切夫斯基（Ключевский），思想家别尔嘉耶夫（Бердяев）、普列汉诺夫（Плеханов），以及知名的西方学者如罗伯特·克纳（R. J. Kerner）和萨姆纳（B. H. Sumner），也都强调地理在俄罗斯帝国政制与思想发展中的重要性。譬如，别尔嘉耶夫坚持，自然的地理总是与精神的地理相适应。俄罗斯既非纯正的西方也非完全的东方，而是处于东西方之间，是“世界的完整部分，巨大的东方—西方”。[2] 因而，它同时介入了东西方两股世界历史之流的运动之中，两股力量在俄罗斯广袤的大地之上激烈碰撞，共同界定俄罗斯的命运与思想。罗伯特·克纳则提出，莫斯科公国纵横交错的河流网使得其连水陆路特别发达，从而推动其为获取通往世

---

[1] [法]托克维尔：《论美国的民主》（上卷），董果良译，商务印书馆 1988 年版，第 480 ~ 481 页。

[2] [俄]别尔嘉耶夫：《俄罗斯思想》，雷永生、邱守娟译，生活·读书·新知三联书店 1995 年版，第 2 页。

界主要海洋的出海口而不断斗争,以此解释俄罗斯的扩张主义与帝国主义。[1] 在俄罗斯帝国的奠基进程之中,莫斯科罗斯时期发生的社会结构与政权性质方面的大转向具有决定性的意义。大转向始于 15 世纪中叶,在 16 世纪基本完成,至彼得大帝时代得以巩固。然而,大转向的直接动力,正是源自莫斯科罗斯时期统一进程中地缘形势的变迁,以及由其所导致的巨大外部军事、政治压力。

在俄罗斯的封邑制时期,莫斯科公国已经开始逐步统一罗斯。它获得了罗斯大公的宝座,成为北部罗斯遏制鞑靼入侵的民族领袖,还使得东正教总主教教坛移至莫斯科。[2] 然而,在伊凡三世(1462 ~ 1505 年)继位后的莫斯科罗斯时代,罗斯各地才真正合并为统一国家。此前,莫斯科公国周围同外部敌人之间尚且隔着其他罗斯公国或自由城市公社的领土。在伊凡三世统治时期,莫斯科公国周围的各罗斯公国一一被征服。最终,只剩下罗斯公国普斯科夫与梁赞,而它们的半独立状态也未保持太久。[3] 莫斯科公国的统一成就使得其统治地域扩展到整个欧俄地域,它的政治活动范围空前扩展,被迫开始同不属于罗斯公国家族的外国直接对峙,这使得其外部的地理军事形势陡然一变。莫斯科公国地缘政治形势的变化主要表现在两方面:一方面,通过乌拉尔山与里海间的隘口,鞑靼人成为最后一波直接攻击罗斯大地的游牧民族,莫斯科公国现在成为唯一直面这支游牧力量的前哨。另一方面,莫斯科公国开始卷入西欧的国际政治斗争之中,它同波兰、立陶宛、瑞典,同条顿和利沃尼亚骑士团以及德意志帝国的诸邦君主保持着密切而复杂的联系。在西欧强国的军事压力之下,特别是在同瑞典帝国争夺波罗的海出海口的国际斗争中,为了生存,罗斯也不得不重塑政治体制。

(一)东南方向:草原游牧民族的侵袭

莫斯科罗斯时期,罗斯居民从伏尔加河上游地区,向南部和东部分散至顿河和伏尔加河中游的黑土地带。西欧各国与乌拉尔山之间这片辽阔的、被称为

---

〔1〕 R. J. Kerner, *The Urge to Sea: The Course of Russian History*, New York, Rusell and Russell, 1971, pp. 103 - 104.

〔2〕 [俄]克柳切夫斯基:《俄国史教程》(第 2 卷),贾宗谊、张开译,展凡校,商务印书馆 2013 年版,第 13 ~ 24 页。

〔3〕 [俄]B. B. 马夫罗金:《俄罗斯统一国家的形成》,余大均译,商务印书馆 1991 年版,第 181 ~ 195 页。

欧俄的地域,逐渐成为统一的罗斯民族的活动范围。欧俄自此成为罗斯民族政治与经济的中心地带,甚至麦金德(Halford John Mackinder)在20世纪初也仍只将他划定的那条线之内,即线之南和线之西的地域称为"真正意义上的俄罗斯","顺着地图上的一根线,从彼得格勒向东,沿伏尔加河上游到这条河大转弯的叫喀山的地方,然后沿伏尔加河中游向南,到这条河第二个大转弯的叫察里金的地方,最后沿顿河下游向西南到罗斯托夫和亚述海"。[1] 在罗斯统一的进程中,欧俄因其地理上的两个显著特征而深刻地影响了其自身内部的政治结构。

欧俄地域的第一个显著特征是,东南部与亚洲的同质性。欧俄南部是一片一望无际、水源稀少和没有森林的草原,它在地质构造上完全与亚洲内陆的草原一致。在地理上,它又是这些草原直接的、毫无间隔的延续。特别重要的是,乌拉尔山脉和里海之间的宽广草原地带,使得它与中亚的草原连接起来,仿若从亚洲插入欧洲大陆的一个楔子。通过乌拉尔山与里海之间的这个隘口,从公元5世纪到16世纪,图兰语系的游牧民族——匈奴人、阿瓦尔人、保加利亚人、马扎尔人、可萨人、佩切涅哥人人、库曼人、蒙古人从亚洲内地,穿越草原接踵而至。[2] 罗斯大地成为欧洲大陆直面这些游牧力量的前哨,而这些游牧民族也给罗斯的历史发展打上了明晰的烙印。正如索洛维约夫所概括到的,"伟大的平原在东南部四通八达,与中亚草原直接衔接,一群群游牧民族从远古以来就到达了乌拉尔山脉和里海之间的广阔门户,在伏尔加河、顿河、第聂伯河下游一带占据了一些使得他们感到自由自在的地区……亚洲不断派出掠夺成性的汗国部队。他们想牺牲定居居民的利益而生活;同草原野蛮人的不断斗争,成为这种定居居民历史中的主要现象之一"。[3] 一定程度上,正是这些游牧民族促使基辅公国得以建立,促使罗斯民族的主要力量在封邑制罗斯时期由西南罗斯向东北罗斯转移。更重要的是,最后一波蒙古人的侵袭与政治军事压力,促使莫斯科罗斯军功服役阶层的兴起、农奴制度的加深,并最终促进了莫斯科罗斯

〔1〕 [英]麦金德:《民主的理想与现实》,武原译,商务印书馆1965年版,第105~106页。

〔2〕 [美]尼古拉·梁赞诺夫、马克·斯坦伯格:《俄罗斯史》,杨烨、卿文辉译,上海人民出版社2007年版,第9~15页。

〔3〕 [俄]普列汉诺夫:《俄国社会思想史》(第1卷),孙静工译,商务印书馆1988年版,第38页。

绝对主义国家和服役社会结构的奠定。

欧俄大平原上植物地带的二分,成为对罗斯历史发展有着重要影响的第二个显著特征。当欧俄大平原上冬季的积雪逐渐向北开始消融后,紧随其后的就是雨季。最大雨量在黑海沿岸出现在5月和6月,而在波罗的海和白海附近则晚至7月和8月。因而,平原南部的晚夏时节几乎都是一个干旱时期。正如麦金德所划定的另一条分界线所展示的,作为这种气候体系下的后果,欧俄平原的"北部和西北部为仅被沼泽分隔的森林地带;南部和东南部则是一望无际的禾草草原,仅仅在河流两岸才长着树木。分割这两个区域的界限,是从喀尔巴阡山脉北端向东北斜伸到距乌拉尔山南端近于其北端的一个地点"。[1] 莫斯科正好位于分界线的北边不远,也就是处于森林这一边。森林地带有效地消耗掉了游牧民族曾在草原带上发挥到极致的军事机动性,这也是罗斯重心由西南基辅向东北莫斯科转移,并于此地积蓄力量,开始统一扩张的重要原因。此外,南部肥沃的黑土带又成了莫斯科国家在抵制游牧力量的过程中分封给军役阶层的天然肥沃的农业土地。[2] 国家疆域的扩张、保护与领地分配相辅相成,俨然一种俄国模式的屯边制度,它对莫斯科罗斯军事服役领地的大规模发展以及农奴制度的推进至关重要。

(二)西北方向:欧洲"国际政治体系"的压力

莫斯科罗斯后期,经由乌拉尔山脉与里海之间的隘口进入罗斯大地的鞑靼人所造成的压力仍然存在,但也开始式微。伊凡四世时期(1533~1584年),罗斯吞并掉了金帐汗国的两个继承国,喀山汗国(1552)和阿斯特拉罕汗国(1556)。在取得对东方鞑靼人的胜利后,摆在伊凡四世面前可供选择的扩张道路有三条:其一,继续征服南方的克里米亚鞑靼人;其二,兼并西部处于波兰—立陶宛统治下的白俄罗斯和乌克兰国土;其三,征服西北部的利沃尼亚和波罗的海沿岸地区。最终,伊凡四世选择了一条在后世看来或许最为艰难的道路。他采纳了面向波罗的海的西进政策,这使得罗斯长期地卷入了欧洲国际体系的

---

〔1〕[英]麦金德:《历史的地理枢纽》,林尔蔚、陈江译,商务印书馆2010年版,第52~53页。

〔2〕[俄]克柳切夫斯基:《俄国史教程》(第1卷),张草纫、浦允南译,商务印书馆2013年版,第46~47、57页;[美]尼古拉·梁赞诺夫、马克·斯坦伯格:《俄罗斯史》,杨烨、卿文辉译,上海人民出版社2007年版,第4~5页。

政治军事斗争之中。而南方金帐汗国最后一个继承国——克里木汗国的长期存在,也成为持续危及俄国安全与稳定的一个长久负担。[1]

莫斯科罗斯时期,俄国向绝对主义的转变,除了源自东南方向持续不断的游牧民族的压力,还有主要来自欧洲国际政治体系的压力。在伊凡四世时期,新式的俄国军事力量当时已能击败凶残却相对原始的东方游牧民族,却无法同用西方武器和战术武装起来的更先进的波兰或瑞典军队相抗衡。耗时长久而又无法脱身的利沃尼亚战争(1558～1583 年)使莫斯科公国更深切地感受到西欧的压力,为了集中资源抵制这种压力,俄罗斯国家不得不一步步地加深和巩固自己的绝对主义国家结构。正如安德森(Perry Anderson)所说,"西欧绝对主义——更强大的封建贵族集团统治更先进的社会结构——的国家压力,迫使东欧贵族为了生存而不得不采用同样的中央集权的国家机器"。[2] 然而,西欧的绝对主义国家是接受了代役租的封建阶级经过调整的政治机构,它是对农奴制消亡的补偿。相比之下,俄国的绝对主义国家是刚刚抹杀了穷人的传统公社自由的封建阶级的镇压机器,它是巩固农奴制度的手段。

麦金德曾言,"形成与仅仅是一群有人性的动物相对立的一个国家的各种观念,通常是在共同苦难的压力和抵抗外来力量的共同需要下才被接受的……一个讨厌的人物,在使他的敌人联合方面完成了一种有价值的社会功能"。[3] 对俄罗斯而言,在西方扮演着"苦难""外来力"以及"一个讨厌的人物"这些角色的,非瑞典莫属。1523 年,古斯塔夫瓦萨一世击败丹麦人建立瓦萨王朝。通过革新教会制度、行政机构以及领地制度,瑞典的政治军事实力大增,奠定了瑞典的强盛之路。此后,瑞典成为莫斯科罗斯在西北地缘上挥之不去的梦魇。正是在同瑞典帝国争夺波罗的海出海口的国际斗争中,沙皇在俄国的权力受到考验和锻造。依据 1582 年的扬扎波尔斯基条约,瑞典吞并和控制住了北波罗的海沿岸的跳板爱沙尼亚。大混乱时期,瑞典军队又攫取了卡累利阿和英格利

---

〔1〕 关于从莫斯科公国一直到彼得大帝时期的波罗的海政策的梳理,参见拉恩希尔德·马丽·哈顿:《俄国和波罗的海》,载《俄罗斯帝国主义——从伊凡大帝到革命前》,生活·读书·新知三联书店 1978 年版,第 133～172 页。

〔2〕 [英]佩里·安德森:《从古代到封建主义的过渡》,郭方、刘健译,上海人民出版社 2001 年版,第 205 页。

〔3〕 [英]麦金德:《历史的地理枢纽》,林尔蔚、陈江译,商务印书馆 2010 年版,第 51～52 页。

亚。在瑞典从波兰手中夺走整个利沃尼亚后,它实际上已经完全控制了波罗的海。一直到 18 世纪初,彼得大帝与查理十二世围绕着波罗的海霸主地位的争夺,又打了将近 20 年的大北方战争。因此,正是作为敌对者的瑞典的时刻存在,代表着来自西欧国际政治体系的压力,成为形塑俄罗斯的绝对主义国家结构的一支重要外部力量。

二、压力之下莫斯科罗斯封建制的变形

(一)贵族阶层的重铸

伴随着莫斯科公国的逐渐强大和扩张,封邑制时期享有自由服役权的土地贵族纷纷云集莫斯科河两岸。与此同时,那些被莫斯科征服或者自愿依附莫斯科的封邑王公也带着自己的下属贵族和侍从奔赴莫斯科,他们成为莫斯科罗斯名门贵族的基本组成部分。15 世纪中叶,莫斯科大公拥有 40 多家名门望族,而截至 16 世纪末,为莫斯科大公服务的世袭名门已达 200 家之多。[1] 在对地方行政机构加以彻底改组前,莫斯科大贵族阶层的地位并没有急剧改变。从前的分封王公在向莫斯科称臣从而转变为莫斯科的大贵族后,虽不再是自己封邑的独立统治者,而只是成了世袭的领主,但是他们仍享有之前的部分行政、司法权力以及保留封邑的军队的权力。按照他们的自我理解,他们仍像其当权执政的祖辈一样,是俄罗斯大地的主人。所不同的只是其祖辈散居各个封邑,因而是分散地、单独地治理着俄罗斯国土的各个部分,而现在聚居莫斯科的后代则开始共同地治理整个国土。正如库尔勃斯基在与伊凡四世的辩论中所坚持的,正常的国家制度并非建立在个人行使专制权力的基础之上,而是建立在大贵族杜马参与治国的基础之上,君主必须征求大贵族的意见以使国家事务得到妥善处理。[2] 大贵族有着抱负不凡的政治野心,希冀能够约束君主的最高权力从而维护自己不可侵犯的特权利益。因而,统一大业在将莫斯科大公推上拥有广泛

---

〔1〕 [俄]克柳切夫斯基:《俄国史教程》(第 2 卷),贾宗谊、张开译,展凡校,商务印书馆 2013 年版,第 147 ~ 151 页。

〔2〕 [俄]克柳切夫斯基:《俄国史教程》(第 2 卷),贾宗谊、张开译,展凡校,商务印书馆 2013 年版,第 174 ~ 179 页。

权力的全国君主的高位时，又赋予他一个大贵族统治阶层。

军事服役贵族与服役领地制度也可以追溯到封邑制时期。在封邑制时期，分封王公宫廷内的军人由于自己的服役而得到薪俸或食邑，宫内仆人的报酬则是依据服务条件分给一块土地或者购买土地的权利。一方面，莫斯科罗斯东西方防务压力的增大，使得对军事力量的需求更为迫切；另一方面，君主不再信任大贵族阶层，希望用军事服役贵族阶层取代大贵族阶层。为寻求一种更简单、更规范、更重视能力的服役制度，大贵族阶层在整个莫斯科罗斯时期实际上都处于一种不断屈从于君主的进程之中。因而，军事服役贵族与服役领地制度在莫斯科罗斯国家时期日渐勃兴。莫斯科罗斯对军事服役的需求越来越大，然而用于支付军事服役贵族的财源却并未显著增加。但是，罗斯的统一使得莫斯科君主获得了一个新的资本，即广阔的土地。他只能动用土地资本来保证服役阶级的需要，这既包括荒地也包括有农民居住的土地。与大贵族的世袭地产不同的是，军事服役贵族对这些土地只拥有终身使用权。因而，莫斯科政府手中掌握的土地成了在经济上满足兵役需要的手段，服役人员占有土地成了人民防务的基础。莫斯科君主通过授予有终身使用权的土地来酬劳“服役阶层”，这至少有两方面的考虑：一方面，由于军事服役贵族是为自己的利益在捍卫国土，莫斯科君主们就在潜在危险的地区创建了一支作战力量很强的军事骨干队伍；另一方面，他们只有效忠君主，才能依靠君主得到自由和自己的土地。[1] 在伊凡三世、瓦西里三世时期，扩大军事服役领地主要还是通过没收新近征服的领地，如罗夫哥罗德、普斯科夫。然而，伊凡雷帝的沙皇直辖区制度在这个过程中显然发挥出更大的作用，它直接剥夺世袭大贵族的权力并试图使全部世袭大贵族都沦为军事服役阶层。

在服役与土地相结合的新思想的促进下，两种贵族与两种土地所有制形式实际上一直都在接近与融合，最终在彼得大帝时期这个过程得以完成。[2] 首先，为了保持服役家族的服役能力，防止其土地转入没有能力服役或者不想服

---

〔1〕［俄］克柳切夫斯基：《俄国史教程》（第2卷），贾宗谊、张开译，展凡校，商务印书馆2013年版，第219～238页。

〔2〕［美］里亚·格林菲尔德：《民族主义：走向现代的五条道路》，王春华、祖国霞、魏万磊等译，上海三联书店2010年版，第243～244页。

役的人之手,大贵族的世袭领地支配权受到极大限制。依据1562年和1572年的两条法令,王公和大贵族不得出卖、调换或以任何方式转让祖传的世袭领地。因而,像军事服役贵族的服役领地一样,世袭领地也不再是完全的私有财产,而成为有条件的占有。其次,军事服役贵族的非世袭领地也在一定程度上逐渐取得了世袭领地的法律特征。一方面,农民的依附使得军功服役地主对暂时占用的国家土地的实际经营权超越了所有权,在农民由于接受了贷款和帮助而永远依附于地主后,非世袭领地实际上已经从暂时占有变为永久占有。另一方面,为保证服役的稳定性,非世袭领地也被授予了必要的继承权,早在沙皇米哈伊尔时代的谕旨中就已经出现"祖传的非世袭领地"概念。[1] 彼得大帝时代,各阶层的正规军取代贵族的民军,军事改革最终彻底破坏了非世袭领地所有权的基础,贵族的服役不仅成为一种必须继承的义务,而且是长久不变的义务。因而,所有非世袭领地不仅可以长期占有,而且可以继承,世袭领地与非世袭领地实质上已无甚差异。1714年的三月法令规定,世袭领地和非世袭领地都实行统一的"一子继承制",从而使得两者在法律特征上实现融合。无论是世袭领地还是非世袭领地,都变成了一种新的、前所未有的,被称为可继承的、不可瓜分的、具有永久义务的土地占有制形式。[2] 随着世袭领地与非世袭领地的融合,彼得实际上等于重新铸造了贵族阶层。两种贵族(大贵族、军事服役贵族)、两种贵族土地所有制(世袭领地所有制、军功服役领地所有制)的内部分歧与差别的最终销声匿迹,对农奴制度的形成产生更大的合力。

(二)农奴制度的初步奠定

最初,虽然大贵族的世袭地产与军事服役贵族的非世袭地产在土地所有权方面存在差异,并在争夺劳动力问题上会产生冲突,然而他们在加强对农民的控制并使其农奴化方面利益一致。每当发生社会危机,国家政权和地主财产遭受到农民造反的威胁时,他们就会本能地团结一致。军事服役领地制度的扩

〔1〕［俄］克柳切夫斯基:《俄国史教程》(第4卷),张咏白、郝建恒、高文风等译,商务印书馆2009年版,第81~83页。

〔2〕一子继承制度严重破坏了贵族的身份认同,因而遭到了他们异乎寻常的坚决反对。最终,安娜女皇在1731年废除了该敕令。但是,统一的土地占有制形式,即"可继承的、不可瓜分的、具有永久义务的形式"还是最终保存下来了,并发挥着持久的影响力。参见［美］里亚·格林菲尔德:《民族主义:走向现代的五条道路》,王春华、祖国霞、魏万磊等译,上海三联书店2010年版,第247~248页。

展,以及自由世袭领地向军事服役领地的转化,使得国家将大片土地连同其上的农民授予军事服役贵族,这又大大扩展了俄罗斯农奴制所及的范围。在这个过程中,一个稳定而强大的中央集权政府建立起来,它能够禁绝劳动力流动以在各地贯彻农奴隶属关系,还能平息大贵族与军功贵族之间的劳动力争夺冲突。土地作为"死财产"只有在"活财产"(劳动力)的作用下才能转化为财富。因而,莫斯科罗斯的君主和贵族最终达成了契约,农民成为契约的客体。君主需要贵族的军事服役来保卫国家,因而,它也会动用国家的强制力量来捍卫贵族阶层的地位,镇压国内农民的反抗。在农奴制的兴起过程中,俄罗斯绝对主义国家的奠定成为基本的推动力。在其后的俄罗斯历史中,绝对主义君主制和农奴制成为俄国政治社会有机体的两个面相。绝对主义君主制的建立要求农奴制提供的动力,并为其提供了制度和法律保障,而延续300年的农奴制在某种程度上又是俄国绝对主义君主制的基础和保证。

事实上,公法因素和私法因素在俄国农奴制的起源与确立过程中发挥了同样重要的作用,正如连赞诺夫斯基(Riasanorsky)所总结的,"在俄罗斯,农奴制是和中央集权君主制、而非任何形式的封建主义同时出现的,这主要是缘于两个因素:古老的且不断加强的农民对地主的经济依附,莫斯科公国政府对贵族的支持"。[1] 一方面,在莫斯科罗斯统一的过程中,君主基于对贵族服役的要求从而通过国家法律不断确立农民的农奴制地位。另一方面,就农民与地主之间的关系而言,双方不平等的地位使得双方所定契约也成为农民农奴化进程的补充动力。另外,"整个中世纪时期,相对丰富并适宜耕作的土地,易于制造的农业工具,这些至少为农民逃跑提供了可能性。当来自国家和地主的压力太重时,农民的选择只有起义或者逃跑。这一经常存在的对地主利益的威胁,使得地主们更加专心于确保足够的稀缺生产要素——劳动力——的供给"。[2] 为了抑制地理空间、历史传统以及其他条件赋予农民的逃亡传统,土地贵族迫切要求通过公法和私法手段来控制"活劳动",以期待"活劳动"来激活其死财产

[1] [美]尼古拉·梁赞诺夫、马克·斯坦伯格:《俄罗斯史》,杨烨、卿文辉译,上海人民出版社2007年版,第172页。

[2] [英]M. M. 波斯坦、H. J. 哈巴库克主编:《剑桥欧洲经济史》(第1卷),郎丽华、黄云涛、常茂华等译,经济科学出版社2002年版,第468页。

“土地”。此外,在军事压力之下,沙皇越来越频繁地把土地连同其上的农民赐予为他服役的贵族,由此产生的新的封地农业意味着依附关系的快速扩散。因而,农奴制在俄国南部、东南部最为盛行,在西部地区影响就弱一些,而在广大的北部地区,农奴制几乎不存在。这主要是由于没有敌人也就不需要贵族的服务。

农民的农奴化过程是一个长期的过程,它与俄罗斯国家统一并实现中央集权的过程、自由村社沦为依附村社的过程、传统意义上的世袭领地制与军事服役领地制的融合过程同步前行。俄国相对开放的地理空间诱使那些不堪忍受贵族地主压迫的农民大批逃亡,劳动力成为对贵族生死攸关的问题。在贵族的压力之下,一批批限制农民人身自由、使得农民农奴化的法令、政令接踵而出。早在1497年,伊凡三世曾颁布法典,限制农民从一个地主名下转到另一个地主名下。法典规定,只有在每年秋后的尤里节前后各一个星期,农民可以离家投奔到外乡。而且,要求出走的农民必须事先向主人缴纳一定数额的房租“居住费”。在伊凡四世统治初期,他曾通过增加“居住费”的办法限制农民的外出,而在1581年,他又颁布“禁年令”以禁止农民在尤里节前后两个星期离开主人。此后,沙皇政府对农民实行人口登记,并连续实行禁年。这样,农民事实上被固定在某个地主的名下,成为该地主的农奴。1597年,沙皇政府发布敕令,规定地主搜寻逃亡农民的期限为5年,凡5年内没有找到的农民,允许他们在新的土地上居住。1607年,沙皇政府将寻找逃亡农民的期限延长到15年。1649年,议会法典明确规定,凡在宫廷领地、黑乡土地以及私有土地上逃亡的农民,可以无限期地追回,包括其妻子儿女及财产。这样,农民及其子孙后代都被牢牢地束缚在地主的领地上,农民最终完成了农奴化的过程。该法典本质上奉行“一日为农奴,永世为农奴”的原则,完全满足了贵族的需要。1649年之后,农奴的地位急剧恶化了;农奴的义务是无止境的,其命运完全听凭地主的摆布,地主在其领地上的司法和警察权力不断扩张。到了该世纪末,买卖农奴和馈赠农奴的事已经十分普遍。可以说,他们实际上被当作奴隶一样对待。

佩里·安德森在界定农奴制含义时写道,“占用和耕种土地的农民不是土地的所有者。农业财产由一个封建领主阶级私人控制,他们用政治—法律的强制关系向农民剥削剩余产品……它必然的结果是经济剥削与政治权威的一种法律融合体”。[1] 然而,以法国为典型的西欧农奴制主要存在于封建制时期,而俄国的农奴制却肇始于封邑制罗斯之后的俄罗斯绝对主义国家的奠定时期。在十四五世纪,西欧封建制产生危机,并在随后逐步培育出现代资本主义生产关系,拓展开世界性的资本主义市场,从而整体上呈现一种经济现代化的历程。随着封建制危机的发酵,法国农奴的大规模消失最终在 16 世纪中叶基本完成。[2] 然而,俄罗斯在历史上缺少那种产生典型西方封建制度的特有综合,即“以原始农业为基础的分散的部落—公社生产方式及原始的武士贵族统治的一方,与正在瓦解的有着以商品交换为基础的广泛城市文明的奴隶制生产方式并有着帝国体制的一方之间的综合”。[3] 因而,当十四五世纪,以西欧封建制危机为动因的农奴制消解开始时,俄罗斯却开始了以结束封邑制度为目标的莫斯科公国统一大业。在统一进程所遭受的东西两方的巨大地缘压力之下,俄罗斯不仅奠定了农奴制度,而且铸造了以服役国家理论为基础的绝对主义政治结构。

三、压力之下俄罗斯绝对主义君主制的奠定

在罗斯民族统一的进程中,莫斯科罗斯一直遭受着来自东西两方面的政治军事压力。服务于莫斯科国家迫切的防卫需求,不仅罗斯君主与各阶层的关系发生了剧烈的变化,而且君主的行政、军事、财政机构也随之实现了大幅度的革新,最终奠定了俄罗斯绝对主义君主制这样一种特殊的政体。

在基辅公国建立前,罗斯大地存在两类地方政权,它们是东斯拉夫人的商业城市与瓦兰亚吉人的公国。基辅之所以能在其中脱颖而出,因为它既是抵抗草原敌人的主要前哨,又是处在那条“从瓦兰吉亚人到希腊人”的南北商道上的商业出口中心站。基辅公国的最高政权属于整个大公家族,他们共同统治罗斯

---

〔1〕 [英]佩里·安德森:《从古代到封建主义的过渡》,郭方、刘健译,上海人民出版社 2001 年版,第 151 页。

〔2〕 [法]马克·布洛赫:《法国农村史》,余中先、张朋浩、车耳译,商务印书馆 1991 年版,第 123 ~ 124、130 页。

〔3〕 [英]佩里·安德森:《从古代到封建主义的过渡》,郭方、刘健译,上海人民出版社 2001 年版,第 227 页。

大地以及生活在这块土地上的各部族居民。公国的建立主要源自瓦兰吉亚人的征服,因而依据与征服者王公的不同关系,罗斯居民被分成了三个等级,王公臣仆、自由民与家奴。[1] 在1240年基辅城被蒙古人摧毁后,罗斯步入了第二个历史时期,即封邑制时期。[2] 封邑制时期的罗斯民族发生了两方面显著的变化:首先,人口主体由第聂伯河地区转向了伏尔加河上游;其次,政经秩序的领导者由大型商业城市变成了各自封邑上的世袭领主,而作为整体掌权的王公家族现在则分裂为无数具有血缘关系但又彼此独立的领主。[3] 随着政治分裂的加剧,封邑王公的政府作用实际上在逐渐消亡,王公在自己的领地内实际上已不再是政治上的统治者而只是财产所有者。社会阶层划分的基础也随之转变为自由人同领主王公之间的民事经济契约,整个社会被分成六个阶层,大贵族、自由职役(贵族)、宫廷职役、城乡黎民、典身奴以及家奴。领主王公与贵族阶层之间的利益基本一致,王公的成功也将增加贵族的利益。然而,最值得强调的是,贵族仍拥有源自上一个历史时期的迁徙自由权,随时可以凭借自己的意愿更换自己所服务的王公领主。正如巴甫洛夫·西利万斯基指出的,"诸王公以盟约确认贵族有离去权,他们还把贵族本人的服役同他们领地的隶属关系区别开来;他们相互信守不过问离去贵族的世袭领地,也就是说不把他们的土地归属于自己"。[4] 换言之,贵族阶层的领地的占有与军事服役之间并没有必然联系,而只负有向其田庄所在的领主公国纳税的义务。[5]

与基辅公国、封邑制罗斯不同,莫斯科罗斯的君主既是全部国家土地的世袭所有者,又是居住在这块土地上的居民的政治统治者。更为重要的是,他现在还是罗斯民族的代言人和领袖。民族特征不仅构成了君主实际政治权力的

---

[1] [俄]克柳切夫斯基:《俄国各阶层史》,徐昌翰译,商务印书馆1990年版,第36~43页。

[2] 巴甫洛夫·西利万斯基认为,伏尔加河上游地区的苏兹达尔公国的安德烈·博戈柳布斯基王公在1169年攻占基辅,标志着罗斯过渡到诸公割据状态的时代。参见[俄]Н. П. 巴甫洛夫-西利万斯基:《俄国封建主义》,吕和声等译,商务印书馆1998年版,第179~182页。

[3] [俄]克柳切夫斯基:《俄国史教程》(第1卷),张草纫、浦允南译,张蓉初校,商务印书馆2013年版,第298~299页。

[4] [俄]Н. П. 巴甫洛夫-西利万斯基:《俄国封建主义》,吕和声等译,商务印书馆1998年版,第142页。

[5] [俄]克柳切夫斯基:《俄国各阶层史》,徐昌翰译,商务印书馆1990年版,第54~69页。

基础,也成为他在外部威胁下进行制度重铸的合法性源泉。莫斯科罗斯政权性质的变化及其所面临的巨大的东西方外部压力导致了国家对其臣民普遍的义务需求。正如克柳切夫斯基所言,莫斯科罗斯是在受到外来危险的威胁之下才从政治上的四分五裂状态走到团结在一个政权之下,因而,莫斯科国政治制度的基础是对所有阶层都只分配义务而不结合权利,"阶层划分的基础是按经济地位分配的国家赋税的差异……阶层划分的依据是国家义务的差异"。[1] 自伊凡三世起,莫斯科国家逐渐变成为沙皇是其绝对统治者的服役国家。无论是最显赫的贵族还是最底层的农民,都应当取决于国家实现自己利益和政策时的要求而履行自己的义务。每一个臣民都有具体的职责来维护和扩大国家的权力和权威,贵族应该在军队和官僚机构里服役,农民应为领主贵族劳作从而给他们提供为国家服务的物质基础。另一方面,君主为完成其所肩负的土地世袭所有者、政治统治者和民族领袖的三重使命,他只有依赖具备军事职能的贵族阶层。然而,在莫斯科罗斯时期,君主所拥有的能够充足支付贵族阶层政治效忠的对价只有土地,土地又只有在劳动力的作用下才能转化为财富。在这种情况下,君主与贵族阶层必然能够达成一致目标,强化对农民的控制以及农民的农奴化成为无可避免的目标。

沙皇作为绝对统治者的服役国家是由为民族生存而斗争的必要性所引起,它经由君主与贵族之间协议确立农奴制而奠定。然而,只有建立一个稳定而强大的中央专制政府才能够在各地贯彻农奴隶属关系。此外,土地贵族还迫切要求通过公法和私法手段来控制农民的逃亡。毋庸置疑,土地领主对劳动力流动的问题关注在很大程度上成为走向绝对主义国家的国内动力。因而,各阶层之间逐渐形成为一种政治—法律强制关系,强制关系不断向上转移而达至中央集权化的顶峰,并导致王权机器的强化。与之相适应,莫斯科公国一方面强化了中央管理机构,组建大批新衙门,它们承担起国家新生活需要中的新任务以及以前由地方处理的大部分行政事务。另一方面,它还废除了地方官员的食邑供养制度,建立了发薪俸的中央财库。此外,俄国的军事体制在伊凡四世时期也完成了两项重大的革新,一方面开始大规模使用重炮和地道炸药来攻占要塞,

---

〔1〕 [俄]克柳切夫斯基:《俄国各阶层史》,徐昌翰译,商务印书馆 1990 年版,第 27 ~ 28 页。

另一方面组建了第一支由毛瑟枪射击手组成的常备陆军。强制性政治机器将农民和市民群众压制在社会等级制度的最底层,它是稳定农奴制的保障,也是对抗外部入侵压力的基本力量保证。总之,行政、军事和财税革新措施都极大地加强了中央集权的沙皇国家的政治权力。

四、结 语

莫斯科公国统一罗斯大地使其地缘形势骤然改变,开始直面东西两方的政治军事压力。从 15 世纪中叶开始,莫斯科公国对军事服役与安全的迫切需求,奠定了绝对主义君主制与阶层制的最初基础。在地缘变迁的压力之下,罗斯社会与国家发生了三方面的变化:其一,贵族的军事服役与土地分配密切联系,使自由贵族逐步演化为军事服役贵族,从而重铸了俄罗斯社会的贵族阶层;其二,大量荒地的存在以及劳动力的稀缺,使君主与贵族相互配合,使整个农民阶层彻底农奴化;其三,与社会结构变化相适应,更是为了应对地缘上的军事—政治压力,整个俄罗斯的行政机构经历了一轮彻底的中央集权化的重铸。因此最终形成了以服役为基础的君主—贵族—农奴这样一种君主执政的阶层国家。

彼得大帝时代,一方面,通过革新募兵制度、贵族土地所有制以及人口登记与人头税制度,莫斯科公国时期延续下来的社会阶层结构进一步明晰与巩固。另一方面,搁置缙绅会议,以枢密院取代大贵族杜马,以正教公会取代都主教,君主逐步取得了先前对其形成压制和约束的各阶层力量的绝对优势。随之,君主执政的阶层国家逐渐变为帝国时期绝对主义的君主专制政权的国家,彼得已经能够公开宣称,"陛下乃专制君主,无须向世人解释其所作所为,身为基督教国之君主,享有自行治理其属下之国家及土地的权力"。[1] 然而,从 15 世纪中叶到 19 世纪中叶的这一历史阶段,上述转折并未改变社会的阶层制基础与结构。无论就君主—贵族—农奴之间存在的服役阶层关系而言,还是就行政机构的官僚化与集权化程度而言,在地缘变迁形势的支配之下,莫斯科罗斯时期的

---

〔1〕 [俄]鲍里斯 · 尼古拉耶维奇 · 米罗诺夫:《俄国社会史》(下卷),张广翔译,山东大学出版社 2006 年版,第 124 页。

大转向事实上已经蕴含了俄罗斯帝国政体的全部基因。一直到 1861 年的农奴解放,这种阶层制结构以及与其紧密联系的专制独裁制政权才稍微遭受质疑和修正,并开始逐步地向自由的、市民制的国家与社会的过渡。[1] 然而,一直到 1917 年开创另一个新世界时,这种过渡也仍未完成。

〔1〕［俄］Н. П. 巴甫洛夫－西利万斯基:《俄国封建主义》,吕和声等译,商务印书馆 1998 年版,第 179～182 页。

国家治理（专题研讨二）

作为一种治理技术的法治评估*

孟　涛**

内容摘要：法治评估是法学的科学性和实践性问题的缩影，最初是一项学术研究事业，后来很快成为一种治理技术。评估者与被评估对象之间是否具有直接的权力支配关系，直接决定了法治评估的具体类型和应用方式。对于学术界和非政府组织而言，法治指数评估是其施展治理效果的主要方式，能够确立法治话语权、通过排序评比提供激励和传导压力，产生间接的权力影响。对于政府而言，法治绩效评估是最佳选择，具有操作简单、影响更直接、控制效果强等优势。这两类评估都以定量评估的形式出现；随着法治的深入发展，定性评估应该得到更多的适用。

关键词：法治评估　治理技术　指数评估　绩效评估　定性评估

法治评估，是一种学术研究事业还是一种“治理术”？估计每一位从事法治评估研究的学者或评估实践的实务人士都会面临这一问题。学术研究与治理技术是不同的：前者旨在发现真理和进行创新，学术成果不一定直接影响实践，后者则要求改变现实、产生效果。笔者从事法治评估研究多年，本来是作为一项学术事业来做，做着做着就发现：把法治评估的学术研究与实践影响完全切割，几乎是不可能的。从事法治评估实务的人士，首先也必须解决法治评估的理论难题，否则是无法将其予以实践的。由此来看，法治评估的“学术性”或“治

---

* 本文系司法部法治建设与法学理论研究部级科研项目“法治文化在依法治国中的功能研究”（17SFB2006）的成果。

** 中国人民大学法学院副教授，法学博士。

理术”似乎是不可分割的。事实上,法治评估的上述问题,既关系着法治评估在学术研究领域的地位,也涉及法治评估在法治建设中的作用,不是一个可有可无的问题,而是一个值得认真对待的法学问题,是法学的“科学性”或“实践性”问题的一个缩影。本文将致力于回应两个问题:法治评估是一种学术研究事业还是一种实践治理技术?法治评估是如何发挥治理作用的?本文的前两个部分,将分别回应上述问题;最后的部分将论及法治评估的其他可能性。

一、法治评估:从学术研究到治理技术

法治评估诞生于20世纪90年代的美国,最初是一项学术研究事业,源于美国企业界、政界和学术界对于国家制度质量的高度关注。〔1〕“二战”之后,国际投资迅速增长,被投资国的政治是否稳定、是否能保障外国投资者的财产、是否具备良好的法律环境等问题,成为跨国企业普遍关注的重要事项。为此,20世纪70年代以来,一些私营企业开始收集、分析有关国家制度的信息,并进行研究,如美国营商环境风险评估公司(BERIS. A.),1972年开始编制营商环境风险情报(Business Environment Risk Intelligence,BERI);美国政治风险服务集团(The PRS Group)公司1980年开始编制国家风险国际指南(International Country Risk Guide,ICRG)。这些事例,是最早出现的、对各国制度质量进行量化评估的试验。〔2〕除了企业发起的研究以外,美国政府也比较关注其他国家的制度状况,组织了一批专家开展相关研究,以实施相应的对外援助项目。在学术界,20世纪60年代兴起的新制度经济学,特别重视产权、契约、法院、国家等法律制度,“法治”被认为是经济发展的必要先决条件。〔3〕推崇定量研究的经济学,需要数据分析来检验法律制度与经济发展的关系。20世纪90年代以后,这类研究开始出现,一些经济学家开始利用数据进行统计分析,以确定法治

〔1〕 Kevin E. Davis, “Legal Indicators: The Power of Quantitative Measures of Law”, *Annu. Rev. Law Soc. Sci* 10, 2014, p. 41.

〔2〕 Katharina Pistor, “Re-construction of Private Indicators for Public Purposes”, in Davis K. E. et al., *Governance by Indicators: Global Power Through Classification and Rankings*, Oxford, Oxford University Press, 2012, p. 167.

〔3〕 Thomas Carothers, “The Rule of Law Revival”, *Foreign Affairs* 77, 1998.

与社会经济发展之间是否存在因果关系。[1] 但是,当时关于法治的数据太少,主要就是 BERI 和 ICRG 数据,这两类数据的很多指标不能直接反映法律制度。从事相关研究的经济学家,不得不开创法治的量化评估研究。

在实务界和学术界的共同努力下,1995 年,美国政府的一个智库——传统基金会(The Heritage Foundation)的经济学家,以亚当·斯密的《国富论》为思想基础,创立"经济自由指数"(Index of Economic Freedom),下设了法治指标,这是迄今为止有据可考的世界上最早出现的法治指数。1996 年,世界银行学院(World Bank Institute)的经济学家丹尼尔·考夫曼(Daniel Kaufmann)等人开发出了影响更大的"全球治理指标"(Worldwide Governance Indicators,WGI,又称 KKZ 指标),里面专设了法治指标。之后,世界银行还开发了其他著名的法治指标,如当前中国政府高度重视的"营商环境"(Ease of Doing Business Index)指标。法治评估,最早以学术研究的方式在国际上出现。

法治评估出现之后,在国际上的影响迅速上升,并且成为法经济学、法社会学研究的热点。除了世界银行之外,其他国际组织也开始研究法治评估,如世界正义工程(The World Justice Project,WJP)、全球廉政(Global Integrity)、贝塔斯曼基金会(Bertelsmann Foundation)、联合国,其中世界银行和世界正义工程的研究影响尤其显著,受到很多国家政府和企业的重视。一些组织机构,如世界银行学院、美国律师协会、世界正义工程、荷兰海牙法律国际化研究所(Hague Institute for the Internationalisation of Law,HIIL)、纽约大学法学院、芝加哥大学法学院、威斯康星大学法学院、哥伦比亚大学法学院成为法治评估研究的重镇。[2] 世界正义工程和荷兰海牙法律国际化研究所联合开展了两年的研究工作,对"法治测量"的理论和方法进行了卓有成效的探讨。[3] 2012 年,世界正义

---

〔1〕 Adam Przeworski and Fernando Limongi, "Political Regimes and Economic Growth", *Journal of Economic Perspectives* 7, 1993, p. 3.

〔2〕 Kevin E. Davis, "What Can The Rule of Law Variable Tell Us About Rule of Law Reforms?", *Michigan Journal of International Law* 26, 2004, pp. 141 - 161; Davis K. E. et al., *Governance by Indicators: Global Power Through Classification and Rankings*, Oxford, Oxford University Press, 2012; Mila Versteeg and Tom Ginsburg, "Measuring the Rule of Law: A Comparison of Indicators", *Law & Social Inquiry* 42, 2017, pp. 100 - 137.

〔3〕 Hague Journal on the Rule of Law, vol. 3 Issue 2, June 2011, pp. 153 - 396.

工程在新加坡组织召开了关于法治测量的国际圆桌会议。[1] 此外,美国得克萨斯大学奥斯汀分校法学院也举办了专门的法治测量会议。[2] 法治评估研究,甚至开始改变传统的法治理论研究风格:两位丹麦学者基于评估研究的方法,对法治的概念界定、测量方式、内在属性和产生原因进行了系统而深入的研究,并且进行了大量的统计分析,令人耳目一新。[3]

中国的法治评估,最初也是作为一项学术研究事业而开展的。20世纪90年代中期,中国人民大学的一些学者就开始研究法律指标,尝试通过法律指标来衡量中国法律制度的发展水平。[4] 2002年之后,一批来自法学界、管理学界、社会学界和实务界的专家学者分别承担了"城市法治环境评价""上海法治建设指标体系""世界城市的法治指标"等课题研究,[5]中国的法治评估研究开始萌芽。此后,学者们开展了更多的研究工作,推出了一系列引人瞩目的研究成果,如香港特别行政区法治指数、余杭法治指数、中国法律发展指标、政府透明度评估、中国法治政府评估报告。如今,中国人民大学、中国社会科学院法学研究所、中国政法大学、中南财经政法大学已经成为中国法治评估的主要研究阵地,每年都通过大规模的社会调查,收集第一手材料和第一手数据,并且以"法治蓝皮书""中国法律发展报告""中国法治政府评估报告"等形式发布研究成果,共同缔造了中国法治评估研究的繁荣局面。

法治评估的学术研究开启之后,很快就转化为治理技术。第一个国际性的法治指标——传统基金会的"经济自由指数"——在国际上影响很大,世界银行和美国政府的两个主要对外援助机构——国际开发署(U. S. Agency for

---

[1] Panel Discussion, "Measuring the Rule of Law", *Sing. J. Legal Stud* 331, 2012, pp. 331 - 356.

[2] University of Texas Law School Conference: Measuring the Rule of Law, accessed December 20, 2019, https://law.utexas.edu/conferences/measuring/about.php.

[3] Jørgen Møller and Svend-Erik Skaaning, *The Rule of Law: Definitions, Measures, Patterns and Causes*, Basingstroke, UK, Palgrave Macmillan, 2014.

[4] 朱景文:《现代西方法社会学》,法律出版社1994年版,第43~45页;朱景文:《测量法治——中国法治指标研究》,法律出版社2018年版,序言,第3~4页。

[5] 相关研究成果,参见城市法治环境评价体系与方法研究课题组:《构建城市法治环境评价指标体系的设想》,载《中国人民公安大学学报》2002年第5期;仇立平:《上海法治建设指标体系的理论和构想》,载《社会》2003年第8期;张志铭等:《世界城市的法治化治理——以纽约市和东京市为参照系》,上海人民出版社2005年版。

International Development, USAID)和千年挑战公司(the Millennium Challenge Corporation)都以该指数作为经济援助的参考,众多跨国公司和投资机构也将其作为投资的参考依据,新加坡、波兰、爱沙尼亚、智利、突尼斯、加纳、墨西哥、新西兰等众多国家将其作为经济政策的重要指南。[1] 蕴含了"法治"指标的世界银行全球治理指标,早已成为世界银行制定援助政策、实施援助项目的重要参考。世界银行的另一个指标"营商环境指标",在全球范围内的影响更是极为显著。如今世界已有很多国家主动接受世界银行的评估、积极对接世界银行的评估指标。法国很早就参照世界银行的营商环境指标,主动对接、接受反馈、修改法律,10 多年来法律制度都发生了很大的变化。[2] 该指标也是迄今为止中国政府主动对接的唯一一个国际指标。参照世界银行营商环境指标而设计的世界正义工程法治指数,目前也正在引起众多国家的关注和对照,影响力正在与日俱增。国际法治评估正在成为国际非政府组织实施"远距离治理"的重要技术。

在中国,法治评估与治理实践的关联更是紧密而直接。学术界发起的法治评估,不少是应政府的委托而开创的,如上海的"法治建设指标体系理论构想"、[3]北京的"法治建设状况综合评价指标体系研究"。[4] 中国的第一个法治指数"余杭法治指数",也是来自浙江杭州市余杭区委的委托,本身就服务于"建设法治余杭"的目标。2008 年之后,一些地方政府开始大力推行法治评估,如四川成都的法治城市创建测评工作、江苏无锡的法治城市创建评估活动、云南昆明的法治指数,以促进当地的法治建设实践。2013 年之后,中央正式把法治评估作为治理的重要方式,2013 年党的十八届三中全会提出"建立科学的法治建设指标体系和考核标准";2014 年党的十八届四中全会提出"把法治建设成效作为衡量各级领导班子和领导干部工作实绩重要内容,纳入政绩考核指标

---

[1] Terry Miller et al., "2019 Index of Economic Freedom: 25th Anniversary Edition", *The Heritage Foundation* 25, 2019, Preface.

[2] Daniel Oto-Peralías and Diego Romero-Ávila, *Legal Traditions, Legal Reforms and Economic Performance: Theory and Evidence*, New York, Springer, 2017.

[3] 仇立平:《上海法治建设指标体系的理论和构想》,载《社会》2003 年第 8 期。

[4] 王称心、蒋立山主编:《现代化法治城市评价——北京市法治建设状况综合评价指标体系研究》,知识产权出版社 2008 年版。

体系”;2019年5月,中央全面依法治国委员会办公室印发了《关于开展法治政府建设示范创建活动的意见》,发布了首个国家级法治政府建设指标体系。法治评估已经成为中国各级政府推动法治建设的主要治理技术。此外,学术界发起的一些法治评估项目,在实践中也产生了极大的治理效果,如中国政法大学法治政府研究院发起的“中国法治政府评估报告”,中国社会科学院法学研究所发起的“透明度指数”评估、“基本解决执行难评估”等一系列评估项目,均对中国的政府治理和司法改革产生了重大影响。

治理的需求导致法治评估在近20年的时间内发展迅猛,涌现出了众多的评估事例。[1] 不过,虽然法治评估事例众多,我们却可以发现一些共同的规律:第一,学术界和非政府组织发起的法治评估,几乎全部采用法治指数的方法,评估的国家或地区的数量往往很多,甚至越来越多,评估之后要进行横向的排名比较,评估结果高度透明、鼓励宣传。第二,不管是中国政府还是美国政府,政府发起或委托的法治评估往往都保持“克制”方式,评估的对象很有限,中国政府评估的对象仅限于本行政管辖区域,绝不会出现一个政府评估其他同级或上级政府的状况;美国政府下属的国际开发署只评估外国法治状况,相关评估事例也很少,而且政府评估的结果也很少披露,比较低调,公开信息极少,外界甚至都不知道,这种局面与学术界和非政府组织的高调形成鲜明对比。第三,在所有各类评估中,定性评估的事例极为罕见,基于指标的量化评估是绝大多数评估者的首选。这些现象是如此明显,以至于我们可以轻易地把法治评估分为两大主要类型:法治指数评估和法治绩效评估——学术界和非政府组织大多选择前者,政府大多选择后者。

在理论上,法治评估的类型没有这么单调。一个完整的法治评估由三个部分构成:评估的主客体、评估的方法、评估的内容。每一部分都可以不一样,都能够产生新的法治评估类型。基于评估主客体的标准,可以把法治评估分为内部评估与外部评估:如果评估的主体与客体之间关系非常密切,属于同一个组织体系内,相互之间经常发生直接的支配影响,那么这种评估可以认定为“内部

---

〔1〕 关于国内外法治评估事例的详细研究,参见孟涛:《法治评估与法治大数据》,法律出版社2020年版。

评估”,反之则是外部评估——评估的主体与客体之间不存在直接的权力支配关系,甚至是没有关系。评估方法大致可分为定性方法和定量方法两类,评估内容也可以分为形式法治和实质法治。以上六个标准组合在一起,理论上可以产生八种法治评估类型。由于评估方法和评估内容的复杂性,理论上还可以产生更多的类型。但是,正如上文指出的,现实中并没有那么多的类型。不少法治评估事例具有很高的同质性。例如,中国政府发起的法治评估几乎都大同小异,国际法治评估看似丰富,但绝大多数以指数形式出现。导致这些情形出现的原因就在于,作为一种学术理论的法治评估,深受作为一种治理技术的法治评估的制约。作为一种治理技术的法治评估,目前已经成为法治评估的一个主要性质。这一性质直接影响了法治评估的具体存在形态和应用方式。下文将分别论述作为一种治理技术的法治评估的两种主要形态——法治指数评估和法治绩效评估,研究它们各自的应用逻辑。

二、法治评估的治理方式

(一)法治指数评估

这一类型的法治评估,在国内外最常出现。国际上除了美国国际开发署的评估,其他都是法治指数评估。国内也出现了很多法治指数,如余杭法治指数、昆明法治指数、透明度指数、司法文明指数。但是,有些法治评估虽然名为法治指数,实质上却是法治绩效评估,如余杭法治指数和昆明法治指数。法治指数评估的特征是:首先,评估者与被评估者之间往往不具有直接的权力支配关系,如学术界和非政府组织发起的法治评估——这是一种独立自主的评估,不包括政府委托的评估;其次,评估方法选择指数方法,指数的建构遵循严格的技术规范要求;最后,评估的法治往往由形式法治和实质法治共同组成,侧重于实质法治。

法治指数评估采取指数的形式来反映法治。所谓指数,是以累加或合并的方式,基于某个概念的若干指标而合成的一个数值。指数最早出现在经济领域,如最常见的 GDP、CPI;政治法律领域的指数出现相对较晚。[1] 指数的建构是标准化的,有一套较为固定的建构逻辑,可以分为概念化、操作化、收集数据、计算数据、统计审查五个步骤。[2] 第一步概念化的目标是确定"对象",界定事物的内涵,用一个定义来概括提炼其具体指涉的各种现象。法治评估首先要对法治进行概念化,将其从抽象理念转化为一个社会科学概念,在客观世界中找到其存在的形式,使其具备测量的可能性。这一步至关重要,直接决定了"法治"评估的后续步骤。

概念化之后,接下来需要分解为各个指标,这一步在社会科学理论中被称为操作化,也就是将概念与一系列测量技术或程序连接起来的过程,使得概念可以通过观察、调查、统计等方法得以测量,最终结果就是各种可以直接进行测量的指标。在理论上,同一个事物的各个指标之间应当具备四种关系:穷尽性、单项性、互斥性和互换性。[3] 穷尽性是指各种指标加总起来,能够涵盖该事物所指涉的所有现象。单项性是指各个指标所指向的都应该是同一事物。例如,法治指数可以包括基本权利、有限的政府权力等指标,如果加进了离婚率、居民人均可支配收入等指标,这就不再是法治了。互斥性是指各个指标之间不能存在相互涵括或重叠的关系。例如,某一犯罪指数,如果包括盗窃罪、走私罪、走私文物罪等不同指标,那就违背了互斥性要求。互换性是指代表各种指标的行为,应该与代表该概念的行为相一致;如果某个国家的法治指数很高,那么该指数各个指标的得分也应该相应较高,两者之间有着很强的正相关性。

指标可以分解为一级指标、二级指标、三级指标乃至四级指标,使指标的指涉事物越来越具体。例如,"立法"可以作为一级指标,分解为"民主立法"和

---

〔1〕 Juan Carlos Botero, Joel Martinez, Alejandro Ponce and Christine Pratt, "The Rule of Law Measurement Revolution: Complementarity between Official Statistics, Qualitative Assessments and Quantitative Indicators of the Rule of Law", in Juan Carlos Botero, Ronald Janse, Sam Muller and Christine Pratt, *Innovations in Rule of Law: A Compilation of Concise Essays*, America and Netherlands, the WJP and the Hiil, 2012, p. 8.

〔2〕 OECD/EC JRC, *Handbook on Constructing Composite Indicators: Methodology and User Guide*, Paris, OECD, 2008.

〔3〕 [美]劳伦斯·纽曼、拉里·克罗伊格:《社会工作研究方法:质性和定量方法的应用》,刘梦译,中国人民大学出版社 2008 年版,第 230 ~ 231 页;[美]艾尔·巴比:《社会研究方法》,邱泽奇译,华夏出版社 2009 年版,第 127 ~ 128、136 ~ 137 页。

"科学立法"两个二级指标,但是这两个指标仍嫌抽象,可以再分解为"公民能够获知立法信息""公民能够参与立法过程""公民的意见能够发挥有效影响"三级指标。不过,即使分了很多级指标,有些最低级的指标仍然不直接对应于现实中的某一类行为,而是需要很多行为事件来反映。例如,对于"警察中立执法"指标,由于警察可以履行各种行为、可以对不同类型的人实施,因此就需要对不同的人调查各种不同的问题事项、从各个不同的角度予以反映。

操作化一旦完成,就可以收集数据了。数据有两种:第一手材料数据和第二手材料数据。法治评估刚刚出现的时候,涉及法治的数据材料非常稀少,评估者不得不亲身收集一手材料。美国传统基金会就借助《华尔街日报》庞大的新闻采集体系来收集相关材料。亲身收集可以通过观察、访谈、问卷等多种方式,是一项非常辛苦的工作。中国人民大学法治评估研究中心每年有三个月以上的时间从事这些调查工作;中国社科院法学所法治国情调研室的同人,甚至一年1/3以上的时间都在调研。收集的材料和数据,往往需要进行处理,以转化为法治指数所要求的数据。对于这些文字材料和原始数据,可以通过量表或标准打分的方法予以量化。此外还有其他一些量化方法,借助统计模型进行处理。例如,世界银行利用不可观测成分模型(Unobserved Components Model),将其收集的各种数据转化为一个指数。[1]

指数的计算,需要分配各个指标的权重、选择适当的计算方法,此外还要处理缺失值和异常值等特殊问题。权重应当反映每一个指标相对于总分的重要程度。统计学与社会学理论均指出:权重的配置,通常采取均等分配的方式,除非有确切的特别说明。[2] 权重的分配有两大类:一是根据理论重要程度的分配,二是根据统计方法,如主成分分析、因子分析、数据包络分析、多元回归模型、层次分析法、德尔菲法。计算方法主要有两种:线性计算法和几何计算法;前者适用于存在互补关系的指标;后者适用于相互之间不可补偿、彼此独立的

---

〔1〕 详细编制方法,参见[美]阿尔恩特、欧曼:《政府治理指标》,杨永恒译,清华大学出版社2007年版,第36~48、93~98页。

〔2〕 Michaela Saisana and Andrea Saltelli, "Rankings and Ratings: Instructions for Use", *Hague Journal on the Rule of Law* 3, 2011, p. 254.

指标。[1] 国际法治指数的计算,除了世界治理指数(World Governance Indicators,WGI)以外,均采取线性计算法。此外,对于缺失值,可以用无条件均值代替,后者是同一指标或下级指标其他变量的均值。[2] 对于异常值,可以将其剔除,或者使用均值或其他统计量取代,使用稳健模型加以修饰;等等。

指数算出之后,并不是万事大吉了,还需要进行统计审查,合格了才可以公开。如果是抽样调查获得的指数,还需要提供抽样误差。法治指数的统计审查,至少包括四个方面:信度、效度、一致性、稳健性。[3] 世界正义工程法治指数在公布之前,均要进行统计审查。这些审查往往被中国法学界和政府所忽视,最近几年才有所改变,中国人民大学的法治指数、中国政法大学的司法文明指数都提供了信度和效度的审查结果。

学术界和非政府组织之所以倾向于法治指数评估,主要原因在于指数方法拥有间接的、巨大的治理效能。指数具有三个明显的治理优势,分别如下:

第一,指数实质上是一种以数字形式表现的话语,是复杂现象的数字表示。制定指数就是制造一种话语,并且,指数与文字相比更为直观、简洁、明确、易于传播,掌握了一种指数就能掌握某一个领域的话语权,如世界银行的营商环境指数对于全球商事制度的影响、透明国际对于国际反腐败领域的影响。指数的这种影响力和传播力,是任何文字表述都无法企及的。

第二,指数方法可以排名和比较,而且是一种精确的定序比较。数字之间最大的特点就是可以换算计算,不管某些国家或地区的情况有多么特殊、相互之间有多么隔绝,只要能够量化为数字,就具备了"相提并论"的可能性。相比之下,文字显然不如数字可通约。指数的这种评比功能,可以人为地制造出各种锦标赛机制,对被评估者产生压力或激励,使其围绕指标而展开竞争。

第三,指数建构的程序严谨、科学规范、可以检验,公信力更强。从上述介绍可见,指数的建构本质上是一种数学方法的应用,具备了数学方法的客观性、

---

〔1〕 Michaela Saisana and Andrea Saltelli, "Rankings and Ratings: Instructions for Use", Hague J. Rule Law 3, 2011, pp. 255 – 256.

〔2〕 Juan C. Botero and Alejandro Ponce, "Measuring the Rule of Law", *The World Justice Project-Working Papers Series* No. 001, 2011, p. 21.

〔3〕 详细介绍和具体应用,参见孟涛、江照:《中国法治评估的再评估——以余杭法治指数和全国法治政府评估为样本》,载《江苏行政学院学报》2017 年第 4 期。

规范性和准确性,“放之四海而皆准”。即使某一指数可能出错、不符合实际,也可以通过统计审查进行纠正。指数建构需要掌握特定的专业知识,这恰恰是学术界和非政府组织相对于政府的优势,也是学术界和非政府组织获得公信力的重要保障。

总之,对于不掌握公权力的学术界和非政府组织而言,法治指数评估几乎是其发挥治理效果的最佳手段。评估的对象越多,指数的影响力越大,所以法治指数评估天然具有扩张的冲动,与法治绩效评估的克制性形成鲜明对比。法治指数评估的治理也存在一定的危险性。例如,如果某个指数建构所依赖的价值观或理论存在问题,这类指数的评估会产生严重的误导作用。法治指数评估的治理成本也比较高,且不说指数的建构本身需要很高的技术知识,数据的收集就需要巨大的人力和财力,指数建构的步骤较多、环环相扣,任何一个环节出问题,都会导致整个指数的“失真”,削弱其公信力。所以,法治指数评估的应用其实要求很高、应该慎重。

(二)法治绩效评估

如果评估者与被评估者之间有着直接的权力支配关系,这种评估则是最佳选择。原因主要有两个:首先,这类评估所依赖的绩效评估方法,技术难度远远小于指数评估,政府对于绩效评估的应用早已“炉火纯青”。对于法学界而言,法治评估是一项全新的课题,没有现成可用的法学方法,在这种背景下,绩效评估就被一些法学界的研究所采用。例如,北京市法治建设状况综合评价指标体系课题组借鉴了中国人事科学研究院的政府绩效评估方法。[1] 其次,政府之所以倾向于选择绩效评估而不是指数评估的另一个原因,在于政府评估的对象非常有限,仅限于本行政区域,也就是评估者所能管理到的区域。评估其他行政区域,对于政府而言毫无必要,因为政府并不能从中获得直接的收益,纳税人也未必同意政府“乱花钱”。评估的对象越少,指数的排序评比功能越无法得到发挥,指数的适用余地也越小。

绩效评估方法最早源于企业管理,后来被用于公共管理。所谓绩效,有着

---

〔1〕 王称心、蒋立山主编:《现代化法治城市评价——北京市法治建设状况综合评价指标体系研究》,知识产权出版社 2008 年版,第 78 ~ 79 页。

客观和主观的双重表现,前者可以是某种经济效益、犯罪率等客观结果;后者比较单一:由于政府管理的最终目标是让公民满意,因而满意度往往就是主观绩效的唯一表现。绩效评估方法众多,包括平衡计分卡、标杆管理法、目标管理法、关键事件法、排序法、行为观察评价法、行为锚定评价法、360 度绩效评估法等。至于具体的考评方法,更是五花八门,有调查统计、文献审查、考察调研、述职打分等方式。与更为标准化、更加严谨统一的指数方法相比,绩效评估的方法灵活多样、容易适用。

绩效评估可以量化,我国政府尤其青睐这种方式。绩效的量化方式,主要是统计调查和打分。调查统计一般用于“群众满意度调查”,这个在中国目前比较常见。打分的方式可以有很多,最常见的是根据特定的目标或标准进行打分,包括规定青少年违法犯罪率控制在 1% 以内、党委政府法律顾问的覆盖率在 85% 以上、不发生重大安全责任事故等。再根据此目标进行打分,如青少年违法犯罪率每超过一个百分点就扣 1 分,发生一起重大安全责任事故扣 5 分;等等。最后通过线性计算法,算出法治评估总分。打分的方法同样面临着权重设置的难题。对此,我国有三种通行的解决方法。第一种是通过设置目标总分、变相赋予每一项指标以权重。例如,2014 年中国政法大学“全国法治政府评估项目”下设 7 个指标,满分 300 分,各个指标的总分分别是 65 分、60 分、40 分、40 分、45 分、20 分和 30 分,相关的权重分别是 0.217、0.2、0.133、0.133、0.15、0.067、0.1。第二种方法没有给各个指标设定总分,而是采取德尔菲法、层次分析法来设置权重,其中德尔菲法由于较易实施而在多个地方得以采行,如余杭等地。第三种方法,是径行为各个指标设置权重。例如,昆明市法治指数共有 13 个二级指标,权重有 3、4、5、6、7、8、10、23 等。[1]

法治绩效评估所针对的法治,主要以形式法治为主,特别是各种公权力的运作行为,如立法行为、执法行为、司法行为、监督行为。法治指数评估之所以侧重实质法治,一个重要原因就是民意调查容易开展;对于学术界和非政府组织而言,如果政府信息不够透明,又无法取得政府的配合,他们是很难对公权力

〔1〕 周尚君、彭浩:《可量化的正义:地方法治指数评估体系研究报告》,载《法学评论》2014 年第 2 期。

的运作过程进行评价的,只能评估公权力对人民的影响结果——人民的权利、尊严是否得到充分保障。这就是法治绩效评估和法治指数评估分别侧重形式法治和实质法治的原因。

法治绩效评估的治理,主要有两个优势。第一个优势是绩效评估可以更为充分地贯彻上级政府的意图或目标、控制下级政府的行为,驱使或鞭策其工作部门和下级机构履行相关职能、完成预定目标。为了实现更大的控制,法治绩效评估的指标往往数量繁多,动辄就是几百个。这与法治指数评估的指标数量较少形成鲜明对比。法治绩效评估的这种做法,似乎违反了指标的本来功能,指标的精髓在于"一叶知秋",从一个个别的迹象就能看出整体的状况。但是,基于法治绩效评估的控制逻辑,此类评估的指标必然是越多越好、越全越好,最好是能够捕捉每一个工作细节,只有这样才能充分实现控制效果。[1]

第二个优势在于"短平快"。政府使用绩效评估很多年,非常熟练,可以立即用于法治评估,评估结果具有直接影响力。例如,广东省的法治政府评估,评估得分低于60分者,予以通报批评并公示,评估结果作为被考评对象责任人职务任免、职级升降、交流培训、奖励惩处的重要依据。[2] 这是学术界和非政府组织发起的法治评估无法具有的优势。法治绩效评估可以很快推动法治建设,最明显的事例就是我国政府开展的营商环境评估,使得我国营商环境在世界银行上的排名,从2017年的第78位上升到2019年的第31位,两年之内位次就跃升了47位,这也是举世罕见的,彰显了法治绩效评估的强大威力。

法治绩效评估的劣势也很明显:由于绩效评估方法相对比较简单,评估结果的科学性和公信力会受到影响;法治绩效评估往往局限于某一个地方,缺乏横向的可比性和激励性,不利于法治建设经验的推广;法治绩效评估往往会加重下级的负担,让下级政府苦不堪言,被迫采取各种抵制政策,影响绩效评估效果的长期实现。总之,法治绩效评估比较适合于地方性的项目和"短平快"的项目,法治指数评估更适合于大范围、长时期的评估工程。

---

〔1〕 周志忍:《我国政府绩效评估需要思考的几个问题》,载《行政管理改革》2011年第4期。

〔2〕 国家行政学院课题组:《法治政府指标体系与作用》,载《中共天津市委党校学报》2014年第2期。

三、余　　论

作为一种治理技术的法治评估,深刻地决定了法治评估在实践中的类型和方法。就学术价值而言,法治指数评估更为科学严谨,能够为知识增量和学术积累作出更大贡献;就实践价值而言,法治绩效评估无疑是首选。如果法治指数评估与法治绩效评估能够有机结合,法治评估的治理优势将发挥到极致。目前已经有了这样一个事例:世界银行的营商环境指数与中国政府的营商环境评估,前者提供国际化的评估标准和激励机制,后者结合本国的国情、细化世界银行的营商环境指标、以绩效评估的方式强力推动,结果就是短短时间内中国营商环境的飞速进步。这一宝贵的治理经验,值得在其他领域进行推广。

法治指数评估和法治绩效评估都是量化形式的评估,我们也不应忽视法治的定性评估。对于法治这样天生带有价值理念的事物,定性评估事实上是最为合适的。法治定性评估,就是基于法治的价值追求、结合各种事实情况、评判某个国家或地区符合法治价值的程度。一旦确定了法治的价值追求,指标的设置可有可无。此类评估的潜力非常大,应用空间无限:不管是学术界还是政府,都可以选择定性评估的方式;不论是形式法治,还是实质法治,都可以与定性评估水乳交融;定性评估能够充分展示法治的细节、揭示更深层次的法治状况,这恰恰是数字容易遗漏的。当前法治定性评估之所以运用较少,主要原因在于这类评估需要投入更多的人力财力和时间成本。未来随着法治的深入推进,法治定性评估应该得到更多的适用。

从社会共同体到社会治理共同体的法治路径

——以基层群众性自治组织为中心

张青波*

内容摘要：在社会转型的背景下，建设社会治理共同体，应实现社会共同体的法治。就居民委员会和村民委员会等基层群众性自治组织而言，其法治所面临的困境一是基层政府的影响，二是内部治理制度的欠缺。结合系统理论，社会共同体所制定的社会规范也不失为法，应在社会宪治的视角下保障社会共同体的自治并优化社会规范的程序法治。据此，首先应以立法明确社会共同体对基层政府所负的义务范围，引入对共同体适度自治的司法保障，改变致使自治组织行政化的机理；其次要改进社会规范的制定程序，加强社会共同体内部的民主监督，拓宽对共同体权力的救济渠道。

关键词：社会共同体　社会治理共同体　基层群众性自治　法治　社会宪治

一、导　　言

社会共同体是连接国家和个人的纽带和桥梁，社会只有通过结构化、组织化的过程，将无数原子化的个体编织起来，才有可能有序运行。社会共同体在公共权力和个体权利之间创建了一个沟通渠道和缓冲地带，起到化解社会矛盾和冲突、有效监督和制约公共权力的作用。此外，社会共同体也能消解个人权利的不当主张，有效增强公民的自律，以社会的自主性成长实现对国家某些功

---

* 中南财经政法大学副教授，法学博士。

能的替代,形成政府与民间“共同治理”的格局。[1]

在我国社会转型的背景下,计划经济体制下协调利益、解决纷争的农村人民公社和城市全能型单位逐渐瓦解,但新的社会共同体尚未及时建立起来或者未能妥善发挥整合作用。随着整个社会流动性的加剧,越来越多的个体脱逸于传统社会共同体的管控与照顾,却未能被置入新的社会共同体之中,政府不得不直接对众多孤立的个人实施管理,无形中大大增加了管理的难度和行政的成本。一盘散沙般的个人单凭自己的力量难以应对复杂而又充满风险的世界,但他们早已失去了传统社会共同体温情脉脉的慰藉,也没有组织化的适当渠道表达自身的合理诉求,更不能享受到社会组织及时的关怀和服务。传统上公民对政治权威的认同和崇拜导致很多人在遇到困难时惯于求助政府。然而,政府的治理目标过于庞大,又缺乏高效的治理技术,总有应付不完的紧迫问题,[2]因此政府并不总能作出充分回应。在权利意识高涨的当下,部分认为自身合理要求未得到政府满足的人倾向于以反复纠缠的手段向政府施加压力,甚至采取过激手段以博取公众同情,导致社会控制的成本不断攀高。同时,传统的道德谴责和舆论制约在更新变化迅速的陌生人环境中开始失灵,整个社会的道德急剧滑坡,更是将社会推向了无序的险境。[3]

为此,中共中央《关于坚持和完善中国特色社会主义制度 推进国家治理体系和治理能力现代化若干重大问题的决定》(以下简称《决定》)提出:“完善党委领导、政府负责、民主协商、社会协同、公众参与、法治保障、科技支撑的社会治理体系,建设人人有责、人人尽责、人人享有的社会治理共同体”,体现出党对以人民为中心发展理念的全面贯彻和对社会转型治理规律的自觉把握。如果说只有符合法治理念、法治思维、法治规范的社会共同体才能妥善化解各种社会矛盾、适足回应个人关切需要、有效弥补国家治理不足,那么,实现社会共同体的法治,就要求经由相关法律制度的适度改革,推动社会共同体的规范化、建制化、法律化,形成共同体内部共建、共治、共享的治理格局,从而将社会共同体转化为社会治理共同体。因而,建设社会治理共同体,就必须审视社会共同

[1] 洪波:《“个体—共同体”关系的变迁与社会治理模式的创新》,载《浙江学刊》2018年第2期。
[2] 应星:《作为特殊行政救济的信访救济》,载《法学研究》2004年第3期。
[3] 洪波:《“个体—共同体”关系的变迁与社会治理模式的创新》,载《浙江学刊》2018年第2期。

体的法治路径。揆诸现实,现阶段可能发挥治理功能的社会共同体主要包括人民团体、居民委员会(以下简称居委会)和村民委员会(以下简称村委会)等基层群众性自治组织、各类已依法登记或者未登记的社会团体、各类企事业单位。限于篇幅,本文集中讨论以居委会和村委会为代表的基层群众性自治组织。

二、内外交困:社会共同体法治的困境

(一)基层政府的影响

就外部而言,社会共同体受到部分基层政府的过度影响,由此导致其欠缺自主地位,缺乏自治活力,对社会事务的治理功能不彰。如果各种社会部门被政治捆绑得太紧,虽会在短期内获得对各种社会力量的特殊性动员效果,长期的代价却是高度僵化、缺乏适应性,以及丧失社会创造力。[1] 对基层政府的依附不仅导致社会共同体依循政治逻辑运转,不能发挥独特的治理功能,而且也让基层政府一方面承载愈形吃重的负担和风险,另一方面却只能产出不高的治理成效。

就居委会和村委会而言,居委会、村委会受到部分区县、街道和乡镇过度影响,难以妥善处理自治事务。目前在城市社区运行和管理中,存在一些街道办事处干涉居民自治权的倾向。社区居委会承接了过多来自区县或者街道政府的行政职能,繁重的行政事务在一定程度上把居委会变成了街道事实上的下属机构,社区行政化倾向严重,居委会原本的自治功能日益萎缩。[2] 当前推进的

---

〔1〕 [德]贡塔·托依布纳:《宪法的碎片:全球社会宪治》,陆宇峰译,中央编译出版社 2016 年版,第 27~28 页。

〔2〕 郑杭生、黄家亮:《论我国社区治理的双重困境与创新之维》,载《东岳论丛》2012 年第 1 期;徐勇、贺磊:《培育自治:居民自治有效实现形式探索》,载《东南学术》2014 年第 5 期;朱耀垠:《走出基层社会治理困境,需要构建社区共同体》,载《团结》2016 年第 5 期;朱胜进:《城市社区工作者队伍建设的现状调研》,载《浙江社会科学》2011 年第 10 期;田毅鹏、薛文龙:《城市管理"网格化"模式与社区自治关系刍议》,载《学海》2012 年第 3 期;史云贵:《当前我国城市社区治理的现状、问题与若干思考》,载《上海行政学院学报》2013 年第 2 期。

城市网格化管理,也是社区行政化的典型代表。[1] 而农村"两委"也存在一些半行政化的情况,行政村要承担各类政务和服务工作,村委会的工作重心在行政事务上,发展村庄公益事业和集体经济等职能被削弱,[2]最终导致村委会与乡镇政府的关系走向依附与对抗的两个相反的方向,乡政与村治的合流占据主导。[3] 名义上作为村民自治组织的村委会,实际上在部分程度上却沦为乡镇政府的手脚和工具,一定的行政化倾向妨碍了自治功能的发挥。[4]

缺乏明确的法律规定和可操作的规范机制,是社会共同体的自治受限的一大原因。学者统计有37部国家法律法规提出了居委会应该担负的协助责任,这都成为居委会承接各种政府事务的依据。但对协助的边界、范围、程度、方式的表述非常原则,为基层政府向下卸载管理事务留下很大的弹性空间。[5] 再如《村民委员会组织法》(以下简称《村委会组织法》)第5条第1款、《居民委员会组织法》(以下简称《居委会组织法》)第2条第2款均规定基层政府对村委会、居委会的工作给予指导、支持和帮助,但这与不当影响之间的界限并不清晰。国家层面的立法不够清晰,导致很多下位阶的立法和规定难以符合村委会的功能定位。众多规章和其他规范性文件将村委会的性质模糊定义为地方政府的下属机构,甚至课予村委会各种行政管理的职责和义务,以服务于政府及其工作部门的需要,更是影响村委会的自治功能。[6]

可见,在社会共同体与政府的关系上,必须精确划定并严格保护社会共同体的自治权限和治理空间,防止基层政府越俎代庖、不适当干预,避免社会共同体沦为政治权力的附庸,难以自主有效地回应其成员的需要。

---

〔1〕 徐永祥、曹国慧:《"三社联动"的历史实践与概念辨析》,载《云南师范大学学报》(哲学社会科学版)2016年第2期;朱仁显、邬文英:《从网格管理到合作共治——转型期我国社区治理模式路径演进分析》,载《厦门大学学报》(哲学社会科学版)2014年第1期;陈荣卓、肖丹丹:《从网格化管理到网络化治理——城市社区网格化管理的实践、发展与走向》,载《社会主义研究》2015年第4期。

〔2〕 罗万纯:《村民自治进展及制度完善》,载《农村经济》2016年第11期。

〔3〕 王勇:《村民自治40年:基层治理法治化变迁的学理分析》,载《社会科学战线》2018年第9期。

〔4〕 房正宏:《村民自治的困境与现实路径》,载《华中师范大学学报》(人文社会科学版)2011年第5期。

〔5〕 孙柏瑛:《城市社区居委会"去行政化"何以可能?》,载《南京社会科学》2016年第7期。

〔6〕 胡皓然:《我国村民自治制度的检视与构建》,载《学术界》2016年第7期。

(二)内部的治理制度欠缺

社会共同体内部治理制度有欠完备,严重限制了自治功能的发挥。学者对社会共同体多注重其与政府的协商共治,主张社会组织、企业、社区同个人一起参与政府政策形成或公共决定的作出。[1] 然而,按照《宪法》第 111 条第 2 款、《居委会组织法》第 3 条、《村委会组织法》第 2 条第 2 款规定,向政府反映居民或村民的意见、要求、建议只是居委会、村委会职责的一种。社会共同体的主要作用并不限于和政府协商,还要发挥多重治理功能,回应共同体成员在资源共享、利益分配、负担分摊等方面的现实需要。此外,正是通过其功能的适当发挥,社会共同体才能凝聚、过滤、提炼、整合其成员的意见、诉求,避免政府在与社会协商时直接面对原子化的个人,提高协商的效率和达成共识的可能性。因而,确保社会共同体内部决策机制的正当、理顺共同体与其成员乃至其他社会组织之间的关系才能让社会共同体民主商议、公平行事、审慎用权、有所为又有所不为,实现共建、共治、共享。

当前,村委会的选举能够依法进行,选举的直接、公平和公开竞争等原则得到了较好执行,村委会获得了代表村民的合法性,为村庄的民主自治奠定了认同基础。[2] 相比之下,城市社区选举一直处于严重的参与不足之尴尬境地。[3] 不过,村民自治中民主选举虽然发展较快,但民主决策、民主管理、民主监督发展滞后是比较突出的问题,[4] 村民难以对村委会进行有效监督,是农村腐败现象存在的根本原因。[5] 由于农村青壮年劳动力离乡,村民会议或村民代表会议召开的难度加大,而且《村委会组织法》虽然规定了村民会议或村民代表会议听取报告、设立村务监督机构,以及通过村务公开制度、民主评议等形式对村委会进行监督,但由于信息渠道不畅、村民对村务缺乏关注等原因导

---

〔1〕 费广胜:《治理共同体:城市社会治理创新的路向选择——以碎片化治理为视角》,载《内蒙古大学学报》(哲学社会科学版)2018 年第 6 期;公维友、刘云:《当代中国政府主导下的社会治理共同体建构理路探析》,载《山东大学学报》(哲学社会科学版)2014 年第 3 期。

〔2〕 叶静怡、韩佳伟:《村民自治的现状与问题》,载《学习与探索》2017 年第 9 期。

〔3〕 田毅鹏、薛文龙:《城市管理"网格化"模式与社区自治关系刍议》,载《学海》2012 年第 3 期。

〔4〕 罗万纯:《村民自治进展及制度完善》,载《农村经济》2016 年第 11 期。

〔5〕 赵秀玲:《"微自治"与中国基层民主治理》,载《政治学研究》2014 年第 5 期。

致监督的实施情况并不理想。[1] 而城市社区也面临社区治理结构不尽合理、社区治理的规章制度并不规范等方面的困境。[2] 因而,必须在共同体的选举之外关注治理的制度保障。

三、宪治和法治:社会共同体的法理分析

针对上述问题,有必要完善社会共同体的相关法律制度,尽可能地实现社会自治、发挥社会共同体的治理功能。为此要明确社会共同体的法律性质和法理定位,以收纲举目张、执本末从之效。

(一)系统理论视角下的社会宪治

按照系统理论,现代社会已经分化为政治、经济、法律、科学等不同子系统,各自奉行不同的二值符码(如有权/无权、支付/不支付、合法/非法、真/非真)运作(其基本形式是信息沟通)。各系统在运作上封闭,即为了生成自己的运作而依赖于自己运作的网络、进行自我复制。[3] 换言之,系统相互之间进行着信息沟通,但是各系统即便要分辨、处理来自其他系统的信息,也要依其自身的二值符码而行。借助自己特有的区分来掌握信息,系统才能使得复杂性的建立与化约成为可能。[4] 社会的法律系统由所有通过关涉法而表述出来的社会沟通组成,[5] 某个沟通是否属于法律系统,取决于其是否运用法的符码、以合法/非法进行归序。[6] 承认社会共同体应当依法自治,社会共同体内部就充斥着大量属于法律系统的行动。这里的法律系统并不仅限于涉及国家法规范的沟通,比如,市民社会组织所制定的大量管理规则,对于组织内部的人员实际上就具有

---

〔1〕 叶静怡、韩佳伟:《村民自治的现状与问题》,载《学习与探索》2017 年第 9 期。

〔2〕 史云贵:《当前我国城市社区治理的现状、问题与若干思考》,载《上海行政学院学报》2013 年第 2 期。

〔3〕 Niklas Luhmann, Das Recht der Gesellschaft, Frankfurt/M 1995, S. 44.

〔4〕 [德]尼克拉斯 · 鲁曼:《生态沟通:现代社会能应付生态危害吗?》,汤志杰、鲁贵显译,台北,桂冠图书股份有限公司 2001 年版,第 32 页。

〔5〕 Niklas Luhmann, Ausdifferenzierung des Rechts, Frankfurt/M 1981, S. 35.

〔6〕 Niklas Luhmann, Das Recht der Gesellschaft, Frankfurt/M 1995, S. 44.

准法律的效力。[1]

对共同体内的行为越轨者,自治章程、村规民约、居民(市民)公约、管理规约(业主公约)等社会规范虽然不能设定国家法意义上的处罚和制裁,但可通过规定批评教育、具结悔过、责令恢复原状或赔偿、取消荣誉评选资格、取消相关福利或优惠、不良档案记录、公示等消极后果发挥规制作用。对于人格尊严、政治权利、生命健康、人身自由以外的权利,共同体成员亦有权自为处分,认可共同体施以限制,如认可数额较小的违约金。[2] 而民政部、中央组织部、中央政法委、中央文明办、司法部、农业农村部、全国妇联《关于做好村规民约和居民公约工作的指导意见》(以下简称《指导意见》)也提出,村规民约、居民公约应规范日常行为、维护公共秩序、保障群众权益、调解群众纠纷、引导民风民俗,对违反的情形,设置惩戒措施。但是,村规民约的内容未必一定要涵盖上述所有事项,而是应当结合实际情况,针对突出问题,明确具体措施,才能有效发挥作用。[3] 由此,法治社会就是由国家法律和社会自生规则共同缔造良好秩序的社会状态,以社会组织为主要主体的社会自治是其存在和运行的主要机理。[4] 按照《居委会组织法》第15条第2款、《村委会组织法》第27条第2款规定,社会共同体所制定的社会规范、所作出的各种决定均不得抵触国家法规范,故此社会规范系统虽非国家法规范体系的固有成分,但仍从属于国家法。若能摒弃法必须依附于国家的观念,只要人们在社会共同体内部的行为缘(广义)法而行或以(广义)法为据,这些行为或者说信息的沟通就都属于法律系统,[5] 可以根据法律系统的机理分析判断。

---

〔1〕 高鸿钧:《现代法治的出路》,清华大学出版社2003年版,第300页。

〔2〕 陈寒非、高其才:《乡规民约在乡村治理中的积极作用实证研究》,载《清华法学》2018年第1期。

〔3〕 周铁涛:《村规民约的当代形态及其乡村治理功能》,载《湖南农业大学学报》(社会科学版)2017年第1期。

〔4〕 庞正:《法治社会和社会治理:理论定位与关系厘清》,载《江海学刊》2019年第5期。

〔5〕 将社会共同体内部依循社会规范展开的信息沟通纳入法律系统,并不意味着社会共同体完全属于法律系统。实际上,社会共同体并非功能分化的专门系统,其肩负的任务较为庞杂,不能单纯以一种二元化的符码判断其内部产生的各种沟通。社会共同体不应完全被纳入政治、经济或法律系统,在整体上沦为任一系统的神经末梢,否则,社会共同体所肩负的综合治理任务势必被单调化为一种政治、经济或法律系统的逻辑,造成其处理问题的视域窄化,难以全面履行治理任务、发挥综合治理成效。

进言之,作为社会之整合性子系统的社会共同体,其最普遍的形式是产生规范系统。[1] 社会共同体所制定的各类规范和作出的各种决定,属于社会的自我规制,这些活动必然涉及规范与规制的组织、范围、权限、程序等元法律问题,涉及国家宪法以外的社会宪治问题。如学者所言,自治章程和村规民约不仅是"规则之治"意义上重要的村民自治工具,而且是使村民自治成为国家秩序统一与有效治理的载体,因而被称为乡村治理的"小宪法"。其不仅能够作为村委会、村集体经济组织和村民据以调整相互关系的准则,而且也成为行政机关、法院处理相关争议的规范。[2] 如果说所有社会领域的角度都提出了宪法问题、全社会子系统都面临宪法性的自我限制问题,[3] 那么,社会共同体同样面临社会宪治的问题。准此而言,如果排除以国家为中心的宪法概念,就会看到没有国家之制宪过程的现实可能:社会子系统中任何的法之形成,总是预设并在其实施中构成其自有宪法的初步要素。子系统的制宪过程既要释放系统的潜在动力,又要构成系统的自我限制机制,防止其扩张危及功能分化。[4] 要言之,对社会共同体,思考其社会宪治规范,既要着眼于能够充分赋权,确保共同体能够充分立法以调适自治活动,发挥治理功能;又要施加适度限制,防止自治过分扩张,危及社会其他领域。

对照前文所列的现实问题,社会共同体的主要问题在于自治赋权有所欠缺,导致未充分发挥自治功能。首先,外部政治系统的过度影响导致自治受阻。系统基于二值符码的运作一方面在系统内部稳定了它的意义界限,让系统的观察和描述成为可能;但另一方面必然导致系统的运作基于一种盲点,系统作为现实所观察到的,并非现实本身,不过是根据系统内在符码呈现为现实的东西,

---

〔1〕 Vgl. Talcott Parsons, Das System Moderner Gesellschaft, Muenchen 1972, S. 21.

〔2〕 胡若溟:《国家法与村民自治规范的冲突与调适》,载《社会主义研究》2018 年第 3 期。

〔3〕 [德]贡塔 · 托依布纳:《宪法的碎片:全球社会宪治》,陆宇峰译,中央编译出版社 2016 年版,第 4、103 页。

〔4〕 Gunther Teubner, Globale Zivilverfassungen: Alternative zur Staatszentrierten Verfassungstheorie, Zeitschrift fuer Auslaendische Oeffentliches Recht und Voelkerrecht 63, 2003, SS. 4, 7, 9;参见[德]贡塔 · 托依布纳:《宪法的碎片:全球社会宪治》,陆宇峰译,中央编译出版社 2016 年版,第 88 ~ 104、153 ~ 174 页;陆宇峰:《系统论宪法学新思维的七个命题》,载《中国法学》2019 年第 1 期;李忠夏:《法治国的宪法内涵——迈向功能分化社会的宪法观》,载《法学研究》2017 年第 2 期。

所有其他的信息沟通和所有其他的事件都被视若无睹。〔1〕政治系统的二元符码是有权/无权,在政治系统,基层政府只会对更有权力的上级政府所关注的事项或指标,如社会稳定、经济增长,作出回应,以满足政绩考核上的需要,不会按照共同体平衡协调,导致自治权力未能按照法律逻辑运转,而是屈从于其他系统的理性。其次,内部制度结构的局限制约了自治的顺畅开展。一些社会共同体受到内部能人、社区干部、强势宗族的操纵,表明社会宪治规范未能确保共同体对自治权力的稳定行使,以致自治权力不能按照法律逻辑运转,而是屈从于经济盈利、政治服从、家族亲情等其他系统的理性,共同体自然难以发挥其独特的治理功能。面对乡村自治规范中抵制现代法的家庭逻辑,有学者认为本应由基层政权进行强力驯化,但也承认基层政权由于偏重治理绩效而倾向于尊重乡村逻辑,基层法院则没有介入依据并受制于结案率的考核指标而乐意认可,而上级政府更是无法有效监督基层政权。以上三点的交互作用,使得乡村治理领域中出现了正式制度实施主体偏好非正式制度的治理逻辑,进而引发了"自治性"优于"规范性"的法律援引逻辑。〔2〕可见,共同体治理功能的发挥,不能依恃于代表国家的基层政府进行干预。社会共同体制度建设中更为关键的是要将重心下移,明确社会共同体负责的事务范围,并推进共同体自身决策制度的建设,才能充分发挥社会规范在社会治理中的积极作用。

(二)社会共同体的程序法治

鉴于此,必须重构社会共同体的"宪法"规范,确保其自我规制达成妥适自治。这种规范,并不一定须由社会共同体自我立法,也包括国家法规范在内容上对自我立法的限制。如按照《村委会组织法》第 27 条之规定,村民自治章程、村规民约以及村民会议或者村民代表会议的决定不得抵触宪法、法律、法规和国家政策,不得侵犯村民的人身权利、民主权利和合法财产权利,否则由乡镇政府责令改正。但国家立法者不可能比社会共同体的成员更了解他们所面临的实际情况和需要提出的应对方案,尤其是我国发展不平衡、各地差异大,全国性的立法必须为各地不同实践预留充分空间,因而对社会共同体的事务,除了在

〔1〕 Vgl. Thomas Vesting, Rechtstheorie, Muenchen 2015, SS. 8, 71, 78.

〔2〕 胡若溟:《国家法与村民自治规范的冲突与调适》,载《社会主义研究》2018 年第 3 期。

内容上设置自治界限外,国家法便不宜直接作出实体上的决定。过多过细的规定和限制,事实上就已经损害了村民自治的权利。[1] 而在国家法试图巨细靡遗地规范自治时,也可能不合现实、窒碍难行。例如,基层政府直接提供乡规民约范本,其辖区内众多同质化的乡规民约在现实中作用并不明显。[2]

毋宁说,对于社会共同体,国家立法应当侧重于程序上的调控规制,制定适当的提案、审议、表决、执行、监督、救济等方面的程序规则,确保社会共同体在运行程序上的公正透明,从而让不同共同体根据国家层面以宪法为核心的基本法律,在协商的基础上形成符合自己真实需要的法。[3] 这种依据国家法和社会交往原则而构建出的符合时代要求、民众认可的行为规范体系,将形成自治的价值和规范基础,[4] 促使社会共同体循法而治,作出各种妥当可行的具体决定。

遵循社会宪治的理论,就无须将基本的社会—政治问题置于政治系统,而是可以另行架构各种社会制度的民主程序,增加社会中的“政治”争论场所和决策场所。[5] 由此,既可利用民间规范的补充,促进立法自身的发展,[6] 又可避免过度负荷的政治系统对社会不切实际地发号施令,实现对社会问题的民主商谈、妥善回应和高效解决。

申言之,政治系统再不宜垄断商谈的开展,再不能为共同生活给出普遍约束的详细内容标准并强制输出到其他系统中去,而是要在承认商谈在任何时候、在社会的任何地方都可进行的前提下,输入最适宜于解答相关问题的系统所给出的实质决定。在此,是否应输入这类决定的标准正是程序理性的规则,以保障社会正当生产法的条件。因而,立法者可以将其自身不能以普遍、确定

---

[1] 彭大鹏:《村民自治已经没有意义了吗?》,载《理论与改革》2011 年第 1 期。

[2] 陈寒非、高其才:《乡规民约在乡村治理中的积极作用实证研究》,载《清华法学》2018 年第 1 期。

[3] 高鸿钧:《现代法治的出路》,清华大学出版社 2003 年版,第 321 页。

[4] 胡鹏辉、高继波:《新乡贤:内涵、作用与偏误规避》,载《南京农业大学学报》(社会科学版)2017 年第 1 期。

[5] [德]贡塔 · 托依布纳:《宪法的碎片:全球社会宪治》,陆宇峰译,中央编译出版社 2016 年版,第 142 ~ 143 页。

[6] 石佑启、谈萧:《论民间规范与地方立法的融合发展》,载《中外法学》2018 年第 5 期。

形式加以规制的问题,授权自治的社会组织制定规则。通过反身法,国家只规制和调控功能上分化的社会子领域自我规制和自我调控的权限、组织和程序,以确定社会自治的脉络。[1] 由此,国家法规制社会共同体的重点不是社会共同体规范的内容,而是生成规范的过程,不是制定规范的具体结果,而是产生不同规范的沟通本身。[2]

这正是程序法治范式下的反身法机理:法律系统不应试图以统一的内容指标去调控整个社会,而是只能设置去中心化的整合机制。法的程序取向要偏向于更为非直接的、更为抽象的社会控制手段——反身机制,其并非亲自作出内容上的决定,而只是决定组织上和程序上的决定前提。通过组织和程序的抽象控制手段,反身法力图创造、促进和重新界定社会自治,设置、修正和重新界定民主的自我调节机制,追求"受规制的自治",促进"学习性"社会系统的自我规制。由此,反身法能够既追求正当的社会自治,又不会为结果承担全部责任,最终以有效的内部控制代替干预性的国家控制。[3] 可见,程序法治意味着政治商谈所嵌入其中之立法程序的多样化和去中心化,即按照功能分化社会的主导逻辑,将功能上专门的权力授予自治的社会子领域,从而既通过去中心化的自主立法程序发展公民的公共自主,又借助对法律制度之参与权和程序权推进公民的私人自主。[4]

四、构建社会治理共同体的法治对策

(一)规范社会共同体的外部关系并采取配套措施

由此观之,推进社会共同体的法治,一方面需要赋予社会共同体充分的自治权,避免基层政府对社会共同体的包办和监护;但另一方面,对自治也要施加

---

〔1〕 Gralf-Peter Calliess, Prozedurales Recht, Baden-Baden 1999, SS. 128 f., 180, 185 f, 216.

〔2〕 Vgl. Gunther Teubner, Ein Fall von Struktueller Korruption? Die Familienbuergschaft in der Kollision Unvertraeglicher Handlungslogik, Kritische Vierteljahresschrift fuer Gesetzgebung und Rechtswissenschaft 83, No. 3/4, 2000, S. 394.

〔3〕 [德]贡塔·托依布纳:《魔阵·剥削·异化》,泮伟江等译,清华大学出版社 2012 年版,第 281 ~ 312 页。

〔4〕 Vgl. Gralf-Peter Calliess, Prozedurales Recht, Baden-Baden 1999, S. 122.

适度限制,防范社会共同体过度追求小圈子利益而损害公共利益。这两方面并非截然对立,协调两者的途径就是对政府与社会共同体之间关系的立法。以立法明确社会共同体应当承担的法律义务和工作事项,同时规定政府只得在共同体违反义务或未履行工作时可以采取一定措施,借以规范基层政府所代表的政治系统介入社会共同体内部事务的范围与方式,就可在监督共同体的治理活动符合公共利益的同时,杜绝政府对共同体事务的肆意干预。对此,现行法已经提供了一定的制度基础。例如,根据《村委会组织法》第 36 条第 2 款规定,村委会不按照法律、法规的规定履行法定义务的,由乡镇政府责令改正。但法律、法规中对基层群众性自治组织所课予的义务,应当明确具体,方能避免为基层政府留出向下转移行政职责的空间,推动国家对社会由管制向治理的转型。

此外,对待违反国家法的村民自治规范,基层行政机关出于对民意的迁就或对程序正义的尊重,倾向于放弃国家干预。相比之下,法院虽然一方面将村民自治规范的违法限定为明显违反规章以上的强制性明文规定,但另一方面,在存在这样的规范时法院一般宣布其不适用于本案,对社会规范之合法性有所审查,而且在存在国家法规范时,法院多认为合法的村民自治规范仅具有补充作用,从而守护着村民权益的底线。〔1〕因此,对于共同体与基层政府之间发生的纠纷,如共同体对政府要求履行的义务不服或认为政府责令改正的自治规范并无不妥,应由基层法院依照法律系统的符码判断是非,促成法律系统内部沟通的自主演化。《村委会组织法》第 36 条第 3 款规定,对乡镇政府不当干预村民自治的,由上一级政府责令改正,却可能导致上一级政府对乡镇政府的偏袒,〔2〕实践中乡镇政府对乡规民约只备案不审查的情况也较为普遍。〔3〕相反,法院对社会生活的介入程度受限,可以持守较为超然中立的立场,根据当事人所请,裁判争议、化解纠纷。而对于违反国家法的社会规范,也应赋予法院认定其无效的权力,才能促使法院名正言顺地监督自治。

---

〔1〕胡若溟:《国家法与村民自治规范的冲突与调适》,载《社会主义研究》2018 年第 3 期。

〔2〕房正宏:《村民自治的困境与现实路径》,载《华中师范大学学报》(人文社会科学版)2011 年第 5 期。

〔3〕陈寒非、高其才:《乡规民约在乡村治理中的积极作用实证研究》,载《清华法学》2018 年第 1 期。

在强政府、弱社会的现实下，现阶段还应改变导致基层群众性自治组织出现“行政化”倾向的机理，实现标本兼治：

一是改进社会共同体利益整合、政治协商、民主监督的机制。政府应通过社会共同体与其成员协商公共政策，发挥社会共同体汇聚民意、表达诉求、整合共识、沟通政社的功能，使社会共同体切实成为群众利益的代言人和政府重视的对话伙伴，通过社会共同体引领公众参与，调动成员参与共同体事务的积极性，积极推动《决定》提出的“拓宽人民群众反映意见和建议的渠道”。在此基础上，理顺和廓清基层群众性自治组织与其他组织之间的关系，发挥其他组织的有益作用，以各司其职来提高整体治理效能：基层党组织要发挥政治领导、组织保障和人才举荐作用，应当在基层政府和各种社会组织之间担当统筹协调、促成资源共享、加强协商处置。[1] 城市中的业主委员会和物业公司分别发挥着利益表达、整合和提供物业服务的功能，可通过业主委员会与居委会成员交叉任职的方式推进对物业的监管。其他非营利组织、志愿者组织具有很强的公益服务功能，居委会、村委会应积极与之合作，通过备案掌握其情况、推动其能力建设、支持其开展正当活动，落实多元共治，[2]甚至还可借此促进社区整合、奠定共同体自治的关系基础。[3] 农村的村集体经济事务，则由农村集体经济组织依法独立管理；而非本集体经济组织、但常住本村的人员可参与集体经济事务外的自治，[4]借以通过将外来人员纳入农村社区自治主体范围，调动广大群众参与社会管理的积极性。[5]

二是剥离社会共同体的行政职能，将其地位提升到与政府并行的治理主体，让社会共同体摆脱行政事务的牵绊，专注于其应尽的治理职能。如将基层

---

〔1〕 唐皇凤、王豪：《可控的韧性治理：新时代基层治理现代化的模式选择》，载《探索与争鸣》2019年第12期。

〔2〕 陈家喜：《反思中国城市社区治理结构——基于合作治理的理论视角》，载《武汉大学学报》（哲学社会科学版）2015年第1期；杨宝：《政社合作与国家能力建设——基层社会管理创新的实践考察》，载《公共管理学报》2014年第2期。

〔3〕 周延东：《社区治理的“关系式动员”研究》，载《中国特色社会主义研究》2020年第1期。

〔4〕 韩松：《城镇化对村民自治制度的影响与法治完善》，载《江海学刊》2018年第6期。

〔5〕 袁方成、李增元：《农村社区自治：村治制度的继替与转型》，载《华中师范大学学报》（人文社会科学版）2011年第1期。

政府下派给农村基层组织的政务交由政府财政支持的农村公共服务站来承担,村委会专注于执行村民(代表)会议或村民议事会的决定,[1]或者在社区设立由专职人员负责的社区服务站、工作站,处理服务性任务和政府交付的事务性工作,[2]确保居委会的自治主体作用。同时,健全街道、乡镇向居委会、村委会委托实施项目制度和居委会、村委会向专业社会组织购买公共服务机制,编制适于委托或购买的项目、服务目录并制定具体实施办法,明确委托或购买范围和主体、承接对象和条件、支付形式和流程、评估方式、监督途径等,促成社会共同体能够提供适足公共产品,维持和提高福利水平,增强服务功能,推进政企分开、政社分开。

三是基层政府不应直接干预共同体内部选举,应当通过第三方评估、信息公开、群众评价等方式,推动由共同体成员和其他社会组织有效监督、评估社会共同体的活动和资金使用,从而在不加重政府负担的条件下对社会共同体实施合理监督。[3] 实践中兴起的乡镇政府要求村委会主任竞选人签署履职目标承诺和不达标时的辞职承诺,据此展开对村委会工作的考核,[4]可以作为对治理资源较为有限、自治传统较为薄弱的社会共同体展开监督的形式,促使社会共同体顺利走上自治为主的轨道。

四是引入上级政府的财政支付义务、设立专项资助,为社会治理创造物质条件,确保社会共同体能够获得必要财力,消除社会共同体对基层政府的资源依赖,并以经济激励选聘合适的人员担任社会共同体机构的负责人。

(二)改进共同体的程序建制和救济途径

民众追求在攸关自己利益的公共事务上有决定权和影响力。[5] 通过利益

---

〔1〕 罗万纯:《村民自治进展及制度完善》,载《农村经济》2016 年第 11 期。

〔2〕 杨贵华:《城市化进程中的“村改居”社区居委会建设》,载《社会科学》2012 年第 11 期;舒晓虎等:《行政与自治衔接——对我国城市基层治理模式的探讨》,载《学习与实践》2013 年第 2 期。

〔3〕 卢宪英:《紧密利益共同体自治:基层社区治理的另一种思路——来自 H 省移民新村社会治理机制创新效果的启示》,载《中国农村观察》2018 年第 6 期。

〔4〕 叶静怡、韩佳伟:《村民自治的现状与问题》,载《学习与探索》2017 年第 9 期。

〔5〕 郁建兴、任杰:《社会治理共同体及其实现机制》,载《政治学研究》2020 年第 1 期。

关联诱发居民的集体行动，能够提升成员对共同体事务的参与度，[1]而社区只有通过对其居民利益与服务需求的满足，才能成为以认同感和归属感为核心要素的自治共同体。[2] 城市社区的日常管理包括物业管理、公共服务以及社区事务的议决和执行，这些事项都涉及居民的切身利益；而村庄事务则包括各项公益事务、村民权益分配以及经济发展事务，村主任选举、土地发包、修桥铺路、保安保洁、绿化维护、征地补偿款的分配、纠纷调解、集体经营项目的招商投资、集体资产和收益的管理分配，这些也为村民利益关联的形成奠定了现实基础。[3] 因而，应当加强信息公示，包括采用各种灵活有效的现代通信交流手段，凸显共同体事务与共同体成员之间的利益关联，动员共同体成员响应公共事务，推动实现人人有责、人人尽责、人人享有。

在此基础上，为了促使社会共同体能够承担政府下放的治理权力，依法、公平地处理其内部事务，为整个社会形成良好秩序奠定坚实基础，现行法应侧重于社会共同体内部的程序建制，确保共同体成员对共同体事务的充分参与、平等讨论、民主决策。也只有借助成员个人能够施加影响的共同体活动，才能让成员形成积极参与共同体事务的意愿，[4]进而把孤立的个体联结起来，促成他们的互动，[5]乃至熟识、信任、合作，最终形成“共同体的事务就是成员自己的事务”这种对共同体的认同感和归属感，促进共同体的良性发展。在保障治理共同体内部决策民主和程序正当的前提下，应允许各治理共同体根据实际需要调整治理单元或网格的规模，在片区、自然村、村民小组、街巷、院落、小区、门栋

〔1〕 卢宪英：《紧密利益共同体自治：基层社区治理的另一种思路——来自H省移民新村社会治理机制创新效果的启示》，载《中国农村观察》2018年第6期。

〔2〕 田毅鹏、薛文龙：《城市管理“网格化”模式与社区自治关系刍议》，载《学海》2012年第3期。

〔3〕 徐琴：《“村转居”社区的治理模式》，载《江海学刊》2012年第2期。还有学者认为：农村集体土地所有制产生的基于利益相关的产权结构要求实施村民自治，参见邓大才：《利益相关：村民自治有效实现形式的产权基础》，载《华中师范大学学报》（人文社会科学版）2014年第4期。

〔4〕 李蓉蓉：《城市居民社区政治效能感与社区自治》，载《中国行政管理》2013年第3期。

〔5〕 田毅鹏、胡水：《单位共同体变迁与基层社会治理体系的重建》，载《社会建设》2015年第2期。

建立自治组织,[1]探索合适的自治空间范围并循序渐进地逐步扩大。[2] 为了实现社会治理的共建、共治、共享,还应做到:

第一,优化社会共同体制定社会规范的程序。涉及公共利益的决定,不只是由政府作出,在国家以外的各种社会系统的沟通媒介中,均应落实积极的公民权。[3]《村委会组织法》第10条仅规定了村委会及其成员遵守并组织实施村民自治章程、村规民约,但未规定这些规范的制定程序。因而,应当通过立法保障规范制定过程的公共和民主。具体而言,应贯彻实施《决定》提出的"推进基层直接民主制度化、规范化、程序化",将《指导意见》提出的征集民意、拟定草案、提请审核、审议表决、备案公布的程序步骤法定化,确保共同体成员能够对规范草案充分发表意见,自由沟通、平等协商、调和分歧、民主决策,以相关利益的适当呈现并得到发言管道来填补国家对决定内容支配的欠缺,[4]尽可能地接近实现"有效的只是所有可能的相关者作为合理商谈的参与者有可能同意的那些行动规范",[5]让社会规范能够基于其服从者就是其制定者而获得足够正当性,并切实满足共同体成员的共同需要,奠定社会共同体良法善治的制度基础。与此同时,民主程序促使共同体多数成员对社会规范表达认同、达成一致,也会形成遵守规范的社会压力,利于社会规范的顺畅实施。面对农村精英流失的现实,应在春节多数农民返乡期间,召开村民会议或村民代表会议,动员绝大多数村民实际参与讨论和决策。

第二,《决定》提出,完善群众参与基层社会治理的制度化渠道。因而,应当

---

[1] 韩瑞波:《"片区自治":村民自治有效实现形式的新探索》,载《探索》2020年第1期;赵秀玲:《"微自治"与中国基层民主治理》,载《政治学研究》2014年第5期;白雪娇:《规模适度:居民自治有效实现形式的组织基础》,载《东南学术》2014年第5期;邓大才:《村民自治有效实现的条件研究——从村民自治的社会基础视角来考察》,载《政治学研究》2014年第6期。

[2] 徐勇、赵德健:《找回自治:对村民自治有效实现形式的探索》,载《华中师范大学学报》(人文社会科学版)2014年第4期。

[3] [德]贡塔·托依布纳:《宪法的碎片:全球社会宪治》,陆宇峰译,中央编译出版社2016年版,第38、159~163页。

[4] [德]施密特·阿斯曼:《秩序理念下的行政法体系建构》,林明锵等译,北京大学出版社2012年版,第97页。

[5] [德]于尔根·哈贝马斯:《在事实与规范之间:关于法律和民主法治国的商谈理论》,童世骏译,生活·读书·新知三联书店2003年版,第132页。

保障社会共同体内部的民主治理，避免精英或能人对共同体权力的垄断和滥用。如前所述，当前村委会的民主选举呈现较为积极的态势，但对村委会和居委会常态化的民主监督均应加强。为此，应将《村委会组织法》中所规定的罢免、公开、民主评议、离任经济责任审计等制度推广到各种社会共同体中，并在地方立法中辅之以配套性程序规则，以利切实可行的操作，防止个别精英或能人对共同体事务的把控操纵。而且，还可通过组织创新，探索设立居务或村务监督委员会、居民或村民议事会、理事会、监事会，同时保障它们行使广泛的知情权、参与权、议事权和监督权，优化基层群众的自治结构。

第三，经由民主协商程序制定的社会规范一俟制定，在不违反国家法明文规定的前提下，既构成社会共同体活动的依据，又成为国家对自治进行监督的准绳。社会共同体的具体决策应严格遵循社会规范，确保共同体的决策体现大多数共同体成员的意愿和需要。在违法或违背社会规范的决策侵犯成员权利时，成员可请求国家介入，撤销有关决策或宣布有关决策无效，以防止社会共同体的运行失序脱轨。社会共同体成员的权利救济途径不清或者缺乏具体规定，将会导致共同体内部治理的窳败，消解共同体的治理功能。按照《村委会组织法》第 36 条第 1 款规定，村民可诉请法院撤销村委会或其成员侵害村民合法权益的决定。这一规定应拓展适用于社会共同体的各种规范或决定，保障成员对共同体的权力享有充分救济。因为对于共同体自治引发的争议不应由乡镇、街道乃至区县政府按照政治系统的逻辑介入并解决，以免政治逻辑与法律理性之间龃龉不合。

五、结　　语

推进国家治理体系和治理能力现代化、建设社会治理共同体，深刻反映在国家和社会的关系上，必须从政府的单一权威管控转向多中心合作治理，建立政府与民众之间的联结纽带，调动各种社会共同体及其成员的意愿和能力，群策群力地处理社会问题，满足纷繁多样的个体需要，解决错综复杂的利益纷争，应对层出不穷的风险危机。只有落实法治保障，才有可能将社会共同体转化为社会治理共同体。如果说法治社会的基本标志之一是社会依法自治,[1]那么,国家就不可能也不应当垄断规范的制定,而是必须尊重社会自治和社会宪治,认可社会共同体自主立法与自我规制。社会共同体自治所依之“法”,就并不仅限于国家法,而是涵括了社会共同体制定的社会规范。社会规范虽然在内容上不得逾越国家法设定的外在界限,但国家法更应侧重于规制社会规范的制定程序。为了完善社会共同体的法治,国家法要划定社会共同体的权限范围,保障其独立地位,防止政府的过度干预,引入对共同体自治的司法保障,并采取促使社会共同体得以事实上不再依附于政府的配套措施。同时,为了确保社会共同体制定的社会规范与作出的具体决策符合公共利益并反映共同体成员的需要,国家法应提高社会规范制定程序的正当性、强化社会共同体内部的民主监督、拓宽对共同体权力的司法救济渠道。

---

〔1〕 张文显:《建设中国特色社会主义法治体系》,载《法学研究》2014 年第 6 期。

国家公共政策的“私人执行”：草根动员与公民诉讼

陈洪杰*

内容摘要：行政中心主义的治理模式经常会陷入这样一种自相矛盾的困境中：本应作为国家公共政策执行者的某些政府机构自己却在以各种方式“扭曲”，甚至是“抗拒”国家政策的执行。而“草根动员”固然可以通过“行动—回应”的关系架构帮助中央政府克服地方治理过程中存在的信息不对称，提升国家治理绩效。然而，中央政府显然不可能一以贯之地对千千万万的私人行动一概作出有效回应。因此，现代法治国家通常都是基于政治与法律的功能分立，通过确立司法最终解决原则而将地方治理的绩效问题从行政系统向司法系统进行输送。在行政治理与司法治理的路径分化以及社会行动者的“竞争性”选择中，国家也许可以通过一种“市场化”的路径来实现“私人执行权”与国家治理资源的优化配置。

关键词：国家治理绩效　行政治理　司法治理　多元共治

一、引　言

在国家治理体系中，国家各级行政职能部门是自上而下执行中央政策与国家法律的常规载体（此即通常所说的“委托—代理”模式），但诸多研究表明，由于信息不对称等原因，政策制定者往往无法充分掌握政策目标在各层级执行者手中具体的落实情况。这就导致政策执行者经常出现两副相互矛盾的面孔：一

* 南京大学法学院副研究员，法学博士。

方面,许多经验研究发现,基于所谓“压力型体制”的内在运行逻辑,各级行政职能部门会采取“层层加码”的方式来迫使下级机构采取积极措施来落实政策;另一方面,研究者同时又发现,基层官员会采取各种策略与共谋行为来化解上级的压力。甚至“同一政府机构常常扮演相互矛盾的角色,即向下施压、层层加码,与此同时又和下级共谋应对上级”。〔1〕

为了克服“委托—代理”模式下行政代理人利用信息优势“上下其手”的结构性难题,谢岳、党东升在《草根动员:国家治理模式的新探索》(以下简称《治理新探索》)一文中提出以“草根动员”作为国家公共政策执行的补充机制,以矫正科层官僚在政策执行过程中难以避免的推诿与扯皮——“底层民众发起的草根动员之所以能够提高治理的绩效,是因为集体行动能够在地方政府与社会之间建立起一种横向责任关系,给地方政府制造外部压力,从而迫使这些代理机构在政策执行时减少失误与懈怠”。〔2〕 有研究者发现,“中国民众表达抗议和诉求有一个显著特点,即他们创造性地运用中央文件、法律、政策和其他官方支持的价值目标,以抗议‘不忠’的地方官员,并向中央政府或上级政府寻求帮助”。对于中央政府而言,这样一种有限度的“合法反抗”或是“忠诚抗议”可以帮助克服政策实施过程中的信息不对称,“有助于中央政府监督地方政府和调整政策”。〔3〕 正是在这一意义上,我们或许可以将草根动员视为国家公共政策的“私人执行”机制,正如《治理新探索》所指出的:“只要草根动员具备了一定的政治和社会条件,就有可能以理性与和平的方式推进基层社会的治理,使之成为国家治理体系的一个重要的组成部分。”〔4〕

二、草根动员的经验逻辑及其局限

作为一种实然的描述,草根动员既可能是以单纯的个体或小集体利益作为

〔1〕 对相关经验研究的问题呈现与文献梳理,可参见周雪光、练宏:《中国政府的治理模式:一个“控制权”理论》,载《社会学研究》2012年第5期。

〔2〕 谢岳、党东升:《草根动员:国家治理模式的新探索》,载《社会学研究》2015年第3期。

〔3〕 曹正汉:《中国上下分治的治理体制及其稳定机制》,载《社会学研究》2011年第1期。

〔4〕 谢岳、党东升:《草根动员:国家治理模式的新探索》,载《社会学研究》2015年第3期。

行动诉求,也可能包含了公共利益表达;与其利益诉求密切相关的行动组织策略也相应地包括了从利用个人社会关系网络到动用国家、社会公共资源(上级或者中央政府、媒体以及 NGO 组织等);行动方式既可能是诉诸“堵门”“静坐”“游行”等“街头政治”渠道,也可能是通过上访等体制内渠道,有的时候也会利用集体诉讼这样的法律手段。应星通过个案研究发现,草根行动者对采取何种利益表达渠道并没有特别的偏好,“由于‘诉讼的政治学’使司法与行政处于同一权力谱系中,因此,公民寻求救济的行动就不会拘于司法救济/非司法救济之分。他们打官司并不一定是出于他们对法律的相信。他们把法律和上访同样都作为权宜救济的手段,就如同支配者把法律和信访作为权宜治理的手段一般”。[1]

正是因为草根动员与权力体制之间的关系互动具有鲜明的“权宜”色彩,这就使得其在很多时候必须凭借特定的“机遇”才有可能发挥预期的功能。比如,《治理新探索》描述了这样一个经验个案:福建省 PN 县政府于 1994 年从福州引进的一家化工企业(福建 RP 化工有限公司,以下简称 RP 化工厂)生产的是污染性极高的氯酸钾产品。在长达 10 年的时间里,RP 化工厂向企业所在地的 XP 村排放了大量的废水、废气和废渣。当地村医 ZCJ 基于职业敏感,将污染与村民的身体状况建立起有统计学数据加以支撑的因果联系。于是村民们被动员起来展开抗争行动,其早期的行动主要围绕自我的利益表达,以围堵工厂大门、信访等方式寻求经济赔偿,但收效甚微。

ZCJ 从 1999 年开始从事动员抗争,在吸取早期教训之后,他将村民的污染遭遇与 PN 县的环境破坏联系起来。这一策略取得了成功,国家环保总局和时任国务院总理朱镕基均给予了关注,媒体也进行了专门报道。在这里,高层的关注与媒体的广泛介入实际上是以全国人大与国务院在 1998 年将环境保护确立为基本国策并加以推行为背景的。在 ZCJ 罗列的媒体清单中,国内几乎所有的国家级媒体都在其中。舆论压力导致的直接结果是,RP 化工厂在 2002 年被国家环保局列入 55 家污染最严重的企业黑名单。

---

〔1〕 应星:《草根动员与农民群体利益的表达机制——四个个案的比较研究》,载《社会学研究》2007 年第 2 期。

舆论关注同时也引来了环保 NGO 的介入,《方圆》杂志记者引荐中国政法大学污染受害人法律援助中心来为集体行动提供帮助。在援助中心的支持下,2002 年 11 月 7 日,1721 名环境污染受害者向 ND 市中级人民法院提起了民事诉讼。援助中心不仅为 PN 县的农民免费提供诉讼代理,而且承担诉讼所需的全部费用。2005 年年底,经过 ZCJ 等人和援助中心长达 3 年多的共同努力,村民们胜诉了。援助中心 W 教授甚至利用个人的影响力,说服当地政府不再对 ZCJ 的行动实行"秋后算账"。

基于上述经验案例,《治理新探索》试图建构一种基于"行动—回应"关系架构的草根动员模式:"通过草根行动者的动员,在基层社会,中央政府能够对它的代理机构形成一种有效的外部监督,弥补自上而下的行政机构内部监督不到位的缺陷,督促地方政府更加积极地执行国家的治理目标。"[1]然而,由于国家高层的注意力是稀缺的,只有很少部分的地方治理事件能够"幸运"地进入高层的视野。如果在国家公共政策的执行中,每一起个案的政策贯彻都需要国家高层予以特别关注、督促落实,那就基本上等同于消解了行政治理"委托—代理"模式的存在价值。

就像在前文的经验案例中,类似这样的环境污染个案在我国可能为数不少,而该案的"幸运"之处是恰逢发生在国家大力推进环境保护政策初期的大背景下,[2]受到了额外的关注。而一旦类似的个案层出不穷地冒出来,国家高层的注意力显然是分配不过来的,其后果要么是导致草根行动之间的"动员竞争"以争夺稀缺的高层注意力,而这必然会导致其与地方政府之间的冲突升级;要么就是"石头飞上天,也得落回地上来"。

三、草根动员的社会行动结构与路径分化潜力

如前所述,行政中心主义的治理模式经常会陷入这样一种自相矛盾的困境中:本应作为国家公共政策执行者的某些政府机构自己却在以各种方式"扭

---

〔1〕 谢岳、党东升:《草根动员:国家治理模式的新探索》,载《社会学研究》2015 年第 3 期。

〔2〕 谢岳、党东升在文章中使用了"幸运"这个说法,参见谢岳、党东升:《草根动员:国家治理模式的新探索》,载《社会学研究》2015 年第 3 期。

曲”，甚至是“抗拒”国家政策的执行。而按照《治理新探索》的分析框架，草根动员之所以可以作为一种提升国家治理绩效的“私人执行”机制，是因为其可以通过“行动—回应”的关系架构引入国家高层与社会共同体的关注来推进政策执行。这一社会行动结构主要是以国家行政治理体系“上下分治”的权力配置逻辑为基础的——“中央政府主要执掌治官权，即选拔、监督和奖惩官员的权力；至于实际管治各地区民众的权力（简称治民权），则交给地方官执掌。只要地方官不违背中央政府所定的大政方针，均可以因地制宜地行使其治民权，灵活地处置所管辖地区的民众事务”。〔1〕

这就意味着，草根动员的“强度”必须足够才有可能谋求高层的介入；与此同时，草根动员还必须借助社会共同体意识对自身的行动诉求进行阐释，将自我利益表达有效地框定在公共利益表达的架构里。只有通过行动框释，草根动员才有可能整合来自国家与社会两个层面的政治支持，迫使执掌治民权的基层政府回归到努力谋求共识的行动框架中。这就涉及了关键的“第三方”，这主要指的是专业化社会组织与大众传媒，正是“第三方”的介入，可以更有效地框定草根动员的行动边界，扩大行动影响，确保社会集体行动与地方政府之间的博弈维持在和平、理性的界限内。

可以看到，草根动员固然可以帮助国家高层克服地方治理过程中存在的信息不对称，但它一方面受制于偶然的行动者、偶得的社会关系网络以及国家高层自身的议程设置与注意力分配；另一方面也会制造潜在的社会冲突。正如《治理新探索》对福建 XP 村草根行动的判断，如果缺乏国家政策环境的“机遇”、有效的行动框释和第三方介入，“该项运动或许像大多数集体抗议一样，要么不了了之，要么以暴力的方式草草收场”。〔2〕 不仅如此，由于国家高层的注意力始终都是有限的，其不可能一以贯之地对千千万万的私人行动一概作出有效回应。因此，尝试与纵向导控的行政权力体制进行对接的草根动员作为一种旨在提升国家治理绩效的常规性机制所能起到的作用始终是有限的。

也正因如此，现代法治国家通常都是基于政治与法律的功能分立，通过确

---

〔1〕 曹正汉：《中国上下分治的治理体制及其稳定机制》，载《社会学研究》2011 年第 1 期。

〔2〕 谢岳、党东升：《草根动员：国家治理模式的新探索》，载《社会学研究》2015 年第 3 期。

立司法最终解决原则而将地方治理的绩效问题从行政系统向司法系统进行输送:“法律系统既能够通过广泛的法律共同体传达以法律表现出来的政治指令,又能够通过普遍化的权利诉讼提供丰富的信息监控与有效的制裁机制。”〔1〕借此,以法律的普遍性命令所加以建构的“国家机构之间的平行责任”〔2〕就可以作为实施国家公共政策的替代性机制而在“行动—回应”的关系架构两端重新配置社会行动资源。

事实上,在国家治理体系较为成熟完善的西方国家,作为行政治理的补充机制,司法治理为“草根动员”提供了机制化的行为导向与行动激励。比如,美国的“私人检察总长”理论的基础正是强调在特定领域通过私人诉讼引入司法治理对破坏国家公共政策的行为予以矫正、制裁的积极意义。

四、司法治理与社会行动资源的“市场化”配置

(一)社会行动资源配置的效率问题

当草根动员从日常政治行动向更为复杂的法律行动发生演化时,集体行动成本过高的问题就会凸显出来。比如,在前文福建 RP 化工厂污染案中,按照传统的当事人观念,只能由近 2000 名污染受害者作为私法上的权利主体以集体诉讼的方式对污染企业提出控告,在这种情况下,如果缺乏有效领导,一致行动本身的协商成本就可能是高不可攀的。当然,在这个例子中,由于 ZCJ 的个人独特作用,使得这个问题并不显得尤为突出。但我们仍然需要注意到,集体行动困境是客观存在的。

在早期的一则例子中,四川省资阳市雁江区境内的清水河及其支流沿岸有数十家石料加工作坊肆意排放污染物,不仅阻塞河道,而且污染水体,使 4 个村的 800 亩土地、近 2000 人的生产生活受到严重影响。雁江区环保局曾对污染企业发出整改通知,限期停产整改。但众厂家仍然我行我素,污染问题得不到切实解决。受害农民思想难以统一,部分受害农民与污染企业交涉无果之后,

---

〔1〕 伍德志:《欲拒还迎:政治与法律关系的社会系统论分析》,载《法律科学》(西北政法大学学报)2012 年第 2 期。

〔2〕 谢岳、党东升:《草根动员:国家治理模式的新探索》,载《社会学研究》2015 年第 3 期。

担心胜诉无望,并因诉讼费用的负担,起诉态度消极。[1]

另外,在诸如环境公共政策的执行过程中经常会出现公共利益与私人权利之间的复杂竞合与冲突,在很多时候,我们其实并不能合理地预期在事实上享有权利或存在个体性利益的社会成员就一定会积极地采取符合国家公共政策预期的私人行动。他们也许会在公共利益与私人经济利益以及长远利益与短期收益之间作出在他们看来符合“理性”的取舍。比如,在类似于福建 RP 化工厂与 XP 村的关系的例子中,如果企业的环境破坏行为并不是像在本案中那样对相关村民利益构成不可调和的根本性矛盾,或者企业属于那种足够暴利的行业,也许他们就会在私下里达成在他们看来属于“双赢”的“共谋”行为。

有时候,违反国家公共政策的行为尽管同时侵害了多数人的利益,但对于每一个单独的社会个体而言,这种侵害并未显得尤为严重,他们也许会觉得不值得付诸特别的行动对之加以抵制。这一方面可能是由于“集体行动的成果具有非排他性和公共性的特点,所有集体中的成员都能从中获益,包括那些没有分担集体行动成本或风险的成员,这种不对等的成本收益模式导致了在集体行动中存在‘搭便车’现象,所以理性自利的个体一般不会自动采取集体行动”;[2]另一方面,“如果侵害涉及极为复杂的事实关系或有关法律极为难理解,为了获得救济要花费比自己所要求的高得不相称的费用(包括把原告们组织起来的交涉费用)”,[3]就都可能会使绝大多数人打消采取积极行动的念头。

另外,热心公益的社会团体或个人却常常向法庭提出超越起诉者个人利益的问题,原告起诉的基础并不在于自己的某种权利受到侵害或是胁迫(或者,即便存在个体性的利益损害,也是微不足道的),而在于希望保护因私人或政府机关的违法行为而受损的公众的利益(比如,2005 年松花江污染案,北大法学院若

[1] 齐树洁、林建文:《环境纠纷解决机制研究》,厦门大学出版社 2005 年版,第 235 页。

[2] 李平原、刘海潮:《探析奥斯特罗姆的多中心治理理论——从政府、市场、社会多元共治的视角》,载《甘肃理论学刊》2014 年第 3 期。

[3] [意]M. 卡佩莱蒂:《福利国家与接近正义》,刘俊祥等译,法律出版社 2000 年版,第 68 页。

干师生的起诉[1])。然而,按照以传统私法制度为权利配置基础的"原告资格的私法模式",[2]这些环境公益组织或个人是不能被授予诉讼主体资格的。

这时候我们就会发现,传统私法模式下的权利配置在很多时候难以产生有效推动"私人执法"诉讼的积极效果:有诉讼主体资格的社会成员经常缺乏行动意愿与行动能力,而具有行动意愿与行动能力的社会公民却往往并不具备法定的诉讼主体资格,从提升治理绩效的维度来看,这样的私法权利模式就没有实现社会行动资源的有效配置。

(二)"私人执行权"的"市场化"配置

在由国家各级行政机关充当国家公共政策之执行主体的时候,执行权的配置必然是按照科层化的官僚体制逻辑进行自上而下的均质化配置。受制于编制、预算以及权力腐败等因素,政府机构往往缺乏足够充分的资源、信息或是行动激励对所有违反国家公共政策的行为作出及时有效的反应。

相较于公共执行权的"科层化"配置,《治理新探索》试图加以建构的"草根动员"模式在一定意义上可以被视为"私人执行权"的"私法化"配置。根据这一理论范式,"行动—回应"的关系架构往往是在"'侵权—抗争'这一宏观逻辑预设下展开的……其逻辑支点在于,民众之所以采取环境抗争行动是由于环境问题导致自身权益不断受到侵害而被迫奋起反抗以谋求救济"。[3] 也就是说,社会行动者的行动资格取决于其在私法上获得的实体权利配置,不具有私法上权利的社会行动者只能作为"第三方"发挥有限的作用。但这一理论范式的缺失在于我们没有充分意识到无论是因为国家高层注意力分配不够,抑或因为社

---

[1] 2005 年 11 月 13 日,中国石油天然气集团公司所属中国石油天然气股份有限公司吉林分公司双苯厂(101 厂)的苯胺车间因操作错误发生剧烈爆炸并引起大火,造成 8 人死亡,60 人受伤,100 吨苯、硝基苯和苯胺流进松花江。2005 年 12 月 7 日,北京大学法学院三位教授及三名研究生向黑龙江省高级人民法院提起了国内第一起以自然物(鲟鳇鱼、松花江、太阳岛)作为共同原告的环境民事公益诉讼,要求法院判决被告赔偿 100 亿元人民币用于设立松花江流域污染治理基金,以恢复松花江流域的生态平衡,保障鲟鳇鱼的生存权利、松花江和太阳岛的环境清洁的权利以及自然人原告旅游、欣赏美景和美好想象的权利。参见蔡守秋:《论环境公益诉讼的几个问题》,载《昆明理工大学学报》(社会科学版)2009 年第 9 期。

[2] 巩固:《美国原告资格演变及对公民诉讼的影响解析》,载《法制与社会发展》2017 年第 4 期。

[3] 韩瑞波、叶娟丽:《政企合谋、草根动员与环境抗争——以冀南 L 镇 D 村为例》,载《中南大学学报》(社会科学版)2018 年第 3 期。

会行动者陷入集体行动困境而导致按照传统私法模式下的“私人执行权”配置陷入无效率时,我们又该如何寻求一种更有效率的替代性私人执行机制。

按照科斯定理的推论,资源的初始配置即便是无效率的,但只要交易成本足够低,资源最终仍会在市场化条件下达成最优的配置均衡。鉴于此,本文的讨论试图呈现一种对“私人执行权”进行“市场化”配置的思路:“通过降低诉诸法院的准入门槛限制,使得环境公益组织得以用更低的成本来提供监测环境质量以及执行环境公共政策的社会公共产品。”〔1〕其要旨就在于通过降低获取社会行动资格的“交易成本”,促进社会行动资源朝着更具行动意愿与行动能力的社会行动主体进行配置:“当行政机关怠于环保职守或企业发生环境侵害行为时,无直接利害关系人(包括组织、机关等)以公益的目的提起诉讼,司法机关受理案件并裁决……行政机关履行环保职责的合法性转由司法机关判断。”〔2〕于是,基于公共利益表达而不是自我利益诉求的社会行动者成为“私人检察总长”,由法律加以框定的公共行动路径整合社会动员,“公民诉讼”成为社会行动者参与推动执行国家公共政策至关重要的中心机制。

可以看到,美国《1970 年清洁空气法》(*Clean Air Act Amendments of* 1970,简称 Clean Air Act 或 CAA)第 304 条正是在上述意义上首次确立了所谓的公民诉讼条款:任何人有权以自己的名义对任何他人(包括合众国以及任何其他宪法第十一修正案认可具有被告资格的政府机构)提起民事诉讼,只要其在指控中表明后者已经违反(假如有证据证明这种被指控的违法行为已经重复出现)或将要违反本法规定的排放标准或限制,或本法执行机构或某一州政府依据本法发布的命令。但原告必须提前 60 天通知美国环境保护署、州政府以及其将要控告的对象。〔3〕 在《1970 年清洁空气法》之后,几乎所有的美国联邦环境法都包括了公民诉讼条款。

正如《1970 年清洁空气法》的一个主要的参与制定者所指出的,在该法中设计公民诉讼条款的原因在于:“参议院委员会意识到,单纯依靠公共行政机构

---

〔1〕 A. H. Barnett, Timothy D. Terrell, "Economic Observations on Citizen-Suit Provisions of Environmental Legislation", *Duke Envtl. L. &Pol'y F.* 12, 2001, p. 15.

〔2〕 郑少华:《生态文明建设的司法机制论》,载《法学论坛》2013 年第 2 期。

〔3〕 42 U. S. C 7604(b)(1)(A) (2000).

是不可能全面充分实施空气污染治理工作的……社会公众的参与是达成国家政策目标不可或缺的要素。"[1]在很长一段时间内,联邦法院支持国会的立场,将扩展普通公民诉权视为私人的行动权利,认同其是为了维护公共利益和执行公法而采取的公共行动。[2]

(三)公民诉讼的实践路径

公民诉讼制度的要旨在于赋予那些与环境侵害行为并不存在显著直接利害关系的"第三方"以独立的司法行动地位,使其可以越过传统私法模式下权利配置的边界,自主作为国家公共政策的私人执行者而展开行动。基于美国的经验,我们可以通过以下几则判例把握这一实践路径的初步演进脉络:

在哈德森风景保护协会诉联邦能源委员会(*Scenic Hudson Preservation Conference v. Federal Power Commission*)案中,哈德森风景保护协会要求法院对联邦能源委员会作出的,许可在哈德森高地的风暴国王山(Storm King Mountain in the Hudson Highlands)上建立水力发电设施的行政许可进行审查。如果以前文引述的RP化工厂污染案做类比,就算本案中的水力发电设施建成之后会造成潜在的环境破坏,有资格提起诉讼的也应该是像XP村村民这样的直接受害人。按照传统法律形式要件,原告资格的获得主要以其受到事实上的直接损害或者有受到损害的切实危险为前提。[3] 并且这种事实上的损害还被狭窄地界定在经济损害的范畴。[4]

但审理本案的第二巡回法院认为,经济利益上的损害不应成为起诉者获得原告资格的强制性条件,起诉者如果能够证明其在美学利益、环保利益以及娱乐利益上的特殊利益受到了侵害,则其就可以被视为有受到损害的切实危险。无论是哈德森风景保护协会及其成员还是邻近的城镇居民都属于《联邦能源

---

〔1〕 Senate Comm. On Public Works, 93d Cong., A Legislative History of the Clean Air Act Amendments of 1970 (Comm. Print 1974) ("CAA Legislative History"), at 138 (statement of Sen. Muskie).

〔2〕 Abram Chayes, "The Role of the Judge in Public Law Litigation", *Harv. L. Rev.* 89, 1976, p. 1281.

〔3〕 Massachusetts v. Mellon, 262 U. S. 447 (1923), at 488.

〔4〕 Bennett v. Spear, 520 U. S. 154 (1997); Ass'n of Data Processing Serv. Orgs. v. Camp, 397 U. S. 150 (1970).

法》(*Federal Power Act*)所界定的“受到侵害”的当事人范畴,从而可以具备要求对联邦能源委员会所作出的行政许可进行司法审查的原告资格。[1]

以传统环境公益诉讼中对私法权利进行扩张解释的判例为基础,在 *Sierra Club v. Morton* 案中,法院在事实上为公民诉讼的行动路径设定了一种便捷的形式主义要求。在该案中,塞拉俱乐部试图质疑林业局批准迪士尼公司在矿金峡谷进行娱乐项目开发,认为该项目会损害自然环境,但其仅仅在诉状中一般性地宣称环保组织在自然保护方面有“特殊利益”,法院认为这并不足以使得环保组织获得原告资格。但法院在判决驳回起诉的时候表示,环境保护团体只需修改诉状,就本组织或者本组织成员的特定利益受到侵害作出确定陈述,则其便可获得原告资格。[2]

在一年之后的 *United States v. Students Challenging Regulatory Agency Procedures* 案中,我们可以观察到公民诉讼较为完整的行动框释策略:SCRAP 主张他的成员在森林中徒步旅行时受到大量胡乱堆放的金属啤酒罐以及类似东西的阻碍,该组织认为造成这些东西被堆放在森林中的原因是由于联邦州际商业委员会批准铁路部门征收 2.5% 附加运费的决定。他们认为运费增高导致一些可以利用但经济价值不大的资源不能从资源原产地运送出去,而整个社会的资源需求量却没有减少,从而引起伐木、采矿活动和垃圾的增加。这损害了他们享用华盛顿山区自然环境的休闲娱乐利益。因此对联邦州际商业委员会提起诉讼,要求法院对运费率进行司法审查。最高法院承认了 SCRAP 的原告资格。[3]

按照公民诉讼制度下的行动框释逻辑,当发生环境侵害行为时,环境公益组织只需吸纳一名当地受害居民作为会员,就可以代表其利益向侵害者提起诉讼,要求法院对其发布禁令,甚至处以罚款。[4] 就环保公共政策的实施而言,

---

〔1〕 354 F.2d 608 (2d Cir. 1965), cert. denied, 384 U.S. 941 (1966).

〔2〕 405 U.S. 727 (1972).

〔3〕 412 U.S. 669,685 (1973).

〔4〕 *Hunt v. Washington State Apple Advertising Commission* 案中,法院确立了社会组织的诉讼资格标准:(1)社会组织的成员本人具有诉讼资格;(2)社会组织寻求保护的利益与其宗旨相关;(3)其声称或请求的救济不需要其个体成员的参与。参见曹明德:《中美环境公益诉讼比较研究》,载《比较法研究》2015 年第 4 期。

这显然是一种更有效率的私人执行机制。并且,环境公益组织开展的公民诉讼也并不排除环境侵害的直接受害者另外提起索赔诉讼,这就使得在"行动—回应"关系架构两端的"权利—权力"资源配置尽可能符合帕累托最优原则。

五、"市场化"路径的限度及其实践修正

在美国的实践中,我们确实可以看到公民诉讼条款极富效率地推动了社会行动资源朝着更加"市场化"的方向进行重新配置,然而,一旦司法程序功能发生异化,过于积极扩张的公民诉讼实践则又会反过来成为环境资源本身进行优化配置的"交易成本",这在相当程度上意味着"市场化"的路径实际上亦是有其限度的。

一个尤为典型的案例是宾夕法尼亚环保项目公司(Pennsylvania Envtl. Enforcement Project, Inc., PEEP)依据《自然资源保护与修复法》(*Resource Conservation and Recovery Act*, RCRA)的公民诉讼条款,于 1995 年 9 月针对 Keystone 水泥公司(Keystone Cement Co., C. A.)提起的诉讼。[1] PEEP 主张 Keystone 在水泥煅烧炉中焚烧有毒废料的行为已经构成了对当地居民迫在眉睫的威胁,因此寻求法院对之发布禁令。

在当时的美国,每年大概会产生 2.5 亿吨有毒工业废料,大都是通过焚化处理,焚化炉的运营商每处理 1 吨废料可以收费数百美元。到了 20 世纪 80 年代,水泥制造商开始在水泥煅烧炉中使用液体工业废料作为燃料以取代传统的煤,由于有毒废料在水泥煅烧炉中也可以按照联邦排放法规所要求的那样被焚化降解,因此水泥制造商同时也可以因为其对有毒工业废料的焚化处理而获得收益。Keystone 公司 1995 年约 15% 的收入就来自于此。在 1990 年,常规焚化炉的运营商每处理 1 吨液体废料的收费高达 284 美元,而如果使用水泥煅烧炉进行处理则只需 100 美元。这就导致截至 1991 年,传统焚化产业超过 60% 的市场份额被水泥制造商所占据。

---

〔1〕 这一案例的资料来源,参见 A. H. Barnett, Timothy D. Terrell, "Economic Observations on Citizen-Suit Provisions of Environmental Legislation", *Duke Envtl. L. & Pol'y F.* 12, 2001, p. 26。

于是,行业竞争者于1993年12月成立了一个热处理行业联合会(Association for Responsible Thermal Treatment,ARTT),其宗旨据称是努力促进“以最先进的技术与最严格的排放标准来实现对有毒废料的无害焚烧处理”。而该组织的三大会员之一,同时也是Keystone的主要商业竞争者——Rollins Environmental Services(一家传统的焚化炉运营商)则在大约8个月内向PEEP提供了至少25万美元的资金支持,后者则在匆匆成立数周后即向Keystone提起了诉讼。在PEEP有限的存续周期内,其活动主旨就是开展这样一种目的性很强的选择性“执法”诉讼。

相关研究表明,Keystone的案例不是孤例,在得克萨斯州以及密歇根州都出现了传统的有毒废料焚化处理运营商试图通过支持环境公益团体提起公民诉讼的方式来打击来自水泥制造业的商业竞争者。正如Rollins被披露的备忘录所揭示的,只要能够谋求增加规制措施,水泥煅烧炉的焚化处理产业就将是“最伤不起的”。[1]

在这里,按照市场的逻辑,社会环境资源的配置从传统焚化炉运营商转移到水泥煅烧炉运营商实际上是契合国家环境公共政策所追求的环保效率原则的。然而,过于宽泛地赋予司法行动者资格实际上却又反过来增加了这种环境资源配置的“交易成本”,这就产生了实践修正的内在诉求。

以*Lujan v. National Wildlife Federation*案为转折点,在20世纪90年代的一系列判决中,最高法院重新对原告资格的获得施加了诸多限制。这起案件的起因在于政府要对一部分被用于开采矿石以及类似商业用途的国有土地进行回收,内务部长根据《联邦土地政策与管理法》(*Federal Land Policy and Management Act*,FLPMA)授权内务部对这些回收行为进行审查并撤销了部分回收行为。国家野生生物联盟(National Wildlife Federation,NWF)及其几位成员主张这一撤销行为违反了《联邦土地政策与管理法》,并且也没有按照《国家环境政策法案》(*National Environmental Policy Act*,NEPA)的要求进行环境影响评估,因此要求法院对撤销行为进行司法审查。

---

〔1〕 A. H. Barnett, Timothy D. Terrell, "Economic Observations on Citizen-Suit Provisions of Environmental Legislation", *Duke Envtl. L. & Pol'y F.* 12, 2001, p. 28.

国家野生生物联盟的两位成员通过向法院提交宣誓书的方式来表明本组织的原告资格。但法院认为,该宣誓书所声称的起诉者所遭受的对土地享有的休闲娱乐利益损害涉及了数百万英亩的土地,而事实上只有其中几千英亩的土地受到了内务部撤销行为的影响,并且起诉者并不是这几千英亩土地的实际使用者。因此,该宣誓书所声称的损害过于宽泛,并不能满足获得原告资格的必要条件,即必须存在"特定的损害"。〔1〕

在两年以后的 *Lujan v. Defenders of Wildlife* 案中,〔2〕Scalia 法官撰写判决书指出:"在过去的这些年里,我们的案例已经确立了宪法对起诉资格的最低限度的要求,起诉资格应该包括三个要素:第一,原告必须受到一个事实的损害——对一个受法律保护的利益的侵犯,损害是(a)具体的和特定的(特别说明:损害必须是以一种个人的和单独的方式影响到原告);(b)损害必须是真实的或即将发生的,而不是猜测的或假设的。第二,在损害和被控行为之间必须有因果关系——损害能够公平地追溯至被告地被控行为,而且并非由未提交法院的某第三方当事人的独立的行为造成。第三,与单纯的推测相比,损害将会被一个有力的判决给予救济是可能的。"在 Scalia 法官看来,当事人负有证明上述起诉资格要素的义务。因此,当原告挑战的对象是政府作为或不作为的合法性时,且原告自身并非政府行为的直接对象时,"起诉资格不会被绝对阻止,但会受到严格限制"。〔3〕

六、多元共治视野下的国家治理路径分化与社会行动选择

在美国,囿于权力分立的政治准则,公民诉讼在一般意义上被视为"对政府行动的补充而非替代",*Lujan* 案的裁判逻辑表明法院实际上是通过对原告资格的"适度控制"以在实践中动态调整"适合司法处理"的议题,〔4〕这在本质上是

---

〔1〕 497 U.S. 871 (1990).

〔2〕 504 U.S. 555 (1992).

〔3〕 陈冬:《严格的起诉资格规则——以鲁坚案为中心析美国环境公民诉讼》,载吕忠梅、徐祥民主编:《环境资源法论丛》(第 4 卷),法律出版社 2004 年版,第 154 页。

〔4〕 巩固:《美国原告资格演变及对公民诉讼的影响解析》,载《法制与社会发展》2017 年第 4 期。

“补充而非替代”的分权逻辑使然。从相关制度来看,为避免司法僭越行政的嫌疑,“多数公民诉讼条款都规定了‘勤勉公诉’,要求在行政主体已起诉或正在勤勉地对被诉违法行为进行执法时排除公民诉讼”。[1] 如果政府机关已经采取相关行动,“只是在(公民诉讼)原告看来不够进取”,法院一般倾向于认为只要政府执法行动在合乎情理的范畴内,司法就不予介入。在“锡楚埃特南北河流流域管理局诉锡楚埃特”、“卡尔诉赫夫纳”以及“卡伯特森诉美国高士有限公司”等案中,法院均以一种自我克制的姿态在肯定政府之“勤勉”的前提下拒绝受理公民诉讼。[2]

尽管如此,法院对起诉者的司法行动进行限制的潜在后果是可能会促使相关社会行动者就同一行动目标而采取“草根动员”式的行动策略。美国的相关实践表明,一旦法院意识到有必要通过实施司法介入以有效维持公民诉讼作为一种“刺激政府机构积极行动并且在必要的时候可以弥补政府职能的不足”[3]的多元张力,法院就一定会对相关议题作出积极回应。这一路径分化的潜力使得司法成为一种可欲的变量控制机制,从而使得有可能在行政治理与司法治理的路径分化中依靠社会行动者的竞争性选择而实现国家治理资源的优化配置。

(一)“多元”的张力

在 *Friends of the Earth, Inc. v. Laidlaw Environmental Services* 案中,原告地球之友公益组织声称被告 Laidlaw 公司(系污水处理设备运营商)没有按照国家污染物排放体系所许可的标准向南卡罗来纳河进行污水排放。原告基于《清洁水法》而诉请法院发出禁令并对被告处以罚款。原告向法院提交了其组织成员关于自身之休闲娱乐利益受损的宣誓书。尤为值得关注的是,在这一诉讼被提起之前,Laidlaw 公司试图利用“勤勉公诉”的相关规定,为了阻却公民诉讼而预先要求州政府对其提起诉讼。但联邦地方法院却裁定认为州政府的诉讼并未“被勤勉地提起”,因而也就不足以阻却公民诉讼。[4]

也许正是因为 *Laidlaw* 案在处理司法与行政所谓“补充而非替代”的关系

---

〔1〕 巩固:《美国环境公民诉讼之起诉限制及其启示》,载《法商研究》2017 年第 5 期。

〔2〕 巩固:《美国环境公民诉讼之起诉限制及其启示》,载《法商研究》2017 年第 5 期。

〔3〕 S. REP. No. 99 - 50, at 28 (1985).

〔4〕 528 U.S. 167 (2000), at 175 - 78, 181 - 83.

问题上能够提供路标式的经验参照,当其最终被提交至最高法院后,最高法院审时度势地降低了自 *Lujan* 案以来所确立的所谓"具体及特定化的事实损害"以及"可救济性"的认定标准,并相应确认了"地球之友"的原告资格。借此,在环境侵害发生地有本地居民作为会员的环境保护组织就仍然可以按照传统的行动框释逻辑而获得起诉资格。[1]

可以看到,为了克服"市场化"路径在配置社会行动资源问题上的内在缺陷,法院必然要通盘考虑"潜在案件的数量、司法能力与资源的客观状况、司法权与行政权的合理分野",[2]以"原告资格审查"作为"过滤案件"的变量控制机制,在环境问题的行政治理路径与司法治理路径之间维持着既互为补充又"竞争性"地建构提升国家治理绩效的"耦合机制"。[3]

在我国,作为探索多元治理路径的尝试,2012 年修改的《民事诉讼法》第 55 条规定:"对污染环境、侵害众多消费者合法权益等损害社会公共利益的行为,法律规定的机关和有关组织可以向人民法院提起诉讼。"与优化配置"私人执行权"的"市场化"路径相契合的是,相关法律对"有关组织"的原告资格问题仅规定了"登记级别、年限及守法情况这些形式要件"[4]——2015 年 1 月 1 日起施行的《环境保护法》第 58 条规定:"对污染环境、破坏生态,损害社会公共利益的行为,符合下列条件的社会组织可以向人民法院提起诉讼:(一)依法在设区的市级以上人民政府民政部门登记;(二)专门从事环境保护公益活动连续五年以上且无违法记录。[5] 符合前款规定的社会组织向人民法院提起诉讼,人民法

---

[1] A. H. Barnett, Timothy D. Terrell, "Economic Observations on Citizen-Suit Provisions of Environmental Legislation", *Duke Envtl. L. & Pol'y F.* 12,1(2001).

[2] 巩固:《美国环境公民诉讼之起诉限制及其启示》,载《法商研究》2017 年第 5 期。

[3] 刘艺:《环境正义的司法治理路径探索——六枝特区人民检察院环境行政公益诉讼案评析》,载《中国法律评论》2019 年第 2 期。

[4] 巩固:《大同小异抑或貌合神离? 中美环境公益诉讼比较研究》,载《比较法研究》2017 年第 2 期。

[5] 另根据 2015 年 1 月 7 日起施行的最高人民法院《关于审理环境民事公益诉讼案件适用法律若干问题的解释》第 2 条与第 4 条的规定:"依照法律、法规的规定,在设区的市级以上人民政府民政部门登记的社会团体、民办非企业单位以及基金会等,可以认定为环境保护法第五十八条规定的社会组织";"社会组织章程确定的宗旨和主要业务范围是维护社会公共利益,且从事环境保护公益活动的,可以认定为环境保护法第五十八条规定的'专门从事环境保护公益活动'"。

院应当依法受理。”

据此,在我国的实践中,已经可以看到在“行动—回应”关系架构的两端,社会行动资源与国家治理资源正在按照各自的逻辑在重新配置。比如,2015 年 1 月,由阿里巴巴公益基金会支持的“环境公益诉讼支持基金”正式启动,该基金对各地发现案源并拟提起环境公益诉讼的社会组织给予资助,为前期调研、取证等活动提供资金。在 2015 年由环境公益组织提起的环境公益诉讼中有 8 件申请了该基金,总金额达到 186,600 元。[1] 另外,“截至 2018 年 9 月,提起环境公益诉讼的社会组织增加到了 22 家……所提起的公益案件涵盖全国大部分地区,基本实现了生态环境保护的重点地区的全覆盖”;[2] 另一方面,最高人民法院于 2014 年 6 月正式成立环境资源审判庭。截至 2018 年 12 月底,全国 31 个省、市、自治区人民法院设立环境资源专门审判机构共 1271 个,其中审判庭 391 个,合议庭 808 个,巡回法庭 72 个。257 个基层人民法院、110 个中级人民法院、23 个高级人民法院设立了专门环境资源审判庭。[3] 从中可以看到,“多元”的张力已经初步显现:“2018 年,全国法院共受理社会组织提起的环境民事公益诉讼案件 65 件,审结 16 件;受理检察机关提起的环境公益诉讼案件 1737 件,审结 1252 件。其中,受理检察民事公益诉讼案件 113 件,审结 72 件;受理检察行政公益诉讼案件 376 件,审结 231 件;受理检察刑事附带民事公益诉讼案件 1248 件,审结 949 件。”[4]

(二)“共治”的潜力

在我国 2014 年国务院政府工作报告中,李克强总理明确提出要“注重运用法治方式,实行多元主体共同治理”。“多元共治”的要旨即在于通过推进“政府与社会共同治理”,积极整合有助于“摆脱体制失灵的制度资源”,[5] 以国家

[1] 巩固:《2015 年中国环境民事公益诉讼的实证分析》,载《法学》2016 年第 9 期。

[2] 江必新:《中国环境公益诉讼的实践发展及制度完善》,载《法律适用》2019 年第 1 期。

[3] 吕忠梅、刘长兴:《环境司法专门化与专业化创新发展:2017—2018 年度观察》,载《中国应用法学》2019 年第 2 期。

[4] 吕忠梅、刘长兴:《环境司法专门化与专业化创新发展:2017—2018 年度观察》,载《中国应用法学》2019 年第 2 期。

[5] 王名、蔡志鸿、王春婷:《社会共治:多元主体共同治理的实践探索与制度创新》,载《中国行政管理》2014 年第 12 期。

治理资源的优化配置来提升国家治理绩效。在这里,问题的关键即在于具有相对独立性的体制外社会组织资源如何以其自下而上的“私人行动”有效整合到国家治理自上而下的决策结构中,进而帮助后者克服决策过程中信息不对称与决策资源配置的无效率。

鉴于此,本文以“草根动员”与“公民诉讼”这两类社会行动类型与国家治理机制之间的互动为分析线索,尝试在理论上讨论是否有可能以一种“市场化”的路径(主要是基于交易成本、多元制度供给与行为选择这三重维度)来配置社会行动资源,从而基于社会行动路径分化以及国家治理结构(行政/司法)的有效对接,在社会行动者的竞争性选择中实现国家治理资源(权力/权威)的优化配置。

在国家治理结构“回应”社会行动路径分化的制度对接过程中,最为关键的即在于如何基于制度功能分化而形成“共治”的合力。比如,我们之所以认为草根动员在提升国家治理绩效方面具有积极意义,是因为日常抗争行动所制造的政治压力可以迫使基层政府对上级政府和社会更加负责地承担政治伦理责任。然而,当草根动员从日常政治行动向司法动员发生演化时,由于受制于司法技术上诉讼类型(民事、行政、刑事)的划分,其在法律责任层面向政府施加的压力反而可能弱化。比如,在前文福建省 PN 县的例子中,XP 村村民就其遭受的环境损害所提起的只能是常规意义上的“民事诉讼”,诉讼技术形态的限制使得司法治理缺乏能够有效“切入”行政治理的“共治”渠道。

美国的公民诉讼“既可以诉民也可以诉官,其本质是以环境污染或破坏等原因行为为指向”。[1] 这在根本上是因为基于环境公共政策的实施逻辑,司法动员往往会囊括多元复杂的诉求。比如,在“绿发会诉上街区马固村村委会、上街区人民政府、峡窝镇人民政府和上街区文广局等人文遗迹破坏案”中,马固村为配合政府产业园规划进行搬迁,致使多处历史文物遭到破坏。原告起诉要求被告赔礼道歉,重新规划该地区,并采取原地保护、遗址保护、建立文物博物馆

---

〔1〕 杜群、梁春艳:《我国环境公益诉讼单一模式及比较视域下的反思》,载《法律适用》2016 年第 1 期。

等补救措施。[1] 这些诉讼请求以及诉请的对象实际上兼具了民事与行政的双重属性，按照传统的司法模式是无法在一个诉讼中一并解决的。即便“村委会和其他行政主体可分别被提起民事公益诉讼和行政公益诉讼，这种对同一事件的人为拆分也是烦琐低效的”。[2]

鉴于此，最高人民法院引导推动地方试点实践的“环境资源刑事、民事、行政归口审理的三审合一模式”，[3] 实际上正是通过“司法资源的整合”[4] 而对契合国家政策目标的社会行动加以更有效地回应。在 2018 年，“全国已有 15 家高级人民法院实行环境资源民事、行政案件‘二合一’，刑事、民事、行政案件‘三合一’或刑事、民事、行政和环境案件执行‘三加一’的归口审理模式”。[5] 由此，作为落实国家机构之间平行责任的司法机制可以更有效地为“追求自我选定目标的公民提供一个支持性框架”，[6] 降低社会行动者的选择成本。

另外，针对当前我国环境公益诉讼起诉率低的问题，有学者基于公共选择理论视角建议借鉴美国公民诉讼制度律师费“败诉方负担”规则和“赏金猎人”制度对有意愿推进环境公共利益的社会行动者提供“选择性激励”。从美国的实践来看，即便法院通常都是在原告胜诉的背景下才会判决适用律师费“败诉方负担”规则，一般不将之适用于被告胜诉的情形。[7] 但这在一般情况下也足以“迫使潜在当事人更仔细地权衡其诉讼请求的可行性，从而可以减少无谓的

---

〔1〕 王硕：《千年古村拆迁损毁文物　民间环保组织状告政府》，载《京华时报》2015 年 10 月 19 日。

〔2〕 巩固：《2015 年中国环境民事公益诉讼的实证分析》，载《法学》2016 年第 9 期。

〔3〕 黄秀蓉、钭晓东：《论环境司法的“三审合一”模式》，载《法制与社会发展》2016 年第 4 期。

〔4〕 张新宝、庄超：《扩张与强化：环境侵权责任的综合适用》，载《中国社会科学》2014 年第 3 期。

〔5〕 吕忠梅、刘长兴：《环境司法专门化与专业化创新发展：2017—2018 年度观察》，载《中国应用法学》2019 年第 2 期。

〔6〕 [美]米尔伊安·R. 达玛什卡：《司法和国家权力的多种面孔——比较视野中的法律程序》，郑戈译，中国政法大学出版社 2004 年版，第 109 页。

〔7〕 根据这一规则，法院可以判决由败诉方承担胜诉方的律师费。当然，这通常都只适用于原告胜诉的情形，极少适用于被告胜诉的情形。参见 Jeffrey G. Miller, Brooke S. Dorner, “The Constitutionality of Citizen Suit Provisions in Federal Enviromental Statutes”, *J. Envtl. L. &Litig.* 27, 2012, p. 410。

或骚扰性诉讼”。[1] 与此同时,通过“明确规定胜诉原告可以主张败诉被告支付的损害赔偿金的一部分作为奖励”,[2]这就可以既对有正当理由的诉讼产生激励效应,又可以预防滥诉。[3]

总而言之,在“行动—回应”的关系架构下,“多元共治”的实践潜力将在很大程度上取决于国家如何通过制度供给降低社会选择成本、提供选择性激励,从而实现在“政府在场”的前提下,“将内在维护合法性与有效性的动力与外在倒逼机制的压力转化成国家治理能力”。[4]

七、对我国当前实践的反思

有学者认为,我国当前由“司法机关主导环境民事公益诉讼程序”的相关制度设计“使得司法机关可以将公共利益应当在何种程度上得到保护以及允许其暴露在何种程度的危险之中这样一些传统上属于立法机关或行政机关的公共政策选择问题转化为了法律适用问题,侵入了行政权乃至立法权的权限范围”。[5] 这在实践中导致了“环境行政执法与环境民事公益诉讼功能重叠与冲突问题”。[6]

比如,“泰州天价赔偿案”“康菲溢油”公益诉讼等案件就在学理上被认为有司法权越位行政权的嫌疑。有学者援引国外学者的学理阐释认为:“公益诉讼不能入侵行政机关的合法领地。”[7]在有“全国首例大气污染公益诉讼案”之称的“中华环保联合会诉德州晶华集团振华有限公司大气环境污染责任纠纷公

〔1〕 陈亮:《环境公益诉讼激励机制的法律构造——以传统民事诉讼与环境公益诉讼的当事人结构差异为视角》,载《现代法学》2016年第4期。

〔2〕 陈亮:《环境公益诉讼“零受案率”之反思》,载《法学》2013年第7期。

〔3〕 王丽萍:《突破环境公益诉讼启动的瓶颈:适格原告扩张与激励机制构建》,载《法学论坛》2017年第3期。

〔4〕 臧晓霞、吕建华:《国家治理逻辑演变下中国环境管制取向:由“控制”走向“激励”》,载《公共行政评论》2017年第5期。

〔5〕 王明远:《论我国环境公益诉讼的发展方向:基于行政权与司法权关系理论的分析》,载《中国法学》2016年第1期。

〔6〕 罗丽:《我国环境公益诉讼制度的建构问题与解决对策》,载《中国法学》2017年第3期。

〔7〕 罗丽:《我国环境公益诉讼制度的建构问题与解决对策》,载《中国法学》2017年第3期。

益诉讼”案中,有学者认为,被告被诉前已连受5次行政处罚,在起诉的前一天已被当地环保部门处以“责令全部停产整治、停止超标排放废气污染物”的处罚,在起诉后的第3天该公司生产线已实现“全部放水停产,并另外新选场址,原厂区准备搬迁”。但法院仍然对之判处高额赔偿,这类“主要问题已通过行政手段得到基本解决的案件,再行提起公益诉讼,难言合理”。[1]

在“常州毒地”案中,上述学理表达已经切实转换为相应的实践逻辑,该案一审法院认为:“在涉案地块环境污染损害修复工作已由常州市新北区政府依法组织开展,环境污染风险已经得到有效控制,后续环境污染监测、环境修复工作仍在实施的情况下,两原告提起公益诉讼维护社会环境公共利益的诉讼目的已在逐步实现。因此,对两原告提出的判令三被告消除危险或赔偿环境修复费用、赔礼道歉的诉讼请求,本院依法不予支持……驳回原告北京市朝阳区自然之友环境研究所、中国生物多样性保护与绿色发展基金会的诉讼请求。案件受理费1,891,800元由两原告自然之友、绿发会共同负担。”[2]

那么,按照上述学理表达与实践逻辑,我们是否有必要借鉴域外的制度经验,为环境公益诉讼设立前置条件,只有当“行政机关拒绝执法或者穷尽行政程序后,环保组织才能起诉”,[3]以避免司法机关“超出其职权范围,在实质上侵入和超越行政权”?[4]

本文认为,对于我国而言,司法与行政的两权界分实际上并不妨碍这两者是在一种“统分结合”的功能结构下为国家公共政策的“私人执行”提供路径支持。比如,所谓的“泰州天价赔偿案”就是在相关的司法党政机关(泰州市中级人民法院、江苏省高级人民法院、被告企业所在地的从开发区到市级党政机关)经过充分沟通协调,“在既有上级法院支持而法律效果有保证,并且符合地方政

[1] 巩固:《大同小异抑或貌合神离?中美环境公益诉讼比较研究》,载《比较法研究》2017年第2期。

[2] 中国生物多样性保护与绿色发展基金会:《常州毒地案一审判决书》,载 http://www.cbcgdf.org/NewsShow/4857/1029.html,2018年5月15日最后访问。

[3] 胡静:《环保组织提起的公益诉讼之功能定位——兼评我国环境公益诉讼的司法解释》,载《法学评论》2016年第4期。

[4] 王明远:《论我国环境公益诉讼的发展方向:基于行政权与司法权关系理论的分析》,载《中国法学》2016年第1期。

府经济政策和中心工作要求而社会效果有保证的情况下……案件立案和审理才驶入快车道”。[1]

相应地,基于“草根动员”的行动逻辑,社会行动者无论是寻求司法介入还是谋求行政干预,一旦常规制度通道无助于其行动目标,其往往会付诸泛政治化的超常规社会动员。比如,作为“常州毒地”案原告之一的绿发会面对一审败诉判决的行动反应是“准备在网上发起募捐活动,以筹集近 100 万元的诉讼费,每人限捐两元”,而另一原告自然之友的总干事张伯驹则表示,在常州公益诉讼二审结案之前,自然之友暂不会发起针对此案件的专题公众筹款活动。“当然,如若经过二审及后续程序,仍然不能扭转高昂诉讼费用的判决,我们将启动相应预案,与大家形成合力,共同应对。”[2]

我们也许可以合理地设想,在国家公共政策“私人执行”机制的路径分化与“竞争性”选择中,行政治理与司法治理功能的“竞争性”重叠反而会有助于通过自下而上的社会行动选择来为“行动—回应”关系架构的实践形态提供多元开放的可能性。从而实现以国家制度供给与社会行动选择互为“激励”,促进包括行政治理与司法治理在内的多元国家治理体系的功能分化与机制协调,在社会、国家“多元共治”的动态博弈中实现国家治理资源的优化配置。

---

〔1〕 秦鹏、陈幸欢:《环境公益诉讼中的法院角色、逆向选择与社会结构——以泰州 1.6 亿赔偿案为样本的法社会学分析》,载《西南民族大学学报》(人文社会科学版)2015 年第 5 期。

〔2〕 李超:《常州毒地案环保组织败诉 难承担 189 万诉讼费拟募捐》,载《中国青年报》2017 年 2 月 7 日。二审法院后来专门就案件受理费问题作出说明:“上诉人优先诉求是由被上诉人修复受损环境,承担修复费用系优先诉求不能实现时的备位诉求,应当按照优先诉求确定案件受理费。因此,本案按照非财产案件计算案件受理费。”据此,一审案件与二审案件的案件受理费均调整为 100 元人民币。参见(2017)苏民终 232 号民事判决书。

译文

基尔克《自然法与社会理论：1500年~1800年》导言*

E. 巴克** 著
林国荣*** 译

一、文本问题

1900年，梅特兰（Frederic William Maitland）教授主持出版了一部名为《中世纪政治理论》（*Political Theories of the Middle Age*）的书，其中收录了基尔克（Otto von Gierke）《日耳曼社团法》（*Das deutsche Genossenschaftsrecht*）第三卷中的一个章节，《日耳曼社团法》的第三卷大约在1900年之前20年的1881年首次出版。您现在所看到的这部作品讲述的是1500~1800年的各种现代政治理论，译自基尔克《日耳曼社团法》第四卷中的五个小节，第四卷首次出版于1913年，距今整整20年。[1] 就年代顺序而言，本书实际上是对梅特兰主持出版的那部作品的一个补充。如果不考虑年代顺序，那么这本书就完全可以看作是一部单立的作品。应当根据这部作品自身来评判这部作品，可以很公正地说，梅特兰教授的学识的分量及其表述风格的魅力的确为《中世纪政治理论》一书，尤其是书中的导言部分，赢得了声望和权威，但不管怎么说，本书与此无关。

本卷书的主题是国家和社团的自然法理论。换句话说，它主要阐述关于国

* 本译文注释从略。

** E. 巴克（Ernest Barker），1874~1960年，历史学家、政治思想家，剑桥大学历史系政治思想史讲席教授。

*** 宜春学院公法与政治思想研究所研究员，哲学博士。

〔1〕 这篇译者序的写作和完成时间是1933年。——译者注

家和其他团体(这些团体可能内含在国家当中,也可能平行于国家,当然也可能居于国家之上)的各种观点,在从宗教改革到法国大革命之间的三个世纪进程中,这些观点都在自然法学派的观念中得到宣扬,或者受到自然法学派观念的影响。不过我们有必要交代一下本卷作品在基尔克全部作品中的时间地位,以便充分说明本卷作品的性质。1880 年,基尔克出版了《约拿斯 · 阿尔修西乌斯与国家理论在自然法上的发展》(*Johannes Althusius and the Development of Natural-Law Theories of the State*)一书。从某种意义上说,这本书只不过是他“作品库中的一个碎片”,是他多产笔头的一件副产品,不过此书也是他的《日耳曼社团法》第三卷和第四卷的先导。此书的主要意图是想复活一个被人遗忘的日耳曼思想家,但所获成果超出预期,它使阿尔修西乌斯(Althusius)成为一枚图钉,上面既悬挂着早于他本人思想体系的中世纪政治理论史,也悬挂着对他之后的现代政治理论的总览。在接下来的 1881 年,基尔克出版了《日耳曼社团法》的第三卷,这一卷一般性地阐述了“古代和中世纪的国家和社团理论”,其中包含一个特别的章节会以较之《约拿斯 · 阿尔修西乌斯与国家理论在自然法上的发展》更为系统的方式来处理中世纪政治理论问题,梅特兰所翻译的就是这个章节。基尔克最终于 1913 年出版了《日耳曼社团法》的第四卷,也是最后一卷,第四卷一般性地阐述了“现代的国家和社团理论”,主要是致力于对现代的社会和国家自然法理论进行进一步的、综合的解说,因为他在 1880 年的那本书中已对此问题有所概括了。您现在所看到的这部作品就是从第四卷中选择了接近一半的内容编辑而来。

第四卷的出版迟至 1913 年,但它的写作时间却有 20 年之久。前三卷的重印促成了基尔克的决心,把第四卷以原封不动的草稿样式呈现给世人,尽管他已经为第四卷花费了多年的心血,而且其中也不乏断裂之处。对此,基尔克几乎是以恳求的语气说:“我不相信还有别的作者会很快地重走我所走过的这些道路。不管怎么说,这些道路实际上是在引领人们穿越蛮荒的沙漠。”第四卷最后出版的时候分为两个部分。第一部分描述了截至 1650 年的现代社会和政治理论史;第二部分则从 1650 年开始,进展至 1800 年。本书所翻译的内容包括第一部分的两个总结性小节、第二部分的前三个小节。第一部分的两个总结性小节阐述了有关人类社会的日益崛起的自然法理论的影响,时间方面则囊括了从宗教改革,确切地说,是从 1521 年沃尔姆斯宗教会议到 1648 年威斯特伐利亚条约签订所经历的一个半世纪。第二部分的前三个小节阐述了自然法理论在其上升期所经历的发展,时间方面囊括了从路易十四登基到法国大革命的这段历史,在这段历史中,自然法理论也同时经历了从霍布斯(Hobbes)和普芬道夫(Pufendorf)到康德(Kant)和费希特(Johann Gottlieb Fichte)的发展。这五个小节加总在一起,则正如基尔克在前言中说的那样,"构成了一个整体",本书所呈现的就是这个整体。书中确实存在一处大的断裂,基尔克对此表示懊悔,作为译者,我也斗胆表达一下自己对此的遗憾。关于教会与国家关系的自然法理论,在其第一阶段,也就是宗教改革的那一时期,得到了简洁但颇有灵感的处理,但在随后的阶段,也就是从 1650 年到 1800 年这一时期,却根本没能得到论述。读者只要概览一下这部作品的规划,就不难注意到确实存在这样一个断裂,不过这个断裂实际上是构成了一个空洞。要不是因为这个断裂,基尔克所谈到的那个整体本可以成为一个圆润和完满的整体,拥有一个核心的论题,并向各个分支辐射。

这个整体的价值所在,就是给予人类社会的普遍理论一种相互联系的和批评性的陈述,这样的普遍理论包括政治理论、宪法理论以及社团理论,在伟大的自然法学派的推动下,这一普遍理论获得了发展。这一理论是关于人类社会的理想或者自然法则的理论,也是有关人的理想和自然权利的理论。这一理论在 1776 年的美国《独立宣言》和 1789 年的法国大革命中达到顶点。许多辉煌的名字装点着这个理论:胡克(Richard Hooker)、苏亚雷兹(Francisco Suárez);阿尔修西乌斯、格劳秀斯、普芬道夫;弥尔顿(John Milton)、西德尼(Philip Sidney);霍布斯、洛克、卢梭;斯宾诺莎(Spinoza)、莱布尼兹(Leibniz);托马修斯(Thomasius)、沃尔夫(Christian Wolff)(这两个人在英格兰可能不那么知名,但他们在 18 世纪却拥有声望和力量);维科(Giambattista Vico)、贝卡利亚(Beccaria);费希特、康德。这正是基尔克所要阐述的那个理论,这些名字也正是基尔克要一再玩味的。书中存在一些疏漏。胡克的名字尽管在洛克的书中不断出现,但基尔克却从来没有提到。基尔克也未曾提及瓦特尔(Emeric de Vattel),尽管瓦特尔发表于 1758 年的《万民法,或自然法原理》(*Vattel*, *Le Droit Des Gens*, *Ou Principes de La Loi Naturelle*)仍然是英国各个大学着重推荐的标准研究文本。部分是因为受到波士顿律师圈子对瓦特尔作品所作研究的推动,自然法观念盛行于美国的革命时代,并成为美国革命的显著标志之一,但基尔克对此只字未提。潘恩(Thomas Paine)的《人权论》也从基尔克的书中缺席了,基尔克也从来不曾提到伯克(Edmund Burke)的理论,边沁(Bentham)在早期作品中对自然法理论的批判也遭遇基尔克同样的对待。有疏漏,也就会有闪失。基尔克对许多作家的观点所进行的阐述,往往都需要补充或者修正,比如苏亚雷兹、斯宾诺莎,甚至洛克也多少不能例外。不过对于道路如此漫长、范围如此宽广的探索历程来说,这样的情况几乎是难免的。

有两件事情是需要交代一下的,这两件事情足以使上述的疏漏或者闪失忽略不计,直到从读者的视野里消失。首先,基尔克所研究的原初文本可谓卷帙浩繁,天主教的和新教的,法律的和政治的,德语、法语、英语、意大利语以及西班牙语,大量的注释,连同来自权威文本的关键段落的丰富征引,都使得读者能够追随他的文献来源,并检验他的结论。其次,他从来都不是简单地分析和描述这些材料。尽管他总是很关心团体这一概念构成,尤其是关心他称为社团的这一团体形式,并一直急盼着发现团体生活的本质、团体权威的来源和性质以及团体人格的意义,他仍然以自己的范畴和问题来带动材料方面的研究;他一直在努力借助这些范畴以及通过对问题的回答来发掘意义所在;他因此就将自己的范畴形式和思想体系烙印在研究内容的上。这种做法的危险在于试图使过去的理论强行符合某个当前的体系。这一方式所激发出来的批判因此很可能是外来的,而非内生的,任何被放在这张“普罗克拉斯提斯之床”上的作家,都不得不根据床自身的样式和尺寸来调整自己。不过所有时代都倾向于用自己的观念来衡量过往的时代。我们中几乎没有谁会用“莱斯比安建筑的铅尺”,一旦切近事实材料,便随之变形。

我们一般都会根据自己的哲学或者偏见,而使用固定的判断标准,黑格尔主义也好,达尔文主义也好,或者马克思主义也好。基尔克处身浪漫主义传统当中,处身于从浪漫主义身上汲取营养的黑格尔主义运动当中,处身于历史法学派(尤其是这一学派的日耳曼分支)当中,历史法学派从浪漫主义和黑格尔主义运动身上汲取双重营养。基尔克拥有日耳曼法学家所特有的严谨的概念思维,他将许多概念带进了自己的作品,比如“国家人格”“国家人格的载体”“国家人格的器官”“国家人格”成为一个“主体”或者权利所有者的能力。阅读他的作品就要牢记他所追随的传统以及他所使用的工具。这一传统和这些工具与我们的大有差异,不过恰恰是这一事实为我们研读他的作品平添了动力和热忱。像基尔克那样去见证西欧在那三个世纪里所经历的发展,实际上能为我们赢得新的视角和新的理解支点。

基尔克在本部分文稿中引用了众多作家,其中很多人都已经长时间地湮没无闻了,至少对于英语读者来说是这样的。在这些人的荒冢之上覆盖着厚厚的尘土,人们可能会问,为什么要打扰他们?柏尔提乌斯(Bortius)和布西乌斯(Busius),乃至赫尔提乌斯(Hertius)和海因尼西乌斯(Heineccius),诸如此类的人物与我们有什么关系呢,我们跟他们有什么关系呢?对此问题,我们也许可能参考约翰·莫利(John Morley)在回答类似问题时的说法,作这样的申述:事情恐怕不单单局限在伟大思想家曾经惠泽人类思想这个方面,卷帙浩繁的小开纸作品,在空中任意翱翔而从不顾及大地,这件事情本身自有其意义所在。不过还有更进一步的回答。这些作家都是他们自己那个时代的伟大自然法观念的阐释者,正是他们的那些阐释直接或者间接地喂养了洛克和卢梭,以及费希特和康德的思想。我们可以不带冒犯地称卢梭为自然法玄思的伟大普及者,但是如果我们不追溯其思想的各种源头,几乎就不可能理解卢梭。卢梭并不是“道德人格”乃至“公意”这些观念的发明者。这些观念和普芬道夫一样古老,甚至还要继续往前追溯。“风格即人”,并且风格即名声,不过研究者们有必要透过风格的幕帐,去看一看究竟是谁完成了开采矿藏,是谁开凿了石料,最终培育了如此的风格。甚至像康德和费希特这样的思想家而非风格作家,也同样从自然法的伟大矿藏中汲取营养,来培育自己的观念。

众多遭遗忘的作家都是他们自己时代的法学教授。其中一些人在荷兰的大学里,比如弗兰肯、莱顿以及乌尔里希这样的地方,专职讲授法律;但大部分人都是在德国的大学里讲授法律。阿尔修西乌斯在赫尔本、普芬道夫在海德堡;声名稍次一些的人则在哥廷根、耶拿、马堡和图宾根。不过在政治和法律研究方面,德国众大学中的卓尔不群者则是普鲁士的哈勒大学,它靠近萨克森边境。这所大学始建于 1694 年,迅速成长为法学研究的中心地带,在它的教师队伍中包括了托马修斯以及赫尼西乌斯(Heineccius)这样的人,在随后的 18 世纪又有沃尔夫和内特布拉特(Daniel Nettelbladt)这样的人杰加入。基尔克所征引的日耳曼作家中,大多数都是法学教授,其中又有许多人任教于哈勒大学。我们可以从他们身上知晓日耳曼思想对 17 世纪和 18 世纪政治玄思所作的贡献,这些贡献主要出自德国大学教授之手,仅此一点就值得人们去纪念。不过事情还需要向更深处发掘。这些德国教授不仅仅对欧洲政治思想的一般性发展作出了贡献,他们也对德国自身的法律发展发挥过巨大而积极的作用,对那一时代的德国而言,所谓法律的发展,实际上也就意味着国家的发展。在德国并没有像英格兰那样的法律行会来控制法律教学和司法系统的发展。大学里的课程都是免费的。英格兰的法律教学主要由雷吉斯讲席(Regius Professorships)的讲席教授们来主导,其主要领域是民法,这一讲席由亨利八世设置,在牛津大学和剑桥大学一直持续到 1832 年的议会改革年代,而他们所讲授的罗马法不管内容本身的价值有多高,对英格兰生活却影响甚微。德国的情况与此迥异。德国对法律的各个分支都设置有教席,拿罗马法来说,自 16 世纪之初的“继受”以来,就逐渐发展形成了罗马法的“现代运用”教席,另外还包括自然法、国际法以及公法等。教授们覆盖了范围广阔的领域,从私法的精雕细琢到公法和实践政治上的种种神秘要素。他们实际上就是这片干渴土地上的股股清泉。他们一方面能够帮助建造出拥有实践效能的法律规划。在德意志,包括它的各个州,都不存在普通法或者类似普通法那样的东西,甚至普鲁士也只是到了 1791 年才有了自己的“一般邦法”(*Allgemeines Landrecht für die Preußischen Staaten*)。另一方面,教授们也能从他们自己的等级或者从他们的学生当中,提供或者培养法官、政务人员、官员以及外交使节,这些人正是当时的日耳曼诸邦国急切需要的。大学的法律系科也是最高级和最宽泛意义上的德意志官僚体系的储备库,这是日耳曼民族的一项伟大创造。我们只有在脑海里记取这一背景,才能给予本卷中的人物以公正的分量。也许我们这些生活在英国的人根本就不知道这些人,这些人自己的祖国也可能已经遗忘了他们,但他们确实在他们那个时代的实践生活中辛勤劳作过,并且帮助确立了日常生活的结构。[1] 不过,作为法学教授,就这个群落的本性而论,乃是“天然的沉思动物”,他们同时也在有关法律和政治的严酷的纯理论领域辛勤劳作过,他们也都在这些领域留下了虽然有些陈旧但堪称永恒的纪念碑。他们为政治理论家们提供了基础性的工作,尤其是通过在自然法理论方面的工作,他们所释放的那些观念与他们的实际工作相比,将产生大得多的影响,波及的范围也要大得多。正是这些观念将最终成为炸药,帮助摧毁了大不列颠帝国和他的美洲殖民地之间的联结,同时也粉碎了古老的法兰西王朝。

法律与政治理论的联系,尤其是自然法与政治理论和政治实践的联系,将在这篇导言后面的一个更合适的地方给出交代。我们现在有必要解释一下为什么要在本卷中以附录的形式收入特罗尔奇教授(Troeltsch)的一篇演讲,这篇演讲发布于 1922 年柏林的高等政治学院,题为“自然法观念与人性”。在某些方面和基尔克一样,不过是从一个神学家的角度出发,并以基督教思想的方式进行表述的,特罗尔奇的研究工作也囊括了数个世纪的历史时段,从初期教会到中世纪大公教主义,再到新教及其各个“教派”的时代,在这个为时漫长的历史时段中,特罗尔奇集中探索了团体生活的各种历史性系统,以及渗透于这些系统当中的主导观念。这些探索的成果呈现于特罗尔奇的大部头著作《基督教会的社会学说》当中,此书初版于 1912 年,基尔克正是在接下来的 1913 年出版了《日耳曼社团法》的最后一卷。我们在特罗尔奇和基尔克的作品中所发现的有关人类历史和人类社会的种种哲学,在某些方面是平行的,有时候甚至是互补的。不过基尔克在战争快结束的时候已经年近八旬,特罗尔奇要比他年轻,因此特罗尔奇的思想更少地受缚于陈旧的和习惯的轨道。1922 年,57 岁的特罗尔奇在德国战败的巨大冲击下,开始致力于反思流行自浪漫主义运动时期的德意志思想脉络,特罗尔奇将德意志思想的这条脉络同流行于西欧国家的自然法思想对立起来,特罗尔奇以一种更具普遍性和包容性的欧洲视野来评价两条

[1] 即使是今天,就当代生活的境况而论,法学教授在大陆国家的一般生活当中所发挥的作用仍然远远超出了人们在英格兰对法学教授的期望。对此,我们只需要反思一下德国法学教授们在有关《民法典》或者《魏玛宪法》的事务上所付出的劳作;或者我们也可以反思一下法国的法学教授们在廓清《拿破仑法典》这件事情上所付出的艰辛;或者反思一下意大利法学教授在意大利司法和政治中所发挥的作用,一切就不难明白了。

思想脉络,一种关于欧洲思想史的宽广观点激发并深化了特罗尔奇的研究。这篇演讲记录了他的这些反思,本身就是有价值的,也因其内在的内容而非常有必要翻译过来。不过这并不是将其收入本书的原因或者借口。真正的原因在于这篇演讲包含了对自然法概念的根本评估,而基尔克所要阐述的正是这个主题,同时它也包含了对浪漫主义观念以及"日耳曼主义"观念的类似评估,而基尔克也正是借助这些观念进行思考的。它能帮助读者理解基尔克所要阐述的主题以及基尔克的思考脉络。要是读者不介意我给出建议的话,在阅读本书的主题部分之前,确实有必要先阅读一下这篇附录作为参考。

特罗尔奇在德意志思想和西欧思想之间所作出的划分和对比,正如他本人所评论的那样,必须在作出一些调整和限制的情况下才能接受,或者限制的幅度要超过特罗尔奇所暗示的程度。一方面,自然法理论在其17世纪和18世纪的形成阶段,绝不是仅仅局限在西欧国家的范围内,也绝不是仅仅在那里得到特别的培育,实际上,德国的大学在发展并讲授自然法方面贡献了特别的力量。另一方面,对超个人团体的神化,尤其是浪漫主义运动以来盛行的对国家的神化,也绝不仅仅是德意志的专属品,实际上在法国民族主义(如法兰西行动组织)的思想流派以及意大利的法西斯主义哲学中,都有其类属品,即使我们不谈它们之间的亲缘关系,意大利法西斯哲学将国家尊崇为"超个人的有机组织,无论这些个人是单个的还是团体的"。但不管怎样,在西欧思想,尤其是法国思想和德国思想之间确实存在差异。我们中的许多人长久以来就痴迷于德国思想的深奥,今天仍然如此。德国思想仿佛高高堆积的云层,庄重肃穆,既庞大又伟大,但这不是我们的自然天空。(甚至德国思想借以讲话的语言也与我们有着本质的不同。德国思想家在遣词之时声音洪亮,响彻很远,仿佛是在用雷声讲话。但是这些雷声究竟说了些什么,确实是译者经常在心绪烦乱之时询问自己的问题)一旦我们转向法国思想,我们就转向了一片清新的天空,尽管这些思想有时候显得形式化,甚至肤浅,我们是在与简洁的和古典的观念进行交流,我们行走在澄澈当中。德国思想,如同德意志民族,长期挣扎在发展的阵痛当中,这确实是一件纷繁沉重的东西。一旦德国思想集中关涉团体或者"超个人现实"问题的时候,这一思想本身也就成了捉摸不定、飘浮滚动的云团,至少对于政治现实主义者来说,情况就是如此。我们逐渐开始将"团体"看作巨大的"布罗肯幽灵”,在我们行走之时直面我们。今天,我们会羡慕一个处在移动和沉重当中的民族,我们会羡慕这个民族的思想激流,我们会羡慕有关超个人团体人格的各种哲学,比如民族精神、伙伴关系以及各种形式的慈善组织。这确实是一种可以抬高个人的哲学,使个人高居日常生活的自利关心之上。但是这种哲学也可以吞没个人,吸干个性。在实践中,它的结局可能比野蛮而本能的蜂窝机制好不了多少。我们无论如何都必须承认特罗尔奇如下说法中的公正分量:将团体理想化的目的很可能是“使浪漫主义野蛮化,使犬儒主义浪漫化”。我们必须承认,对超个人存在物的崇拜确实产生了悲剧性的后果。它始自赫尔德的民间诗歌和民间音乐,经历成长之后融入了黑格尔的民族心灵和萨维尼的民族权利(这一权利或者法律仅仅是一个特定的民族在一个特定的发展阶段上对正义的感受而已),它在沙恩霍斯特(Gerhard Johan David von Scharnhorst)的民族军队中达到顶峰。它自有其壮丽和火焰,但也激起浓重的烟雾。个人主义常常作为谴责之词加以使用。不过即使是把人视为“行走的树”也是好的,因为可以从中看到人的简朴形态,并以简朴的方式思考人。人格,作为个体的人格,有其局限和限制,但这可以满足我们的理智,人格也有其无限和扩展的方面,可以满足我们的信仰。说人格有其局限和限制,这是因为在任何的社会秩序图式中,作为个体的人格都有其确定的位置,在法律体制之下都有其确定的责任和权利,而法律体制则必然规定了人们之间的外部关系。说人格有其无限和扩展的一面,是因为“在永恒的相下”(*Sub Specie Aeternitatis*),每个人都是“一个活的灵魂”(作为个体的人格都是如此,或者能够如此),拥有精神生活的内在源泉,这一精神生活超越了我们的学识范围并终结于我们的理解范围之外。如果我们从这个角度观察团体,就无法称之为人格。我们应当称之为人格的组织或者某种人格关系的图式,在它们各个相继而起的阶段都是如此,从村庄或俱乐部到国家或者国际联盟。因为它们是由人的思想建造起来的组织或者图式,我们因此应当将之视为人类思想的构造物,等同于人的思想并由人的思想来培养、修改乃至摧毁,但它们无论如何都不能成为人格本身,就个人也意味着从人格这个意义上说,事情就是如此。

二、法律与政治理论

我们已经附带地谈过法律研究与社会—政治研究之间的关联。基尔克的这些研究所采用的方法,以及所选取的内容,都促使我们进一步探究上述关联的性质。基尔克本人是个法学家,而且是双重意义上的法学家。也就是说,他既是一个拥有教席的法学家,沉浸于法律史和法律原则的研究和解释工作当中;他也是一个战场上的法学家,致力于观念战争的繁忙工作当中,这一战争贯穿了19世纪后半叶的德意志,《德意志民法典》的建构则是主战场所在。基尔克的这种双方面的活动是紧密关联的。在《日耳曼社团法》最后一卷的前言中,他解释说,假设他曾经抛开历史而介入当代斗争,那也是本着他写作历史时候的同一个信仰和同一个目标,"要以日耳曼精神充盈新的法典,要以历史为基础形成日耳曼内容、支撑日耳曼主义的未来生长"。正如在他的作品中曾读到过的那样,我们必须记得,他试图引入一种关于德意志国家和德意志社会的观念,这种观念得自他的长期研究,不仅用来解释过去的发展,也要用来塑造当前的发展,这里所谓的"当前"是指处在1871年的新宪法和1898年新的《民法典》之间的那段政治和法律建构的伟大年代。正是在这样的精神光照之下,他才开始着手1500~1800年的国家和社会理论研究,普遍自然法的观念正是在这段历史时段中盛行起来的。在那三个世纪当中,究竟发生了哪些事情是符合德意志生活和思想的长期历史趋势的?并且也能够融入德意志的当前状态中呢?究竟出现了哪些错误是德意志必须去除的呢?确实发生过一些事情,附录二中摘录了基尔克《约拿斯·阿尔修西乌斯与国家理论在自然法上的发展》中的那些段落显示出,基尔克是何等强烈地感受到自然法基本观念的价值,这一基本观念指出:存在一种自然正义,以人类理性为基础,高于并支撑所有的实证法。也确实出现过一些错误,本卷的读者可以从基尔克对自然法之个人主义基础的批评中看到,他是何等强烈地感受到这一错误,他又是多么深切地希望促成自己的哲学,这一哲学认为这世界不仅仅是个人的世界,也是"真实的团体存在物"的世界。

与英格兰相比,在欧洲大陆,法律与政治科学之间要呈现出远为密切的关系。在我们这代人,法律和政治这两个主题普遍地显现出分道扬镳的趋势,已经没有什么人借助法律来研究政治科学了。霍布斯并不是不明白英国法律,不过他使用的是物理学和行为心理学的语言,而非法律的语言。洛克运用了“托付”这一概念,不过他是个物理学家、哲学家和政客,而非法学家。我们的法学家当中,几乎也没有什么人会将注意力分散在政治学的基本问题上。也许我们可以想到诸如布莱克斯通(William Blackstone)和边沁、奥斯汀和梅因(Henry Sumner Maine)以及戴雪和梅特兰这些人,但他们只是偶尔闪现的星辰,而非一个星座,而且布莱克斯通的光芒多少是有些暗淡的。从整体来说,我们的法律专属于一种严密而实证的法律职业,我们的政治科学并非来自法学家或者法学教授,而是来自拥有哲学禀赋的政治从业者或者来自有着实践趣味的哲学家。如果这确实是缺陷的,那么我们也能从这样的缺陷中有所斩获。拥有哲学禀赋的政治从业者,西德尼或者伯克也好、莫利(Morley)或者布赖斯(Byrce)也好,都是能够将一种更具包容度的现实感融入思考当中的。有着实践趣味的哲学家,无论是 18 世纪的亚当·斯密和帕莱(Palet),还是 19 世纪的西奇威克(Henry Sidgwick)、T. H. 格林(Thomas Hill Green)以及鲍桑葵(Bernard Bosanquet),也都能够将实践问题融入伦理原则的高等领域和终极领域。就英国的政治科学体系而言,如果我们能够说点什么的话,那就是:它总是倾向于将日常现实的本能同某种道德基础联系起来,国家的行为,也正如同所有的人类行为一样,必须以这样的道德基础为基础。我们大学里的人文主义传统把教师和听众一致带回到柏拉图和亚里士多德那里,不仅仅是老师,还有那些注定了要从事政治事务的学生,都深染着《理想国》或者《政治学》中的伦理—政治观念,这样的传统本身更是加强了对于政治学之道德基础的朴素感觉。我们的政治科学由此便获得了一种德国学者称为“规范的”性格。如果政治学的研究主要由法学研究来贯穿其中,这样的研究就会变成对“法治国”的干瘪研究,并且将会始终围绕着法律形而上学的问题进行,比如“国家人格”的性质或者“国家权威”的本质。我们英语政治哲学一直是散漫的,几乎没有发展出什么“学派”,除非边沁主义也可以称为一个学派,而且英语政治哲学普遍地关注对道德规范或者标准的讨论,控制国家及其活动的正是这些规范和标准。也许我们在心灵深处不应该对这样的现象保有过分善意的态度,而是应当像亚里士多德评论苏格拉底时说的那样,投身到人类习俗的研究当中。

我们不妨在作出许多限制的情况下,进行一个粗略的对比。在欧洲大陆,政治教育和政治思考基本上沿着法律的路线进行。在服务国家之前,必须经历法律方面的训练,无论是参与国家的行政工作,还是司法工作,法律是国家理论的基础。法律一方面提供了国家公务员的训练,另一方面也提供了用来理解政治经济学的概念和思路。法学家是无处不在的。确实,德国和法国的政治理论深深地烙上了这样的印迹。研究法国的现代政治理论实际上就是研究一系列的法学家,比如埃斯曼(Esmein)、奥里乌(Hauriou)、贝泰勒米(Barthelemy)、狄骥(Duguit),同时也就是去研究"宪法概论"性质的作品。研究德意志的现代政治理论,同样也就是去研究一系列法学家,比如耶林内克(Georg Jellinek)、凯尔森(Kelsen)和施密特(Carl Schmitt),如果论文的主题是国家理论,也就是国家法权本身,那么它们的作者通常就是法学教授。我们正面对着这样一种巨大而普遍的潮流,我们必须去掂量这一潮流的分量,看看是否能够从中学到一些东西。我们英语政治科学迄今都没有诞生伟大的方法,至少在这个方面,我们是可以学到一些东西的。

用法律的方法来研究政治科学,这确实有可能把我们引入法律形而上学的贫瘠地带,这样的方式也确实有可能把国家转化成纯粹的法律建制,而非"良好生活中的同胞关系"。不过还有一些情况也可能是真的。首先,国家的日常运作与法律是高度趋同的,比如宣布并批准法律,实际上也就是宣布并批准所有成员的权利,这样的趋同程度之高迫使我们要研究国家就不得不研究法律。其次,借助法律来研究国家,可以使政治科学成为一门真正的训练,它要求学生真正地掌握法律概念和一般的法律观点。政治科学如果不扎根在这样的训练当中,并以这样的训练为基础,就很可能成为松散概要性质的大杂烩。最后,政治科学的全部语汇都浸染在法律当中。这一语义学上的事实无不是反映并表达了一个漫长的过程。在数个世纪的进程中,政治科学一直在借用法律概念,政治科学正是在法律语言当中学会了说话,也正是通过法律语言才变得吐字清晰。

人们常常说,"那些从西欧获得其文明的世界可以分为两个地带,其一是英国法律,其二是罗马法,起码外在形式上是如此"。不过由于上面提到的原因,政治科学却极少从英国法律的语汇中有所获益,相反,它深深地卷入罗马的法律当中。当人们试图将国家作为“社团”来进行解释的时候,所用的“Societas”一词就是借自罗马私法,如果我们试图将政府解释为权威的实施,而这种权威来自“社团”的委托,那么“委托”这一概念也同样来自罗马私法。这些例子都说明了我们是如何从私法领域借取术语,并将其运用到公法领域。换句话说,我们实际上是运用了涉及私人团体和私人事务的法律规则,来解释国家本身的性格和活动。借用一个领域中的观念来解释另一个领域中的生活,这其中必定会造成困难,基尔克也充分表明了这一点。不过罗马法能够提供给政治理论家的东西不仅限于私法观念。它也拥有涉及法律和正义之本性的构想,而且罗马法的构想中也不缺乏人民之立法功能的元素,同时,它也有关于治权和威权的观念,甚至还有君主法令(*Lex Regia*)的观念,人民正是通过这项观念而将统治权和权威让渡给君王。所有这些观念都成为政治理论的材料。在中世纪的罗马法注释家手中,稳定而持续的工作促成了这些概念的发展。我们都会去研究但丁(Dante)和帕多瓦(Padova)的马西利乌斯(Marsilio)的观念,不过我们不能忘记,在他们身边一直站立着他们同时代的伟大法学家巴特鲁斯(Bartolus),巴特鲁斯自身的观念则来自古老的罗马遗产,而他本人则在 16 世纪也成为一项遗产,大部分政治学者都在引用或者使用这项遗产。

除法律遗产之外,罗马还留下了其他的遗产可供政治理论家们使用。比如,在 13 世纪引入了亚里士多德的遗产;再如,基督教父们,而不仅仅是奥古斯丁(Augustine)的遗产,一直以来都是教会非常珍视的。不过,罗马法自有其特别的体系和意义。它不仅仅是一项遗产,它也是运用于现实法律的生命体,在法庭上得到实践,并由法学家们加以发展。它在中世纪的历史,正如维诺格拉多夫(Paul Vinogradoff)在其《中世纪欧洲的罗马法》(*Vinogradoff*, *Roman Law in Medieval Europe*)一书的结尾处评论的那样,“在一个动荡的环境中,见证了观念的潜在活力和组织力量”。毫不奇怪,欧洲的现代政治理论,当其在 16 世纪诞生的时候,主要是由法学家们给予阐释的,而且是借助罗马法来进行阐释的。博丹(Jean Bodin)、阿尔修西乌斯、格劳秀斯、普芬道夫是其中的代表性人物,他们都是法学家。不错,确实有一些教士也参加了这项事业,也致力于发掘一种关于教会以及教会—国家关系的理论。不过,即使是教士主要也是遵循着法学的研究模式,他们不是也有自己的教会法吗?苏亚雷兹的伟大作品的名字就是《论法与立法神》。不错,确实也有一些哲学家试图发现政治学的永恒原则,不过他们同样也普遍地执着于法律。费希特写了《自然法权基础》和《法学体系》,黑格尔则写了名为《法哲学原理或自然法和国家学纲要》的作品。

政治科学由此便在数个世纪的时间中讲着法律的语言,主要是罗马法的语言(自然法,正如我们应当看到的那样,乃是一个理论家们通常用来包容他们的标准的术语,不过我们也应当看到,自然法本身就是罗马法学家们的一种观念)。我们也许会问,在我们今天的经验和观念状态中,政治科学和法律之间的关系应当怎样才是恰当的?我们可以在国家和社会之间作出区分,并由此开启我们的追问。社会,或者说是共同体,在我们现代生活中采纳了民族社会或者民族共同体的模式,它是历史经验中天然给定的事实。每个民族社会都是一个统一体,每个民族社团都在共同传统的指引之下,以共同的方式看待生活,借此来表达这样的统一性,这样的统一性也表达于共同文化或者生活方式的发展当中,不管具体的形式如何。不过每个社会也都是多元的。它包含丰富多彩的团体网络,宗教的、教育的、职业的、行业的,有的是为了娱乐,有的是为了赢利,有的建立在邻里关系之上,有的则依托于其他形式的亲缘关系,它们都染上了民族的色彩,不过它们,至少是其中的大部分,也都有能力和本能同其他的民族社会进行联合,因此便融入某种形式的国际联络当中。这就是社会,不管它们的数量有多大,就其本身而言,它们都是人的自愿生活和自愿活动的展示和运行。这也就是国家必须在其上盖上自己的烙印的材料。我们不妨说,国家也是一个民族社会,只不过它借助我们称为宪法的法律行动而将自己转变成为一个法律组织或者司法组织,而宪法正是其规范或者标准所在(我们正是因此将之称为“主权”)。宪法并不一定就是一份单一的文件,它可以是一系列的历史卷宗,或者无论如何它都可能是一套不成文的宪法性习俗,支持并巩固宪法脉络中有可能出现的所有文件。国家正是借助这样的宪法而形成,并且由这样的宪法来掌管。因此,国家也就是通过一项或者一系列的法律事件而形成的,它的存在就是为了履行法律或者司法方面的功能,它就是因为这样的目的才诞生的。在宪法的首要规则之下,国家宣布并执行了一整套附属性的规则,它们构成了日常的法律体系,这些法律规定了作为其成员的“法律人格”之间的关系,并给这些

“法律人格”分配各自的权利和责任,正是这些东西构成了其成员的“法律人格性”。在生活中,那些有利于接受统一的和强制性规划的领域,它创设了一种工作关系的图景,我们将这一图景称为法律。它也为生活在这一图景中的各个成员都创设了位置,我们称这样的位置为权利和责任。法律就是它运作的方式,各个“人格”的权利和责任就是它运作的目标所在,这样的“人格”可能是个人,也可能是团体。不过,尽管国家有其法律,法律也有着附属于它的对于人类生活中某些领域的强制性规范力量,国家由此监管着整个社会,不过社会仍然是社会。如果社会把自身转变成一个法律组织,它也不会是全部都发生这样的转变,在造就国家的过程中,社会自身并没有消亡。社会仍然是社会,有其看待生活的共同方式,并从事共同文化的发展,它仍然包容了丰富多彩的团体网络,这些团体仍然在不受法律规制的领域中追求人类的自愿活动。在组织化的法律国家背后,涌动着民族社会的生活潮流,由此便存在一片丰富多彩的田园地带,它越过了国家管理下的生活围墙。

如果我们想要在这些观念的基础之上研究法律与政治理论的关系问题,我们首先应当暂停片刻,去追寻一下基尔克自己是怎么看待国家与社会之间的关系的。“社团”(gesellschaft),在基尔克的语汇中,是所有人类团体的总和,也是对人类联合组织的一般性和综合性表达。其范围所及从全人类的普遍社会到村庄以及村庄中的一个家庭。从这一观点来看,国家也是“社会”的一种形式。由此,我们便可以拥有一种关于“社团”的普遍理论,它决定了我们对国家的看法。就此来说,国家只是一系列同心圆中的一个圆环而已。不过基尔克还有一种不同的看法,而这个看法似乎占据主导地位。从这个观点出发,国家似乎就出于圆心的位置上。所有其他团体的位置都以国家为参照进行安排。有一些团体处在国家当中,另有一些团体与国家比肩而立,教会是基尔克提到的唯一例子,另外还有一些团体则处于国家之上,比如联邦以及一般性的国际社团,尽管基尔克并没有清楚说明所谓“之上”是指它的规模更大,还是指它的地位更高。就目前而言,国家似乎把持着内环的路线。不过还有一个观点也是必须考虑在内的。我们一定不要忘记基尔克对于团体人格之真实性的基本信念。依据这一信念基础,国家就具备了真实的人格,不过国家中的其他团体同时也具备了真实人格,而不仅仅是同伴关系或者个体人格的简单集合。同样,教会作为与国家比肩而立的团体,也就具备了真实人格。某个真实的团体人格多少会比另一个更强大、更具权威性,不过就它们都是“真实的”这一点而言,它们似乎也都是对等的。在这种情况下,我们很难弄清楚基尔克实际上是如何构思国家与社会关系的。不过从整体上说,基尔克似乎是将国家视为一股控制并管理社会及其各个团体的力量,基尔克热切地认为,国家应当自由地进行它的塑造工作,在国家对团体的管理当中,人们也应当承认,国家正在管理各个“真实人格”。

现在我们从这个离题的讨论中抽身,并继续有关国家与社会之区分的讨论。我们现在要考察一下政治理论的恰当范围问题,以及它与法律之关系的性质问题。借助日常的观察经验,我们可以肯定,政治理论并不仅仅关涉国家。它也关涉社会,因为要想理解国家,就必须从国家与社会的关联入手,国家正是从社会中诞生的,并与社会发生着作用与反作用的关系。如果仅仅把“政治的”一词理解为“国家”这一名词的形容词形式,就足以达到我们的目的。从这个角度来说,我们也许可以更恰当但也更繁复地说是“社会和政治理论”。不过我们没必要就这些形容词进行争吵,传统的术语“政治理论”已经足够了(或者“政治科学”一词也是可以的,尽管任何对人类事物的研究都大可自称为“科学”),只要我们记得要研究的不仅仅是国家本身,或者是将国家孤立起来进行研究。有了这样的想法,政治理论便能够处理三种主要的事情。其一是处理社会的性质以及社会活动的过程;其二是国家的性质,这样的国家乃是作为一个法律组织,因此这里的政治理论也就是要处理法律活动的整个过程以及法律活动的意图;其三是社会相对于国家的关系以及国家相对于社会的关系。

在处理第二个问题时,政治理论将主要使用法律材料,因此它将主要从法律当中借取东西。它将研究公法或者宪法,尝试理解并解释宪法所规定的“政府框架”,以及国家所宣布的权利体系和责任体系,如果那个地方存在“权利宣言”这回事的话。它也要研究所谓的社会法,或者所谓的社团法,尝试去理解并解释国家赖以处理团体问题的原则,甚至也要研究涉及个人问题的私法,如果我们想要弄清楚法律组织的行动,我们就必须了解那些表达并固定其成员位置的具体权利和责任,这些权利和责任同时也决定着成员之间的关系。不过在处理法律材料时,政治理论家通常要超越这些材料单纯的法律方面。在探讨国家的公共建制时,政治理论家不仅要知道这些建制的法律方面,也要明白这些建制在实际上是如何运作的。宪法所规定的代议制模式,从法律方面来看,是一回事情;而这样一套体制在政党组织以及其他因素的影响下的实际运作模式,则是另外一回事情。社会和社会力量总是要影响法律上的国家及其法律要素和法律工具。政党组织严格来说是属于社会领域的社会构造物,而不是属于国家领域的法律建制,它的影响力就是这方面的一个范例。政治理论甚至是在从事国家研究的时候,注定了也要把注意力越出单纯国家的范围,转入社会,正是社会在国家的背后活动,并影响国家。不能将政治理论的研究长时间地停留在上述第二个研究项目上,而是要驱使政治理论的研究回身走向第一个项目,并且也要向前走向第三个项目。

在这方面,政治理论家们往往会发觉自己不得不越过法学家,尽管那些致力于阐释法哲学的法学家们并不是那么情愿让人越过他们,并会以同等步伐予以追赶,庞德教授就是这样一个人(毕竟,法哲学和国家的哲学理论之间的差别是很微小的)。但是另有一条道路也是政治理论家必须走下去的,这条道路可导致政治理论家超越法学家,除非法学家同时也能成为一名法律方面的哲学家。对于政治理论家来说,仅仅考虑国家和社会的实际形式和运作是不够的,他还必须考虑那些对政治的实际运作进行理想化控制的目标或者目的。政治理论家不仅要关心法律方面的情况和实际上的情况,他也应当关心理想状态是怎样的。为此,政治理论家必须进入终极目的的王国。如果我们像亚里士多德那样相信伦理学本身就是对人类的目的性活动的研究,伦理学同时也构成了用以指导政治实践的目的,如果我们因此也相应地认为伦理学具备某种“建筑学”的品质,那么我们就应当这么说:政治理论家在终极的意义上必须臣服于道德学家。政治理论家必须在某种终极性的伦理原则当中寻找社会生活和政治活动的试金石。对于许多人来说,这一终极原则必定是人们的人格的内在价值,一直以来,人们就不再愿意相信国家及其法律只是工具,服务于那些能够促进终极和内在价值自由产生和自由发生的人类境况。“不同的时代,不同的风俗”。伦理学似乎失去了王位,自由人格的诞生,仅仅被描述为“个体自我主张的最大化”而已,人们将其当作一种仅仅适合于 16～19 世纪的“扩张年代”的观念,人们认为这一观念已经不再适合我们这个时代,因而加以拒绝。经济学占据了王位,并驱逐了伦理学。"团结"或者"社会效用"的观念已经或者正在驱逐关于人格内在价值的古老观念。对于狄骥来说,"法律规则"的终极来源乃是"团结"所带来的经济事实,这些经济事实是如此具有终极性和压倒性,以至于社会和政治生活的标准大可以凝聚在一个原则中加以表达,那就是"不要做违反社会团结之事,最大限度进行合作,以便实现社会团结"。对于庞德教授来说,可以在社会效用领域找到法律的终极目的,因此也是国家的终极目的,因为国家仅仅是某种法律组织而已。法律之所以存在,目的就在于"最大限度地满足欲望",当然,这些欲望是在社会欲望的意义上来加以理解的,因为感受这些欲望的主体就是不同的社会部门和利益集团。国家或者法律尽力在相互冲突的主张和要求中间达成某种程度上的平衡,国家在此发挥的作用类似于某种社会工程学,也就是所谓"以最小的牺牲达成最可能大的效果",确切地说,也就是"通过在政治上组织起来的社会而对人类的行为进行管理和控制",将平衡效果最大化。

有关社会生活和政治组织之终极目的的观念纷繁复杂,我们在此没有必要对之表示或赞赏或批评的态度。在本书的附录二中,基尔克本人在对法律作出一般性评论时,曾就这个问题说过的那些话,则是非常值得考虑的。如果我们承认政治理论的巅峰乃在于对终极目的的研究,那么政治理论无论如何都要想办法研究这些目的的性质,在此,我们只要意识到这一点就够了。关于法律和政治理论的关系问题,我们所进行的讨论势必会得出一些结论性质的东西,现在我们就借助两项论题而继续这些结论。首先,政治理论尤其是要关心国家问题的,尽管在关注国家之余也要关注社会,尽管它要研究国家和社会之间的互动。而且,恰恰是因为国家同时也是一个法律组织,政治理论就必须从法律的领域中大量地借取材料,包括公法、私法以及社会法,尽管政治理论不仅要研究这些材料的法律形式方面,也要研究这些法律材料的实际运作。仅关心法律形式的政治理论将会变成一桩单纯的宪法性权利事务,仅关心现实运作的政治理论也将会变成纯粹的描述性政治学,单就这些给定的描述而论,一旦丧失法律规则的坚实支撑,就很有可能沦为倾向性的党派论说。其次,政治理论必须在终极的意义上得到升华,进入政治价值的哲学领域,进入有关有组织社会的终极目的的理论领域。简言之,政治理论必须担负起某种规范的性格,无论这些规范存在于纯粹伦理学的地带,还是存在于有关社会团结或者社会效用的经济理论地带。在此,法哲学应当与政治哲学联手,尽管法律哲学家只是谈论法律的目的,而政治哲学家谈论的只是国家的目的,但两者之间并没有大的区别。因为国家在本质上就是法律,而法律正是国家的本质所在。之所以说国家在本质上就是法律,这是因为国家存在的目的就是要确保成员之间的正当秩序,国家的这项功能在宣布并实施法律中得到了表达。法律作为得到宣布并实施的一套规则,也就是国家的本质所在,正如同一个人的言行构成了他的本质那样。

当我们思考自然法问题时,就能见证到法哲学(自然法在某种意义上肯定是一种法哲学)对政治理论的贡献有多大了,以及法哲学本身在多大程度上就是一种政治理论。我们目前的讨论还没有进展到这个地步,所以仍有必要简单讨论一下除法律之外的其他一些研究道路。基尔克在他的作品中暗示了两条这样的道路。其中一条我们可以称为生物学的,另一条则可以称为心理学的。生物学的研究道路似乎对基尔克有着特别的吸引力,19 世纪中期之后的许多其他政治学研究者也都受制于这种特别的吸引力。

我们可以从两个不同的角度出发,来看看生物学的道路是如何进行社会和政治理论的研究的。我们不妨说,社会和国家,无论它们就其自身来说是什么,它们都有着生物学的基础。很显然,这是真实的。每个民族社会、每个国家都有其生物学基础,这表现在成员的血缘或者血统上面,也表现在生理特征以及土地的影响上。这一生物学基础必然会对建立在它之上的东西产生反作用;如果要去研究任何特定的国家或者社会,就必须研究这一生物学基础。不过也存在另一个非常不同的观点。从这个观点出发,人们可以争论说,而且一直以来也常常争论说,社会和国家本身就具备生物结构的特质,或者说它们自身就是某种有机体,这是因为它们与生物结构是如此类似,以致必须用与生物学同样的术语和同样的语言来解释国家和社会。这种观点的真实性似乎并不是很明显。但是这一观点在基尔克的作品中反复出现,在 1902 年就“人类团体的性质”所进行的修正性演讲中,这种观点得到了特别的发展和推进。这种观点使得法律和政治科学都得从生物学中借取东西,无论是它们用以解释材料的观念,还是它们用来表达观念的语言,都不例外。

我们能在多大程度上接受这样的观点呢?应当承认,生物体与政治体之间的类比已经拥有了很长的传统;也应当承认,生物科学在 19 世纪获得了新的发展,这大大开阔了人们对生物机体的发展和性质的视野,而这势必会给生物学类比的应用带来广阔得多的空间,这都是很自然的事情,也是难以避免的。最后,也要承认,基尔克有着特别的诱惑要去推进此种类比的应用。他一直争辩说,团体是真实的人格,确切地说,是真实的"统一"人格,高于它的个体成员。此外,还大可以补充说,团体也是真实的生命体或者有机体,或者也可以说,团体与实际的生命体或者有机体是如此相似,以至于必须用取自这些生命体或者有机体的术语来描述团体,我们作出这样的补充,只不过是为了加强基尔克的论证而已。不过,这种表面上的加强论证实际上却有可能导致混乱,和其他试图推进有机体类比的思想家一样,基尔克也没有完全避免这样的危险。断言一个团体拥有人格。也就是说,它是一种精神存在物,拥有某种精神品质,这是一回事情。断言团体是一个有机体,拥有某种有机体的特性。也就是说,它是某种生物性的存在物,拥有生物品质,这却是另外一回事情。基尔克非常清楚两者之间的不同。他确信团体在实际上和真正的意义上都是一个人格。不过他并不相信团体是一个有机体,而只是认为团体类似于有机体——类似,但不可能,这一点他也承认。但是,基尔克能作出这种区分,也能让这种区分消失,有时候他则完全不记得这种区分了。他曾写道,能用科学的方式证明,在人类团体中确实存在真实的、有血有肉的和精神的统一体,这实际上等于是给团体人格赋予了团体—有机体的血肉,他忘记了他自己做过的警告。类比原则与差异原则并不矛盾,然而差异却遭到抛弃,由此,类比便不再是类比,而变成了同一。人们有正当的理由去坚持认为生物学只是为法律和政治科学提供了某种类比。对于工程学、化学以及如此众多的其他科学都可以坚持这样的看法。生物学的类比可能是所有这些类比形式中最好的,确实,我们应当坦率地承认这一点没有错。不过我们也应当承认,"有机体"本身也只是一个得自机械论的说法,所谓"器官"的意思就是工具,当我们说起身体"器官"的时候,我们实际上也是在运用一个工程学上的类比。"社会有机体"乃是一个建立在类比之上的类比,如果说生物学能够为政治科学提供一个好的比喻,以促进对社会和国家性质的理解的话,那么生物学本身实际上也在事先就同样获得了一个好的比喻。

用心理学的方式研究政治理论,这种办法要比生物学的方式更为直接,也更真切。心理学是一种有关心灵的科学,政治理论因为是致力于作为心灵的创造物和社会产品的研究,所以心理学便与政治学研究有着天然的联系。那些试图阐明“政治中的人性”(或者更确切地说,是致力于解释人类心灵在政治活动中的过程和运作方式)的心理学家能够创造某种观点,而这种观点本身由能够补充并且纠正那种更为古老的政治理论风格所发现的东西组成。用知识的术语来说,那种更为古老的政治理论一直以来习惯于谈论人类的理智、理解力和出于目的性的有意识意志。心理学则把我们带入一片幽暗的国度,这片国度隐藏在人类有意识理智的背后,这也就是情感和本能的国度,在情感和本能的国度中,我们能看到众多的泉水汩汩升起,贯穿了社会生活的领域。心理学在这方面所做的贡献体现出清晰而明确的价值。不过还有另一种助力也是心理学尝试给予政治理论的。心理学所强调的不仅是在政治当中发挥作用的个人心灵的潜意识因素,它也试图去发掘假设中的团体心灵的存在,并试图解释其本性,对于这样的心理学来说,如此的团体心灵也有着团体情感、团体本能,甚至团体理智。我们本可以指望这样的心理学理论能够吸引到基尔克,因为基尔克本人的语言就是团体人格和团体意志的语言,初看起来,这样的语言似乎与团体心灵的心理学理论是有亲和力的。基尔克有什么理由不使用这样的理论呢?他有什么理由优先选择他如此钟爱的有机体的类比呢?

在“人类团体的本性”的演讲中,有那么一两个段落涉及了心理学理论。他谈到了“民族心灵”,也提到了冯特(Wundt)的思考以及民族心理学的发展,以之作为有机团体理论的平行理论。但是从总体上说,基尔克几乎没有使用心理学家们所提供的材料和理论。有两个原因能够解释这件事情。首先,基尔克心目中的团体,连同团体的人格和团体的意志,并不是一种将个体的心灵线路勾连起来的心理组织。基尔克的团体是某种更高的实体,它属于一种超验的秩序,因此它不同于也超越于个体这一单立的实体。基尔克所借助的是黑格尔哲学,而非团体心理学。当基尔克写下“团体生活是归属于更高秩序的生活,个体生活在其中得到整合”这句话的时候,他所处的世界与心理学家是不同的,这是一个永恒心灵以等级模式进行表达的黑格尔式世界,是一个高低有别的价值世界,这样的世界非心理学家所能明白,因为心理学家仅仅满足于处理心理单位及其过程的现实性问题(也可说是所谓的现实性问题)。其次,有关团体心灵的心理学理论主要是在基尔克形成自身理论之后的年代才得到更为精细的发展,而且它主要是法国的理论。可以说,有关团体的心理学理论就是涂尔干(Émile Durkheim)和勒庞(Gustave Le Bon)的理论,尤其是涂尔干的理论,涂尔干将社会心灵视为真实的心灵,社会心灵借助个体的生理大脑进行思考,但也只是把个体的生理大脑用作工具而已。这一理论在法国得到培育,并在20世纪初输入英格兰和美国,它实际上处在基尔克的兴趣和知识范围之外。不过即使它进入了基尔克的兴趣和知识范围,也不可能影响基尔克的思考。基尔克游弋其间的"团体存在物"与出现于心理学晚期理论形式中的"群体心灵"(群众也好,甚至畜群也罢)是两回事情。

至此,我们已经进行了一些一般性的阐述,借此,我们不妨总结一下基尔克对政治理论所作贡献的性质。基尔克是个法学家,并且他也是凭借一个法学家的眼光去考察那些具备法律性格的团体的法律性质的,这其中包括我们所谓的国家,它的法律性格在公法中得到定义,也包括那些内在于国家当中的团体,它们的法律性格在社会法或者社团法中得到定义。迄今,正是基尔克提供了一座法律材料库,其中的库存是政治科学必定要接受和使用的。不过基尔克不仅仅是个法学家,实际上他在两个方面都超越了法律。首先,基尔克是个哲学家,或者更确切地说,他给出了一些哲学的假设。他假设一般而言的团体都具备成为真实人格的能力,无论是那些具备法律性格并因此属于国家领域的团体,还是那些不具备法律性格并因此仅仅属于社会领域的团体,都是如此。不是所有的团体都能够在实际上成为真实的人格,个体之间单纯的合伙关系将只是个体的集合,绝不会成为真实人格本身。不过有些团体超越了单纯的合伙关系,它们不仅仅是个体的聚合,不仅仅是为了保护他们的私人利益从而获得更大的快乐,相反,它们拥有真实的目的统一性,从而将它们的成员联结为一个统一体以追求公共利益,这样的团体总是能够成为真实的人格。法律与这些团体是有关联的,就这点而言,法律必须承认它们具备真实人格这一事实,并给予这个事实以法律上的表达。其次,我们还可以说,基尔克除了是个法学家,还是一个社会学家,所谓的"社会学家",意思是指他除研究国家之外,也研究社会。他的研究对象并不完全局限在那些具备法律性格的团体。在本书所翻译的章节中,基尔克往往也处理他所谓的国际社团的问题,这样的社团对于基尔克来说居于国家之外,也居于国家之上,同时他也处理宗教社团或者教会的问题,这样的社团在基尔克看来处在国家之外,并且与国家平起平坐。基尔克承认,而且也坚持,法律之为法律,它所关心的社团仅仅是那些“统一性在法律组织中得到表达的团体”,也就是那些“在法律的领域中采取行动”的团体。不过那些超越了法律的即时范围的团体也并不是法学家完全不予理睬的。民间的或者民族性的社会也是影响法律的强有力因素,法律的研究必须涉及它们,比如国际社团的问题也在法律当中存在,尽管它本身并不是法律实体,宗教社团也有类似的问题。法律本身,在其严格而有限的意义上,必定是单方面的。在其“人类团体的本性”的演讲的一段话中,基尔克试图划定法律范围的确切本性,试图说明法学家是如何必须认可他所身受的这种限制,同时也认可那些超越法律范围的因素。“法律的生命仅仅是单方面的,并且也绝不会是团体生活中最重要的方面。法律科学绝不能忘记它的这种单面性。法律绝不可忘记各个社会有机体之生机力量的表达往往是在法律之外进行的,表达在所有的力量运动当中,表达在普遍的团体生活文化当中,并且在独立于法律的情况下创造了最伟大的胜利,这样的胜利甚至是在反对法律的情况下取得的。法律科学必须学会让其他科学去发现那些确实存在的凝聚力、去追寻那些行动中的统一体,这一切都是在法律领域之外进行的。法律科学因此就必须学会从其他科学部门中吸收正面的证据,以证明团体的真实性,不过法律科学也能够对这些科学部门提出要求并有所促动。法律科学可以提出这样的要求:法律科学自身对于团体真实性的法律表达所作的叙述也大可以在任何就社会材料所做的彻底而真实的调查的基础上,进行恰当的考虑,这些社会材料倒不一定非得是法律方面的。”

这就是基尔克就法律科学与社会和政治理论之关系所提出的看法。法律科学主要是研究从法律上组织起来的团体,比如国家,它是在公法之下组织起来的团体;比如,国家内部的各种经由法律组织起来的团体,它们都是在社团法之下组织起来的。其次,法律科学也可以研究那些并不经由法律而组织起来的团体,因为这些团体能够影响法律,比如民族社团、国际社团以及宗教实体。不过总体来说,对于这些社会性团体的一般性研究,法律科学应当留给其他科学来进行,比如社会和政治科学,法律科学可以从这些科学所提供的证据中有所吸收。反之亦然,法律科学也可以公平地要求社会和政治科学应当接受来自法律科学的证据,应当考虑法律科学就经由法律组织起来的团体所提出的理论。

就一般特征和大概轮廓而言,这一观点是我们应当接受的。不过从另一方面来看,我们不能由此就认为基尔克关于团体之真实人格的特别理论必然要得到认可。因为这不仅仅是一桩法律理论的事情,因为基尔克的法律理论有着哲学上的预设。正是这样一种从哲学预设衍生而出的法律理论是我们需要质疑的,而且,我们要将生物学的类比推进到足以唤起我们的疑问的程度。基尔克试图从他的法律理论中得出某种伦理上的推理,对于我们来说,接受这样一种伦理学的推理并不是易事。不过我们也很难弄明白为什么应当在道德规则中阐发法律理论。然而在"人类团体的本性"这一演讲的结尾,基尔克似乎触及了这个问题。他说,"有件事情是允许法理学家去做的,那就是,他可以去指明那些本应归属于社团之真实统一体这一观念的道德意义"。基尔克接着论证说,只有这种"真实统一体"的观念才能带来团体本身就有其价值的信念,并且,也只有这种整体较之部分有着更高价值的信念,才能够相应地证成个人应当为整体而生、为整体而死的道德责任。这一理论对于"为整体而生、为整体而死"的伦理原则来说是必要的,不过我们却可以作出这样的反驳:一种理论的必要性倒不一定能够证明其真实性,除非它所支持的伦理原则本身也是真实的。我们也大可以进行这样的反驳,"为整体而生、为整体而死"这一伦理原则,即使人们将它当作真实的而加以接受,也并不一定非得需要如下的观念作为它的支撑,即整体在实体或者人格的意义上是"真实的"。即使团体只是一种"理想",也就是说,是一个或者一系列共同的观念为其成员所分享,我们也应当承认,我们中有成千上万的人正是为了某种观念而选择死亡的。即使一个团体仅仅是个体的聚合,一个人也大可以为其他人而死,只要这个人觉得他的死能够最好地促成人们的幸福,而他应当促成人们的幸福。

三、自　然　法

和活在我们当中的许多观念一样,自然法的观念也要回溯到希腊人那里去。亚里士多德在他的《修辞学》当中区分了"特定的"法律——实证法和"普遍的"法律——"依据自然"的法律。这也就暗示了普遍法律的观念,这样的普遍法律对于全人类来说是一样的。与此类似,亚里士多德在《伦理学》中谈到“公民正义”——那种规约公民之间关系的正义原则时,也区分了正义观念当中的“自然”要素和“约定”要素,前者放之四海而皆准,并且不依赖于具体的执行,而后者则是纯粹实证的。在亚里士多德的一般性术语中,“自然的”一词在运用于人和人类事物时,拥有三重含义。它可以是某种内在于人的原初构造的东西,象征着人的发展潜能。它也可以是某种随着人的发展而发展起来的东西,这意味着潜能的展开,不过在潜能的展开过程中,人的“艺术”或者说是创造性心灵,作为人的构造组成部分,我们通常粗略地称为人类本能或者某种内在驱动力的东西所产生的推动力相互合作。最后,它也可以是某种内在于人的最终发展形势当中的东西,是人的终极原因或者终极目的的组成部分。这三重含义相互关联,并且是在发展的观念当中相互关联的。如果我们把这三重含义全部加以考虑,那么我们将会看到,一种“自然的法律”并不仅仅意味着是一种与人共消长的法律,也不仅仅意味着是某种普遍性的法律,它也可能意味着这样一种法律,它与人类同步成长,并且在某种意义上是处于演进状态当中的,只不过其演进速度绝不会超过人的“艺术”在它的生长过程中进行合作的步调。自然和约定之间的对立在此仅仅是人们的表面印象,这种印象在仔细辨析之下便消解了,我们由此便具备了某种有关历史生成的法律的观念,这种法律既有实证的品质,同时它的根却扎在人的本性当中。

如果当初的雅典人能够拥有某种发展得更为纯熟的法律体系,如果亚里士多德曾经将他关于“自然”的一般观念运用到这样的法律体系之上,那么法律思考无疑将会沿着不同的道路走下去,这个世界也许就能够避免自然法流派与实证法流派之间的漫长冲突。不过事实就是事实,亚里士多德就自然法与实证法的主题所言太少,因此人们就此问题的所得也就显得很可怜,这促成了另一个哲学流派,也就是斯多亚学派,注定了将影响法理学的历史。对于斯多亚学派来说,自然是理性的同义词,理性又是神的同义词。他们相信,人类的真正城邦乃是那单一的“上帝城”,或者说是一个宇宙城邦,它超越了此前历史上那些古老的、曾经存在过的城邦,所有的人都作为理性的造物,在这一上帝城当中联结为一体,此城邦也是理性之城和自然之城。他们相信这个城邦的法律乃是真正的法律、理性的法律,此即所谓的自然法。根据斯多亚教义的创立者芝诺

(Zeno)的观念,人不应当生活在不同的城邦当中,遭受不同的正义规则的划分,他们应当将所有人视为同胞公民,应当只存在一种生活和一种秩序,就如同在一片共同的牧场上一起吃草的羊群一样,生活在共同的法律之下。共同的法律也是普遍的法律和自然的法律,它实际上是提醒了我们希腊化时代的通用语言。在希腊化时代,四处弥散着演讲,在这些演讲的基础上建立起了语言学上的事实,而共同法律的观念则是以这样的语言事实为基础所作出的法律推理,而这样的法律推理本身则又是从亚历山大的世界帝国当中推论而出的。不过通用语言本身确实是实情所在,而共同法律则仍然是一个愿望。它是一种理想的法律,只有在人们变得纯粹理性之时才可能成为现实。它的种种原则也都是理想原则。在这些理想原则当中,最为突出者就是平等原则。女人依据自然与男人是平等的,奴隶依据自然与主人是平等的。这是芝诺的教义,这项教义确实在罗马的晚期产生过某种效果。

在罗马,我们能够找到一种法律体系,发展程度之高是雅典人无法望其项背的。确实,我们在西塞罗时代发现有关法律的三种不同体系和观念。首先是市民法,这种法律仅仅适用于罗马公民。其次是万民法。从实践的观点来看,我们大可以将万民法视为一套商法体系,适用于罗马法庭所掌管的所有商业案件当中,无论申诉各方是罗马公民,还是外邦人。由此观之,则万民法的本质内容就是契约法,这包括了社团契约和委托契约。从理论观点来看,罗马法学家则把万民法定义为"与民族特性相对的普遍因素,这些因素可以在任何国家的实证法体系中找到"。这使我们回想起某些非常类似于亚里士多德曾经说过的"共同法律"或者"自然正义",由此出发就很容易进展到法律的第三种观念,也就是罗马法学家们所谓的"自然法"。我们可以将自然法定义为"由人类的共同本性而加之人身的法律,换句话说,这样的人类本性就是与人类的欲望和本能相对的理性"。很难在自然法和从理论上得到定义的万民法之间作出区分,的确,罗马的法理学家们从来都不曾认为两者之间存在什么区别。不过不管怎样我们都可以说,万民法可以从实践的观点来加以看待,而这样看待的万民法实际上主要就是一套商法体系,只涉及契约问题,而自然法则总是一种普遍性的法律理想。在本质上,自然法都是关于全人类之共同法律的斯多亚理想,这样的法律是理性的法律,也是自然的法律。斯多亚学派关于平等的原则渗透其中,在自然的巨大法庭面前,人类都是平等的人格。它并不是一套实际的法律,可以借助实际的法庭加以实施。它是一种看待事物的方式,在法官和法理学家心目中,它用于进行解释的乃是一种“人”的精神,这种精神能够而且确实也影响到了在实际中得到实施的法律,但自然法本身在发挥这种影响的过程中倒用不着自己也变成实际的法律。没有哪个罗马法理学家会像中世纪以及后来时代的同行那样,断言自然法忽略了具体的和实证的法律,罗马法理学家所做的一切就是当法庭执行实际的法律时,让自然法观念去影响那些实际的法律。也没有哪个罗马的法理学家曾经将自然法附着在某个具体的日期或者时代之上,或者将其追溯到某种自然状态的美好时光当中去,在这个所谓的美好时光当中,“人类从造物主的手中走了下来”。自然法是非时间的。不过如果说自然法观念确实曾在某个时间达到顶点,那么这个时间是其成年期,而不会是少年期。

斯多亚主义融入了罗马的自然法,而罗马的自然法则又融入了基督教会的传统。不过,早期基督教的教父们认为人的纯粹本性由于伊甸园的堕落而遭受损害,因此教父们便在我们所谓的“绝对自然法”和“相对自然法”之间作出了区分。绝对的自然法存在于人类未堕落之前的原初恩典状态当中,在这种法律之下,人类并不知道统治这回事情,不存在政府对臣民的统治、所有者对财产的统治以及主人对奴隶的统治,人类“依据自然”是免受国家统治的,他们共有世间万物,彼此平等。不过还存在一种相对的自然法,适用于人类堕落之后本性所发生的变迁,并与这样的变迁相适应。国家、财产和奴隶制都可以在相对的自然法图景中找到各自的位置,不过它们都必须在某种程度上达到各自的理想状态,以此越过罪的限制,以图达到对罪有所补救的尊严地位,只有这样它们才能配得上各自在相对自然法图景中的位置。相对自然法是某种停留在中途的东西,它处在已经在人们的记忆中消失了的绝对理想和纯粹的实证法的现实性之间。停留在这样一个中途的位置上,如果想不受双方的攻击,似乎不是一件容易的事情。那绝对的理想往往揭竿而起,反抗财产、政治权威和人类的不平等,人世间的实在事实则更为经常地主张自己的绝对权利。不过自然法的传统一般来说是采取相对自然法的形式,这样一个传统在天主教会当中获得了生存,不仅在中世纪是这样,在现代历史上也是如此。圣托马斯(Thomas Aquinas)在他的哲学中为四种法律设立了空间,这四种法律都通过某种黄金链条而通向上帝。它们分别是:由上帝自己亲自为人类实施的实证法,这种法律体现在《圣经》对上帝的意志所作的启示当中(这就是所谓的神法);也包括由人类的某个团体为其成员实施的实证法,实施的具体方式是经由一个代表性的君王,而君王的权威则来自上帝(这就是所谓的人法);在所有这些经由上帝而实施的实证法背后,或者我们可以补充说,在所有其他法律的背后,则是涉及所有造物的法律,这一法律居于上帝针对他的造物而确立的至高的和不变的目的当中(这就是所谓的永恒法);在经由人类团体而实施的实证法背后,则隐藏着自然法,是人类凭借其神圣的理性能力发现了自然法,因为自然法尝试去理解上帝意志的目的所在以及上帝神圣理性的规则。后来的教会思想就是在托马斯的框架内游走,在这一框架当中,自然法的观念一直以来就扮演着一个显著的角色,甚至在中世纪结束之后仍是如此。16世纪伟大的道德神学家们一直就致力于相对于神学的道德和政治哲学的研究,他们就是用自然法的术语来讨论政治哲学问题的。他们当中最著名的就是伟大的西班牙耶稣会士——苏亚雷兹,他将主权视为“自然法的门徒”。在耶稣会当中也有许多别的思想家,他们写下了《论正义与权利》这样的作品,来阐述有关社会和国家的自然法哲学,比如利西乌斯(Lysius)、卢戈(Lugo)、莫利纳(Molina)这样的人,其他修会的成员,比如多米尼克修会也都遵循着同样的范例。

不过,想要弄明白自然法传统的完整意义,我们必须将眼光从教会返回到罗马法学家身上,甚至包括中世纪时期的自然法传统也不例外,如果我们错失了罗马法的实质和内容,自然法终究只能是个纤弱的影子,而罗马法所提供的实质和内容不仅包括自然法观念本身,还包括罗马法的整体及其全部观念。在此我们必须回归伟大的文艺复兴时代的罗马法研究,罗马法研究在这一时代的复兴开始于11世纪博洛尼亚学派的法学家们。查士丁尼(Justinian)的《法学大全》,包括《查士丁尼法典》,也就是制定法的那部分,也包括《法律汇编》,也就是其中案例法的那部分,正是在这一时代成为研究的主题,所有这些研究首先是在意大利和法国南部展开,随后就遍及了全欧洲的大学,而此一时代的法律和政治思想正是在这些罗马法研究当中得到养育。它不仅仅是个供研究的主题。一具骷髅必定会是这种情况。同时,罗马法也在这个时代变成活的法律,它给这个世界注入生机和灵感。在教会方面,罗马法融入了教会法的活跃肌体当中,它不仅在教会法学家当中得到传授,也在教会法庭体系当中得到践行。在世俗方面,罗马法也开始进行调校,以适应世俗生活的需要以及世俗法庭的要求。如果说 12 世纪和 13 世纪的早期注释家们仅仅是将自己的研究局限在《查士丁尼法典》的原初文本上的话,那么 14 世纪及其后续时期的评注者们则尝试赋予他们的研究以一种实践的观点,并尝试调整罗马法的诸原则,适应实际生活,这些后来的评注者们主要是那些后评注者时代的法学家们,尤其是巴特鲁斯学派。他们的劳作产生了两个不同的和相互矛盾的后果。就直接的方面而言,通过调整罗马法使之适应一般性的当代生活,他们实际上也帮助确保了罗马法作为实践中的法律而在整个欧洲范围内的扩散,而这一实践法律的欧洲实体则可以借此要求自己的普遍性和"自然性"。从最终方面来说,由于人们赋予罗马法一种实践的和实证的性格,由此便有可能造成某种反动,尽管这种反动直到 16 世纪和 17 世纪才开始变得明显起来,这一反动潮流赞同一种自然法的新观点,而这种新观点与罗马法是有区别的,它认为自然法乃是某种"纯粹的"法律,超越了只是由市民法学家所"践行"的法律。

此种状况的直接结果就是我们在中世纪晚期所见证到的那些东西,这些直接结果在 16 世纪仍然可以找到。在这一时代,在欧洲的各个国家仍然存在多种多样的习惯法体系,在英格兰则存在一种牢固的普通法体系,这一体系将抗拒任何罗马法的潮流。不过在欧洲大陆的大部分国家,罗马法律家们则无论如何都显得兴旺发达,甚至在英格兰,罗马法也渗透了普通法之外的法律领域。在所有的欧洲大学当中,英格兰也不例外,罗马法已经成为一个普遍性和国际性研究的伟大主题。可以说罗马法已经在各个地方得到传授和践行,只是程度有所不同而已,"它是国际文明的法律,具有相对的普遍性"。鉴于它由此而获得的那种普遍性,人们大可以说罗马法是自然的。仅凭这一点,我们就可以认为,"中世纪将罗马法神圣化为自然法,这并不是没有根据的"。不过认为罗马法是自然的,其理由不仅在于它所获得的这种普遍性,也是因为罗马法似乎具有至高无上的理性。在这个问题上,可以说罗马法甚至就是"成文的理性",罗马法的神圣文本在这个世界的地位可平行于呈现给教会的天国的《圣经》。的确,古代的罗马法学家们进行了"漫长的研究",而中世纪的民法学家们则将《法学大全》奉为教会法典并对其进行调整,这一切工作"人为地完善了人类的理性”,从而将人类的理性推进到极高的程度。

但是罗马法所获得的这种胜利本身在某种意义上也造成了它的失败。恰恰是因为罗马法如此强烈地想成为实践中的法律,恰恰是因为它不再是那种“美好而古老的法律”,而是一种鲜活的法律,走街串户,并进入法庭,这就为一种新观念形态之下的自然法腾出了空间,而这种新的自然法观念一开始便区别于实践中的罗马法,而实践中的罗马法则只好作为大学中的一个独立的学科分支供人们讲授和研究之用。当 1500 年德意志的土地开始了罗马法的继受之旅,而罗马的市民法也开始在帝国及其邦国的范围内成为流行法律之时,德意志对于《法学大全》的兴趣已经变得非常具有实用性了。古老的巴特鲁斯传统强调调整罗马的法律使之适应当代的生活,这一传统与 16 世纪的人文主义者发生了冲突,不过人文主义者并没有阻止罗马法走向实际法律的趋势,诸如库贾斯(Jacques Cujas)[1]这样的历史学者则仅仅把罗马法理解为一桩过往的历史事实,于是巴特鲁斯的这一传统便也开始采纳了一种新的和充满活力的生命形式,查士丁尼《法学汇编》的现代化问题攫取了学者们的精力,对于这一现代化问题,罗马法的信奉者称之为“学说汇纂”,而一位现代学者则称之为“沃德街罗马法”。[2] 不过自由的和沉思性的思考仍然存活着,并胜过了特定的和即时性的考虑,16 世纪和 17 世纪所诞生的那些伟大的和带有普遍性的问题也为普遍性的思考提供了大面积的材料。新的民族国家体系激发出了问题,民族国家之间关系的原则基础激发出了问题,同样地,民族国家之间关系赖以进行调校的法律体系的来源和性质也激发出了问题。同时也存在新的民族性教会体系的问题,以及它们同国家的关系问题,当然还包括国家和教会的性质问题以及对它们进行整合的共同框架的特性问题。所有诸如此类的问题都要求一种新的观念库。由此崛起了新的自然法学派,这个新的自然法学派在尝试打开一座新的思想宝藏,以便提供新的观念库。

新自然法学派的伟大时代是 17 世纪和 18 世纪。它从格劳秀斯和普芬道夫到费希特和康德。不过它的工作在 16 世纪就已经开始了,的确,16 世纪的形

[1] Jacques Cujas,又译为屈雅斯,16 世纪人文主义法学家。——译者注

[2] 沃德街是伦敦一个街区,此处嘲讽意味。——译者注

式进展所提出的那些伟大问题也正是新自然法学派寻求去面对的那些问题。在本书所选译的章节中,基尔克也相应地是要去研究从 1500 年到 1800 年这三个世纪的自然法思考。从这三个世纪的自然法思考当中,我们不难看出两个一般性的特点。首先,这种自然法是世俗的自然法。确实,天主教的自然法作家在 16 世纪晚期仍然是在用可追溯至圣托马斯的那些术语在进行阐述,或者也可追溯至比托马斯更早的时代,运用神圣天意的术语,这一切便使得自然法成为由上帝所建构的现实及其规则的客观目标,比如家庭这一现实及其婚姻规则以及一般性的家庭系统,如果人确实要忠实于自身的神圣本质,那么就必须根据这样的客观目标而调整人的生活。不过自然法学派的思想家们的一般观点都是将自然法指陈为人类理性的自然之光所导演的一出戏剧,而所有的一切都依托于这样的自然之光。这个学派因此便是一支理性主义学派,从教会脱身而出,它的倾向是希望教会臣服于自然法而非自然法臣服于教会,自然法思想家们试图确定教会的本质及其与国家关系的恰当图景,他们所借助的那些原则本身是独立于教会的。其次,自然法学派不仅从教会所掌控的经文中解脱出来,而且也从罗马法的理性文本中脱身出来。这种自然法乃是建立在纯粹理性之上,没用任何附加条件或者限制,它可以说是法律哲学家们自由思考的产品,是“依从内心的研究”。不过往日的积累并不是那么容易就消散掉的,单纯地“依从内心的研究”所导致的结果便是:人们发现材料极其缺乏。自然法学派发现自己仍然需要从《法学大全》当中有所借取,这是很现实的事情。一旦自然法思想家们试图就国际法的自然规则进行细致论说时,他们所用的材料大多都是来自罗马法。而当自然法试图为国家确立一套宪法的自然体系,并未就各个团体或者社团确立“社会法”的自然规则时,所使用的主要工具也是由罗马法提供。它从罗马法的各种观念出发,比如契约、合伙以及命令。它采纳并调整了罗马法关于行会或者社团的观念。我们曾经谈到自然法试图开采新的思想矿藏。我们也可以更公正和更精确地说,他们实际上接纳了罗马法学家的铸币,只不过其具体形式是经过了教会法学家和市民法学家们数个世纪的流通使用和价值重估之后所成就的那种形式,自然法尝试将铸币所用的金属材料融化掉,然后盖上新的印标。

这是一个对古老的法律概念进行理性化的过程,我们不妨说,这个过程也是一个“自然化”的过程,在古典的罗马法的发展过程中,我们也能看到有类似的情况发生。新自然法的理论家和教师试图在此将一种“人的解释”的精神融入法律的生发过程当中,而这也正是古老的罗马法学家在以自然法的方式进行思考时,要做的事情,只不过这些事情在很久以前就发生过了,而在当时那个时代,新自然法已经成为许多大学教席的研究主题之一。不过我们不能只强调两种情况之间的类似,也要强调它们之间的巨大差异。那些运用自然法概念的罗马司法执政官们都与实际的法律职业以及法律的实施有着紧密关联。他们术语中罗马的贵族精英阶层,在罗马国家的等级当中都身居高位。新自然法学派的理论家们也常常服务于国家部门,接受司法、行政或者外交方面的职位。不过自然法本身确实是理论家和教授们进行沉思的产品。自然法因此便拥有了某种纯粹学术的品质,这里绝没有贬义的意思。自然法的日常生活就是讲座和书本的生活,它更多地游走在思想而非行动的世界当中。

不过思想的世界并非不重要,而自然法学派正是深深地幽居在这个世界当中。它身上的学术品质使它与 17 世纪、18 世纪的哲学和哲学家们产生了密切联系。格劳秀斯和普芬道夫都可位列那一时代的伟大思想家。博拉马克[1]则在其 1747 年出版于日内瓦的《自然法诸原则》一书中,将笛卡尔主义的各项原则用来阐述自然法。沃尔夫在 1740 ~ 1748 年在法兰克福相继出版了他的《自然法》各卷,此书将莱布尼茨的哲学进行了类似的运用,瓦特尔也是莱布尼茨的追随者,也沿着同样的思路于 1758 年出版了他的《万民法或者自然法原则》,这本书主要以沃尔夫的作品为基础。自然法作家都到哲学家那里寻求各种原则,同样地,哲学家们也都诉求于自然法,以便获得他们所需要的政治术语以及众多的政治观念。霍布斯和斯宾诺莎都是凭借自然法的术语进行写作的,尽管斯宾诺莎的自然法覆盖着泛神论的色彩,相对来说,更像是一种普遍性的力量,由上帝的权能而出,而非出自人类自然理性之命令以及人类的权利意识。洛克和卢梭,我们不妨把卢梭也算作哲学家,也频繁地寻求自然法的帮助,我们甚至经受着一定的诱惑,想指出卢梭只不过是把自然法的材料进行了情节化的加工和表述而已,尽管这种说法对于有着直觉天才和想象的洞察力的卢梭来说确实很

---

〔1〕 Jean Jacques Burlamaqui,18 世纪著名哲学家、法学家。——译者注

不公正,正是卢梭的直觉和想象力才增加了他在表述和解释方面的魅力。康德和费希特都有着自然法理论和材料方面的背景,这一背景要比其他作家更为深远,如果对此没有恰当估价,我们几乎就无法研究他们的法律和政治哲学,因此我们不能忘记 18 世纪德意志的伟大自然法作家们所做的那些铺垫性工作,比如海因尼西乌斯、托马修斯、沃尔夫和内特布拉特。

从某种意义上讲,自然法学派所进行的乃是一项普遍性的研究,涉及人类社会的所有阶段和所有形式,只要一个社会能够发展出法律或者接受法律的规制。它处理国家问题,处理国家与国家的关系问题,无论是和平还是战争。它也处理那些并非国家范围的团体问题,从教会到商业公司,它还处理国家与这些团体的关系问题。从这个角度出发,则可以说自然法研究涉及四个不同的理论分支,包括一般而论的社会理论、国家理论、国家间关系理论,也就是所谓的国际法、社团及其与国家间关系理论。换一个角度来看,自然法研究的特别着力之处似乎在于国际法领域。国家间的关系多少都可以说是特别需要自然法理论的帮助,才能予以阐明,因为在任何其他类型的法律当中,几乎不存在什么可以用于解释和规定国家间关系的元素。由此观之,一篇论述国际法的论文也就是一篇论述万民法的论文,这样的一篇论文大可以采用自然法的标题,或者无论如何都可以将自然法这一标题作为备选。不过在一般的概念中,自然法研究仍是一项带有普遍性的国家问题研究,涉及国家的所有方面,不仅包括对外的方面,比如国际关系的正当规则,也包括国家的内部问题,比如宪法或者市民法的正当体系问题。如果说瓦特尔是把他四卷本作品的后三卷献给了"国际关系中的国家"的话,则第一卷就是全部献给了"国家自身"。如果说卢梭的《社会契约论》仅仅处理国家的内部问题,并因此而将他的自然法解释范围限制在瓦特尔作品的第一卷之内的话,他也同样尝试将他的自然法解释继续向前推进到国家的对外关系领域,卢梭在《社会契约论》的最后一章这样写道:"在奠定了政治权利的真正原则,并把国家置于其基础上之后,我可能还会继续用其外交关系来支持这些理论,这将包括国家法律、商业、战争和征服的权利、公共法律、联盟、谈判、条约,等等。"他的出版商敦促他完成这项规划,他似乎也确实开始着手这项规划了,不过"社会契约论"至今也只是规划中的那个整体的一半。

在自然法学派的历史上,卢梭是一个有着双重面孔的雅奴斯式(Janus)人物。他转向自然法学派,并且属于这个学派,不过他也从这个学派抽身而去,另属他方。就职业来讲,卢梭称不上是自然法学派的宗师,他是个文人,以浩荡声势闯入自然法领地,然后又在胜利中带着无上的成功离开。不过在某种更为深刻、也更为哲学的意义上,可以说卢梭既属于自然法学派,又不属于自然法学派。一方面,卢梭具备这个学派的个人主义诉求,也具备这个学派的普遍主义诉求。他信任自由的个体,在任何地方都生而自由,他也相信存在一个政治法律的普遍体系,它依托于放之四海而皆准的个体自由的基础。如果卢梭追寻这条信念脉络走到最终的结论,他可能已经成为人类自然权利的倡导者,同时也会成为完整的自由主义的信徒。但是卢梭的教义还存在另外一个面相,卢梭的这一面相大为不同,而且重要得多。卢梭的终极权威不是个人或者个人的聚合体。社会生活的终极规范并不是弥散在自然权利当中的自然法体系,尽管人们常常认为,自然权利起自人类的理性,这种理性到处都是一样的,因为理性本身到处都是同一的。卢梭所谈论的终极权威是某种"道德人格",终极规范则是由这一道德人格进展而来的"公意"。没错,道德人格是自然法学派所使用的一个艺术化的术语,人们用它来指称一个集合团体的本性,将其作为某种不同生理人格的人格,与个别意志观念大为不同的"公意"观念也盛行于自然法学派当中。不过,同样真实的是,卢梭的道德人格和公意观念已经越过了自然法学派的思想范围。卢梭是浪漫主义运动之前的浪漫主义者,他为一种新型的德意志思想准备了道路,这种新型的德意志思想将民族人格神圣化,并将法律历史化为公意和权力意识在时间中的表达,而它们都来自这一道德人格。如果说卢梭本人是在自然法学派寻求营养的话,那么黑格尔主义和历史法学派则是在卢梭那里寻找营养,过去的水流汇入他的教义当中,而未来的水流则从他的教义中流出。首先正是在这个意义上,卢梭是一个雅奴斯式的人物。也正是从这个观点出发,可以认为卢梭乃是一座跨越鸿沟的桥梁,依据特罗尔奇的观点,正是这个鸿沟将西欧的自然法和人权思想同德意志的历史法学以及民族精神崇拜划分开来。卢梭一端触及了国际主义以及无所不在的非人格化的权利,这些也都是自然法学派的功绩所在;不过他在另一端也触及了民族主义以及我们所谓的位格观念,而这则将成为一种新的思想脉络的标志。

不过这一问题将留在后面进行论述,我们必须从卢梭返回自然法学派本身,暂且不考虑卢梭引入自然法学派的那些新的构成要素,而卢梭本人既象征着自然法的圆满,同时也象征着自然法学派的终结。卢梭的思想中埋有炸药,不过纯正的自然法思想中也同样埋有炸药。不妨以这样一种当时流行的观念作为我们论述的开始,这项观念认为自然法在某种程度上压倒了实证法,以致国家的执法和行动只要跟自然法的规定发生冲突,就会归于无效,即使在现实的实践中由于几乎不存在自然法发布禁令的空间,国家的执法和行动仍能保持其有效性。这样的观念在实施中形式各异,对实际中的法律所表现出的尊重程度也大小不一,不过观念本身却成为政治义务的方便溶解剂。针对宪法权威的反抗可以轻易地诉求对更高级法律的忠诚,造反者也可以轻易地宣称是在运用或者捍卫自然权利,而这样的自然权利是他在法律之下应当享有的。公法或者宪法的自然体系观念尤其具有爆炸性。根据这一观念,存在一种适用于所有国家的自然的“宪法”。这样的观念无论如何都将威胁到历史上的任何宪法,如果人们将这一观念应用到某种自然的“政府框架”中,而这一政府框架以人民的普遍同意以及某种形式的“权利宣言”为基础,而此种权利宣言中的诸种权利又是出自人民的普遍声音,那么威胁将会很明显而且也确定无疑了。

美国革命正是在自然法教义的激发之下,走过了从 1764～1776 年的这段历程,从初次的反抗到《独立宣言》和新的殖民地宪法。一位英国法官在一项发布于 1614 年的判决令中曾宣称:“即使是议会的立法,只要它违背自然公正……也将是无效的;因为自然公正永恒不变,它们是法上之法。”这一判决令在英格兰并没有受到重视;不过它却在北美殖民地存活下来,并成长为一股巨大的力量。詹姆斯奥蒂斯(James Otis),一名波士顿的律师,早在 1764 年就已经宣称:“只要议会的立法违背了任何的自然法……那么宣布这样的法律就违背了永恒的真理、公正和正义,因此也就是无效的。”1614 年的那个术语,“永恒不变的自然法”,在这里成为战斗口号,波士顿的伟大煽动家萨缪尔·亚当斯(Samuel Adams)经常使用这个口号,很可能也是在他的鼓动之下,这一口号进入了《第一届大陆会议宣言》,时间是在 1774 年,当时的代表们宣称,殖民地依据永恒不变的自然法而拥有某些权利,而议会的某些立法则是对这些权利的掠夺和侵犯。在北美的清教徒氛围中,世俗的自然法恢复了它的神学基础;萨缪尔·亚当斯对他的同胞们宣布了不可去除的权利,这些权利是“上帝和自然”赋予他们的。《独立宣言》则为美洲人民要求了一个位置,这个位置则是"自然法以及自然的上帝的法律"授予人们的。在摧毁英国议会的权威并斩断与英国的联系方面,自然法所挥发出来的力量要超过任何其他的力量,不过令人奇怪的是,瓦特尔论述自然法诸原则的作品也在波士顿律师的政治俱乐部中得到运用,而此时正处在革命的关键时期。自然法理论不仅在摧毁性工作中发挥作用,它还可以服务于建设性工作。1776年的弗吉尼亚州《权利宣言》以及弗吉尼亚州《宪法或政府形式》,以及同一年的宾夕法尼亚州宪法,都建立在自然法理论的基础之上,它们不仅包括《权利宣言》的部分,也包括"政府方面的规划或者框架"。如果我们要去寻找一项激发所有这些文件的普遍观念,我们应当在瓦特尔作品的第一卷中寻找,尤其是第一卷的第二章和第三章。无论这些文件的作者们是不是真的把瓦特尔的作品放在眼前,他们都分享了瓦特尔的观念体系,瓦特尔曾经用清晰的法语刻画过这些观念。

此处没有必要赘述自然法理论在法国革命进程中所发挥的作用。这个主题将由基尔克本人来详细论述,也没必要多说在康德和费希特思想中出现的自然法元素。这个主题同样由基尔克本人来讲述。不过在离开自然法学派之前,有必要提及两件事情:第一,自然法学派的观点并不总是爆炸性的和无政府性质的,甚至也并不总是自由的和民主的。如果说确实有那么一些作家将实证法仅仅看作某种土质的瓦罐,而自然法则是某种坚硬的铁质的东西,那么也同样有另外一些作家把胜利的天平向实证法倾斜,还有一些作家则在某种乐观精神的支配之下,相信实证法的制定者们将肯定会遵循自然的律令并避免争吵的可能。在处理自然公法(卢梭所谓的政治法律)的诸原则时,也并不总是奉献于这样的命题,即认为人民应当恰当地塑造他们的宪法,或者选择他们自己的统治者,或者用某种权利宣言的铁笼约束这些统治者。相反,正如基尔克表明的那样,自然法学派关于这些事情一直存在两派观点,在18世纪,从洛克到瓦特尔和卢梭,并从瓦特尔和卢梭到费希特本人(在其思想的早期阶段),自然法学派在这些问题上的观点倾向于我们所谓的"人民主义",而17世纪的思想家则主要倾向于专制。格劳秀斯和普芬道夫都对初生的现代国家所遭遇的种种问题有着非常的亲和,因而不可能抛弃权威的事业,自然可以同样地用来祝圣君主和人民。遍览自然法学派的历史,我们可以找到统治者主权的倡导者,也可以找到人民主权的倡导者,更不要提“双重主权”的倡导者或者混合宪政的倡导者,这些人尝试在两种主权之间创造出某种“和平提议”。

第二,我们一定不能轻易地将自然法学派蔑视为非历史的,或者是粗鲁的个人主义,或者犯了某种理性主义的根本错误。当然,这些控告中都存在真理的成分。自然法思想家们确实习惯于讨论非历史的“自然状态”或者某种非历史的契约行动,人类社会则借助这一非历史的行动生发而出。他们也确实习惯于将个人作为相互对立者进行品味,他们通常会忘记社会生活中更为深沉的统一体。他们所思考的人乃是凭借理性计算而行动的人,他们忽略了理性之下或者理性旁边的区域,他们并没有充分地认识到,理性本身乃是“时代的银行和资本”,其成长依托于逐渐的社会累积和传播过程。不过另一方面,自然法学派的历史主义批评家们认为自然法学派只是在快乐地嬉戏自然状态及其契约行动,这样的批评无疑是错失了靶位。自然法思想家并不是真的关心以往历史上实际存在过的国家,他们只是关心国家的逻辑前提。另外需要强调的是自然法思想家们的另一个观点,即国家不同于社会,它是一个法律组织,从根本上依托于契约这一前提预设。从某种意义上讲,人们很容易夸大自然法思想中的个人主义元素。不管怎么说,如果我们抱定信念认为个体人格乃是人类生活的内在价值所在,那么就没有太大的理由朝一种以类似信念为基础的理论扔石头。这就是我们所说的那段短暂时期的自然法学派,它是可以容纳更为公正的批评的。这样的自然法并不是法哲学家们的那种一时一地的立法,仿佛真的能够发现社会生活的深刻根基。社会思想中有着一个为时漫长的传统,这一传统致力于以人类关系的正当秩序这一问题为核心进行思考,这也就是所谓的正义问题,这一正当秩序奠定了国家赖以建立的基础,自然法原则建基其上。关于正义的社会思想弥散在国家的宪法当中,并经由政府加以公布和实施,我们也必须在这样的基础上建立我们的法律哲学和国家哲学。在此,历史性质的论辩再次介入进来,人们曾经借用历史性质的论辩来反驳自然状态和社会契约在历史上的存在,不过这次的介入是在某种更深刻的意义上施行的。社会思想的漫长进程本身就是一个伟大的历史性事实,我们必须考虑这个事实。说白了,这就是历史法学派所提供的根本性论证,历史法学派是在 18 世纪末和 19 世纪初崛起于德意志的。不过仅仅强调法律只不过是一件历史产品,可能沿着这个方向或者那个方向发生演化,受制于或此或彼的偶然性,最终由这个或那个民族促成,这是不够的。坚持这样的看法实际上也就是仅仅满足于把法律看作一种单纯的实证事件,在历史的潮流中将不会有停泊之所。在时间中运行的社会思想确实是正义的一个基础,不过人类的心灵总是要求正义的核心超越时间和空间。自然法学派对这样的非时间性的和非空间性的正义核心是有所感知的。这也正是为什么基尔克在《约拿斯 · 阿尔修西乌斯与国家理论在自然法上的发展》的一个高贵段落中认为自然法的不死精神是绝不会遭到灭绝的。这也就是为什么我们应当把自然法学派的这种不死的精神多多少少地融入历史法学的现代观念当中。"老的自然法观念确保了正义观念至高无上的独立性,而我们新的法律观念也仍然会将正义观念作为某种完全实证的东西继续加以坚决捍卫,无论反对这一正义观念的是社会效用的观念,还是集体权力的观念。"

四、历史法学派

德意志历史法学派就其直接的起源而论,乃是扎根于对自然法学派的反动当中,它对抗自然法学派的理性主义、普遍主义和个人主义。纯粹的理性凭借其理性的规则体系意图掩盖世界和时间,历史法学派则以民族精神取代此种纯粹理性,民族精神沉浸在自身特殊发展的历史洪流当中,并将个人也沉浸在法律自身的集体生活的运动当中。照此观点,法律在本质上就是民族法律,是每个民族的民族特质的产品。由此,一种新的思想运动便重新发生在民族法律观念的身上,罗马民族正是在经历了千年的法律发展之后才慢慢超越了这一漫长的思想运动,这一千年历程介于公元前 450 年的十二铜表法和公元 533 年颁布的《法学汇编》之间。历史法学派拒斥超民族的权利规则概念,视之为压在日益生长的民族生活之上的梦魇,无论这样的权利概念是采自作为全人类的理性经文的罗马法,还是发布于以纯粹自然理性为基础的新自然法宣言当中。民族造反自然,这就是开始于一个半世纪前的德意志思想革命的本质所在。

这场思想革命与法国大革命堪称同时代,主要也是受到法国大革命的影响而致。法国大革命在某些方面与德意志的这场思想革命存在根本上的不同。法国大革命并不反对自然,而是凭借自然之名而进行的,它在 1789 年的《人权宣言》中宣布了人和公民的自然的、不可规定的权利,以此对抗过时的专制主义和破败的社会体制。不过法国大革命同时也宣布了民族的权利以及民族自决权,大革命的未来进程,无论是通过博爱律令而诉求民族运动以获得支持,还是凭借来自监护和惩罚的镇压行动,都并非自愿地造就了对抗革命自身的民族运动,而这一切都注定了要鼓舞起某种民族哲学。也正是在暴风雨般的革命和帝国当中,尤其是在耶拿一战之后汹涌澎湃的解放运动当中,民族精神以及民族权利达成了它的力量和辉煌。

不过,作为德意志思想革命之开端的浪漫主义运动甚至还要早于法国大革命,我们可以将浪漫主义运动追溯至 1770 年。这是一场回归中世纪的运动,或者更远一些,是一场回归古时条顿民族(Teutones)的时代,一句话,就是回归日耳曼民族本土生活的核心。这是一场文学运动,不过也有其自身的内在哲学。这种哲学乃是民族哲学,而民族则为人们的表达创造了语言的存在物。它在民谣和民间故事的语言当中表达自我,它为民谣谱上民族的旋律。赫尔德从 1784 年开始首先表述了这一普遍的哲学,他的标志性作品《关于人类历史哲学的思想》是基尔克经常在脚注中引用的,在其 1903 年的柏林大学演讲中,基尔克将赫尔德对历史法学派的创造性影响力归于这部作品。无论是作为历史法学派的创造者,还是仅仅作为历史法学派的先驱者,赫尔德的这部作品都在随后带来了浪漫主义运动的大丰收。特罗尔奇的一项演讲揭示了这一丰收的一般性质,我把特罗尔奇的这个演讲作为本书的附录翻译过来了。我们在此只需要略微谈一谈三个特别的领域,语言与文学、黑格尔哲学以及法律。在所有这些领域,我们都将发现民族灵魂赢得了征服战,并确立了它本身作为万能的解释钥匙所具有的魔力。

要理解民族灵魂,首先就必须去搜集并品味其标志性的演讲、歌谣和故事。阿尼姆(Arnim)和布伦塔诺(Brentano)在 1806~1808 年出版了《少年的魔角》(*Des Knaben Wunderhorn*),这是民谣的黄金宝藏,它激发了并且继续激发着德意志的诗人和音乐家们。1812 年,格林兄弟出版了我们今天所说的童话集的第一卷,不过"民间故事"一词似乎更切合此书编者的初衷。雅各布·格林(Jacob Grimm)可谓寿比年长,直到 1863 年才结束他漫长的生命,尝试将自己对民间文学和语言的研究推进到许多研究领域当中。四卷本的《德语语法》体现了他的语言研究,这部作品尝试将语言的生长同人民的声音以及人民的思想的历程联系起来。他在法律当中追寻民间诗歌的踪迹,他也尝试恢复法律方面的古代风格,并收集原始日耳曼的种种古代"命运"。在他的《日耳曼神话学》(*Deutsche Mythologie*)当中,他重新创造了古代诸神,并揭示了民间宗教和民众迷信当中的古老人物。在他的手中,民族不再是一种抽象,也不再是某种理论上的假设,而是一种得到故事化传承的、有记载的存在物,以语言、歌谣和传奇形式表达出来,也以法律汇编和宗教神话的形式表达出来。

民族灵魂的概念不仅为语言学家和文学研究者们提供了灵感。也为历史学家提供了灵感,我们可以在尼布尔(Niebuhr)的《罗马史》(*The History of Rome*)中追踪到这方面的努力,在这部作品中,尼布尔尝试借助他所推测而出的罗马人民的歌谣来发掘罗马的早期历史。民族灵魂的概念也激发了哲学家,这是最重要的。在这方面我们可以提到黑格尔以及黑格尔学派,他们接纳了民族这个概念,并将之提升到形而上学的天堂。在他们的哲学当中,民族成为心灵,不仅是某种形态的心灵,而且是永恒心灵的道成肉身。在其永恒的运动当中,永恒心灵将自身融入了民族心灵,而这正是上帝在时间和空间中的道成肉身,而且确实就是上帝自己,因为上帝运行在时间和空间的范围内。他们因此就是神圣的,并且因为他们是神圣的,他们就覆盖了生活的全部,因此他们对于他们所覆盖的时空范围内的全部生活也就是终极的和正确的。民族经由国家这一形式得到组织,而国家是生活的最高力量,民族也就凭借国家达成了它的所有要素的最高综合。国家负责调和个体成员的私人"道德"和"法律"的形式体系之间的关系,而法律本身就运行在某种共同的"经济社会"的轨道上,并尝试满足经济社会的需要。国家是在社会伦理体系的更高统一体中对它们进行调和,而这正是民族的最高成就,经由国家的力量而达成,这一最高成就同时也能够将民族自身带回到"普遍实质的生活中去"。

浪漫主义思想的巨大潮流自此便流入德意志,时深时浅,并最终在 1933 年这一恩典年份发展成滔天巨浪,这一潮流也同样漫过了法律领域。实际上,这一潮流在法律领域的出现要早于在哲学领域的出现。黑格尔的《法哲学原理》出版于 1821 年,而历史法学派的奠基性作品则要追溯到 18 世纪,这些作品都认为法律乃是民族心灵的历史产品,在这一产品的生产过程中,法学家们实际上一直进行着协同式的工作。我们已经提到赫尔德的作品于 1784 ~1785 年的“观念”所产生的影响,尤斯丁 · 莫泽尔(Justus Moser),是奥斯纳布鲁克主教领地的一名法学家兼官员,他在 1774 ~ 1776 年出版了《爱国幻象》(*Patriotic Phantasies*)一书,借此便也可以将他视为历史法学派的先驱之一。胡果(Hugo)是哥廷根的法学教授,1789 年前后他已经开始在教授这样的观念,即“一个民族的法律只能通过民族生活本身才能得到理解,因为法律本身就是民族生活的一个组成部分和民族生活的一种表达”。不过历史法学派出现的正式标志应当是 1809 年柏林大学的成立。柏林大学的成立本身就是民族运动的表达,在它之前则有费希特的《对德意志民族的演讲》问世,柏林大学最高的一批教授中就包括了费希特本人、历史学家尼布尔以及两名伟大的法学家,艾希霍恩和萨维尼,他们分别是历史法学派中日耳曼分支和罗马分支的顶尖人物。这两个年轻人在柏林大学开始授课时都只有 30 岁左右,正是这两个人将法律嫁接给历史,这项工作是在“民族”这一概念的共同襄助之下完成的,而民族则是那种生活在时间当中并通过法律来讲话的民族。他们合力创办了一份历史法理学的刊物,他们也都将漫长(他们都活到了 19 世纪后半叶)而勤奋的一生致力于对法律进行历史研究。

萨维尼在两人当中显得更伟大一些。他将他的天赋所发挥的影响力烙印在新的历史法学派身上。萨维尼在其 1814 年的作品《论立法与法学的当代使命》(*On the Vocation of Our Time for Legislation and Jurisprudence*)中确立了历史法学派的纲领。历史法学派则将萨维尼的格言“法律是民族精神的器官”奉为座右铭。萨维尼论辩说:“法律正如同语言,并不存在运动的间断时刻。同民族生活的所有其他表达方式一样,法律也受制于同样的运动和发展……所有的法律在一开始都由习惯和民族情感来塑造,接下来则由法理学进行塑造,这也就是说,塑造法律的是那些在潜移默化中发挥作用的力量。”萨维尼依据这一观点而反对法典化,他认为法典化等于是将法律的发展钳制在铁笼当中,他也抗议自然法及其所有的工作,他尝试确保民族思想的自由流动,呈一泻千里之势。基尔克从根本的方面来讲也正是归于这一思想序列,尽管他比萨维尼更为公正地看待了自然法。难道不正是他曾以权威的口气说过“人的社会生活也就是超个人实体的生活,凡是运行在这一前提之上的思想图式都应当将民族精神引入法律理论当中,并将其视为某种更为深刻也更为深沉的社会理论的出发点"?

我们应当考虑一下历史法学派的进一步发展,这样才能充分理解基尔克本人的立场。历史法学派的日耳曼分支和罗马分支起初合作得很好,日耳曼分支是指那些沉迷于日耳曼法律本身研究的人,比如艾希霍恩及其《日耳曼法律和制度史》(*History of German Law and Institutions*),罗马分支则是指那些渗入钻研罗马法的人,比如萨维尼及其《中世纪罗马法史》(*History of Roman in the Middle Ages*)。不管怎么说,德意志的法律自从继受罗马法以来就包含了两方面的元素,那么对于这两种元素之历史的研究为什么不能以一种融洽的方式进行研究呢?不过这一立场当中内含着一种困难,这一困难很快便会显现出来。如果法律是民族精神的表达,德意志法律就必须是德意志民族精神的表达,那么在这种情况下,对于德意志的罗马法又有什么好说的呢?难道它不正是一种外来的实体吗?难道不应当将其清除以利于本土法律和民族法律的发展,直到有一天德意志民族真的修复了自身的那些遗产?一旦人们问起这些问题,日耳曼分支和罗马分支之间的裂痕也就开始出现了。罗马序列的法学家在采纳民族性和历史性的法律观点时,实际上就是将自身置于某种逻辑上多少有些靠不住的立场之中了。他们越是执着于纯粹的罗马法,并因此不希望罗马法受到中世纪后评注学派的那些添加物的污染,也不希望受到近世以来德意志在对罗马法所进行的现代运用时所导致的那些添加物的污染,他们的这种立场就越是不牢靠。纯粹的罗马法也许是罗马这个已死的过往民族之灵魂的表达,但它不可能是德意志民族灵魂的表达。萨维尼也许可以申辩说,德意志民族从本性上就注定了要吸收并运用罗马法,他的追随者也许可以争辩说,罗马的法律,至少就其私法而言,是为全人类的,因此是超越民族界限的。但是萨维尼的申辩就像是某种特别的哀求,这样做不是没有危险,而萨维尼的追随者们所作的那些争辩实际上是同历史法学派的基本原则相抵触的,而他们是誓守这些原则的。再者说,罗马法在当时已经深深浸入实际的法律运作当中,并且也在各个大学得到教授的支持,也就是说,罗马法已经拥有自己的领地了。因此日耳曼分支和罗马分支就不可避免地要加入一场固执的战争中来,有两次是日耳曼分支的法学家们发起的主动攻击。1848 年,动荡的年代,在格林这样的语言学家和兰克(Leopold von Ranke)这样的历史学家的支持下,日耳曼派法学家们要求确立一种以德意志历史和德意志民族为基础的法律体系。这一要求在 1848 年之后的反动年代中逐渐沉寂下去,后来人们又刷新了这一要求,这次要求的提出不具有以往那样高昂的热情,不过更注重实践形式了,当时正值 1888 年新成立的德意志帝国要为新的民法典颁布确定的纲领。

这一纲领的第一草稿包含了太多的罗马元素,或者人们是这样认为的。预示日耳曼序列的法学家们付出了努力,希望朝着有利于日耳曼元素的方向调整平衡度,这些努力从 1888 年开始,一直持续到 1896 年新的民法典正式实施。基尔克接受过日耳曼主义者贝泽勒(Georg Beseler)的训练,他本人也是日耳曼主义阵营中的首要人物,他为这些努力付出了很多。他在 1887 年接受任命成为柏林大学的教授,而且他已经出版了三大卷的作品论述日耳曼社团法。凭借他的教席以及他的作品的力量,他要求新的法典能够以日耳曼的方式来处理团体组织问题。基尔克和日耳曼主义者们获得了一些战果,但不能说他们赢得了他们想要的一切,战斗结束的时候,双方都颇有面子地靠在各自的武器上休息。德意志的法律体现在新的法典当中,罗马法并没有消失。德意志法律开始在大学里讲授,罗马法也一样地在大学里有其一席之地。德意志回到了它的法律发展的双重过去,历史法学派中的论证双方仍然执着于各自的论辩。基尔克在 1903 年的演讲中承认,双方都是必要的,而且以后仍会是这个局面,只要人们还想恰当地追踪并解释德意志法律的双重过去的历史根源。"只要有机会,罗马主义者则仍会在现存法律中运用他们在罗马法理学中所发现的那种伟大模式。日耳曼主义者也会永不疲倦地支持他们自己国家的法律观念的独立性格,去进一步发展我们当中真实的日耳曼内容,而他们所走的那条扩张道路会将德意志的法律带到更加切近民族气质的地方。"

基尔克的这些话里有一些平静和调和的气氛。不过我们在阅读基尔克的作品时一定要记住,基尔克本人始终是历史法学派日耳曼分支当中的一员斗士。1888 年之前,他通过他的历史研究来武装日耳曼主义者,1888～1896 年,他在日耳曼主义者的队伍中进行战斗。甚至在新的民法典于 1900 年最终生效之后,基尔克仍然深切地致力于确保"日耳曼精神能够浸透新的法律……鼓励并培育日耳曼主义在未来的成长"。我们已经提供了理由,希望人们能够注意这一点。正如我们已经看到的那样,基尔克对于历史法学派的真理内核持有公正的看法。我们同时也注意到,对于罗马法在德意志法律思想当中必然会继续发挥的作用,基尔克也有恰如其分地承认。不过基尔克也是日耳曼主义者中的日耳曼主义者,一直在“民族”的传统中汲取营养,并且对于民族精神和民族法律的哲学有着本能的感知,出生于 1841 年的他一直就是顺沿着浪漫主义的普遍运动的波浪行进。他关于团体和团体人格的理论就是这一普遍运动的组成部分,现在我们就转向这一理论。

五、团 体 人 格

正如我们已经看到的,基尔克在全部四卷的《日耳曼社团法》中尽显其全部研究,而“真实的团体人格的核心观念”则照亮了他所有的研究。如果我们想弄清这一核心观念的灵感和意义所在,就必须理解组成德意志的法律过去的各种元素所构成的双重性质或者混合性质。

作为开始,我们不妨比较在法律和语言这两个领域中,英格兰和德意志各自的运势。在英格兰,法律在岛国的局势之下,一直是作为一种单一的和本土的体系而获得发展的,“普通法”乃是经由一个模子塑造而成,并依托于一种普遍的法律观念为基础。在德意志,情况则显现出不同的状态,由于它处在欧洲大陆受罗马影响力的渗透并继受罗马法的中央位置上,法律是在双重的基础上取得发展的。它经由两种不同的模子而加以塑造,它一直依托在拉丁(Latium)和条顿的双重法律观念基础之上。特别奇怪的是,在语言领域所发生的情况则是倒过来的。在英格兰,我们的语言,即使不说是语法方面,至少就词汇来说,显现出的乃是双重态势,英语词汇乃是拉丁和条顿词汇的混合,这一混合丰富了我们的词汇,并扩大了我们语言的表达范围。在德国则大为不同,那里的语言是纯粹的、没有经过混合的,很少有拉丁词汇出现,古老的“民间演说”几乎完好无损。假如说英格兰和德意志之间确实在这方面的事情上存在某些类似,那么这种类似也只是粗略而言才成立的。德意志法律不同于英国法律,德意志语言也不同于英语语言,不过在德意志法律和英语语言之间确实存在类似。不过即使就此而论,差异也是存在的。英语中的拉丁和条顿词汇非常安静地待在一起,除了个别的“撒克逊”清洁主义者外,我们都满意地接受了拉丁和条顿词汇的这种幸福融合,历史也正是借助这样的词汇而表现出来。德意志法律中的拉丁和条顿元素则并没有融合得这么愉快,人们一直在为恢复本土的民族法律,并取得与本土日常用语的和谐一致,而进行斗争,这一斗争本身就是不完美融合所造成的结果。

就团体或者组织这样的事情而论,罗马法的传统和教义提供给德意志的范例就是有关"universitas"和"societas"的概念,一个是严格意义上的法律团体,另一个则是严格意义上的商业伙伴之间的商业合伙关系。不过在同时,不也存在一些条顿概念吗?它们是更为丰富的过往时代的遗迹,也许能够通过研究而得到恢复,甚至也有可能通过意志行动或者复兴政策而得以再创造。在德意志确实存在一些地方性社团,其历史可以追溯到条顿的古代,与之相伴的还有某种共有权模式,或者是某种比共有权模式更高级一些的东西,人们通过这种方式解决森林和肥料的所有权问题。也存在某种形式的日耳曼社团,这是一种兄弟组织形式,经由同伴关系之手联结而成,并借助兄弟精神凝结在一起,以此追求团体的共同利益,无论这些团体的基础是职业、行业,乃至某种形式的自愿联合,同时也凭借共同的热情来捍卫共同的利益。年代方面追溯得越远,这种日耳曼社团或者这种伙伴关系(这一称呼也包含有同样的中世纪风味)组成的系统所体现的观念就越显得深沉,其凝聚力也就越强大。日耳曼社团可以追溯到早期的部族时代,有着部族的馨香和亲密。"guild, fraternities, comminalities, companies or brotherheads"(行会、兄弟会、社团、公司或公会),所有这些组织形式都土生土长在赫尔尼西亚的森林当中。塔西佗(Publius Cornelius Tacitus)曾经描绘过一种叫作"comitatus"(扈从队)的组织形态,它的成员与首领之间、以及彼此之间的联结是如此紧密,以至于在战败的残酷时刻,他们也都是作为一个整体而围绕着他们的首领而死在一起的。法兰克国王身边就有一种卫队,这种卫队就是"comitatus"的皇家形式,它由宫廷卫队和国王亲兵组成,共同对他们的君主宣誓信任和效忠。而平常在民间也有自己的伙伴关系形态,"brotherheads"这一组织形态贯穿了所有的社会等级。有基于共同血缘而组成的亲族,还有基于劳动或者手艺而组成的行会组织。在早期日耳曼的空气中,弥漫着亲族的气息,这种气息在中世纪的日耳曼世界中仍然存活着。我们英国人只要记得我们自己的中世纪行会和共同体,难道不也可以说我们曾有一段时光也浸润在同样的氛围当中吗?确实有一位英国作家喜欢回归中世纪,他就是威廉·莫里斯(William Morris),他曾将最高度的赞扬寄于"伙伴关系",所使用的那些话语也是人们常常引用的:"伙伴关系乃是天堂,少了它就是地狱;伙伴关系乃是生命,少了它就是死亡;你在尘世之所为,无不是为了伙伴关系,生于伙伴关系当中,乃是永生,每个人都是其中的一员。"

将这种对于伙伴关系的条顿热情同非团体的拉丁习惯进行比照,这是充满诱惑力的。梅特兰在对基尔克的作品进行释义之时,曾经将罗马法视为"非团体性民族的法律"。具体意思也就是说,在国家概念上是专制的,在对待国家成员方面则是个人主义的。然而,没有什么组织形态能够比拉丁家族团体的团结度更高的了,很少有哪个民族能够表现出像共和时代罗马人的那种韧劲十足的团结能力,尤其是在危机时刻,也极少有哪个民族能比共和时代的罗马人展示出更清晰、更有意识的民族气质。如果罗马皇帝能够规范工匠和商人的行会组织,并将之转化成管理机构,那么这些行会组织早在共和时代的尚能接受的自由制度之下就已经兴旺起来了。对自由的伙伴关系持有敌意的不是拉丁气质本身,而是拉丁帝国主义的气质。不过我们必须承认,正是拉丁帝国主义的气质润色并控制了《社团法》的内容,我们也必须承认,古老的条顿同伴关系在1500 年前后所大肆继受的罗马法体系中,绝不可能获得轻松运动的空间。16 世纪初,德意志诸君主在借助宗教改革运动拒绝罗马教宗的同时,也借助继受行动而引入了罗马法,这乃是一项明显的悖论。君主们的自私自利受惠于这双重的运动,也正是他们的自私自利充分解释了这一明显的悖论。在 16 世纪 20 年代之后酝酿的民间的反叛运动中,我们能够发现人们对作为罗马法学家施行判决之场所的法庭的抗议,这些民间反叛运动要求撤除那些"不虔诚的法律",城镇居民和农民对这些法律谈不上什么情感。接着便是差不多长达三个世纪的休眠期。休眠结束之时,便也是伙伴关系重新在城镇和乡村苏醒之时,浪漫主义运动也正是在这一时刻开始了。有关民族精神的浪漫主义可以通过类比的方式扩展到地方共同体以及善良同伴的伙伴关系领域,并且覆盖这一领域。如果"民族"拥有其存在和现实,那么地方共同体就不能也拥有这样的存在和现实吗?毕竟地方共同体乃是"民族"的小宇宙。伙伴关系的情形也是一样的,难道它不也是民族的小宇宙和成员吗,难道就不能给它的真实本性一个法律上的承认吗?通过回归过去并对古老的条顿法律进行研究,发现这样的真实本性其实并不是一件难事。揭开帝国罗马的遮盖纱布,在内在的盛典中找到真实的形象,也就是古老的日耳曼真理、同伴关系以及与之相伴的荣誉,这已经成为新哲学的神圣义务。团体的自由事业要求人们必须回归过去,古代的现实必须得到重新发掘,必须唤醒团体的存在、团体的心灵和团体的人格,它们已经经历了漫长的睡眠。

我们必须在此暂停一下,以便作出一个区分。为团体的自由事业进行申辩是一回事情,申辩说团体是某种存在物、是心灵或者是真实的人格,这是另外一回事情,或者说是进一步的事情,并且也是附加的考虑。如果我们将自己限制在团体的自由事业这一简明的事情上,那么有很多东西是我们应当承认的,甚至在这一简明事务的立场上,我们也可以要求很多东西。我们可以论证说,罗马帝国的法律阻碍了德意志的团体自由,尤其是罗马法在经历了罗马主义法学家们的扩张性(或者我们也可以说是拉伸式的)解释之后,情形更是如此,这些罗马主义法学家们将罗马法中分散的格言组织成一个完整的教义体系,而这一体系通常会使查士丁尼的顾问们感到吃惊。我们可以论证说,现代国家应当对团体组织的形成和行为施以平稳和宽松的控制,不要每个案例都采用特别让步的方式来限制它们的形成,也不要把它们的行动压制在这些特殊让步的范围内。我们还可以承认,我们英国对团体的形成和行动的控制是非常宽松的,这多少是出于偶然和幸运,不过主要应该归功于"衡平式的"信托法律的成长,这一法律使得团体组织可以在受托人所组成的保护帷幕的后面去形成、去行动,尽管国家有时候会通过右手的普通法取消左手的衡平法刚刚作出的许多让步。我们同样也可以承认,德意志诸国提供不起这样的庇护体系。团体组织在这些国家里不得不面对政府警惕的眼睛,它们得不到任何幕帐的保护。与英格兰一直以来的状况相比,在德意志,用以保护团体自由的普遍性理论要显得更为迫切。

什么才是普遍理论?在不诉求团体真实人格的情况下,是否可能为团体自由寻找到某种理论基础?我们可以在想象中构造出针对第一个问题的答案,而这也能使我们得以回答第二个问题,并且是以肯定的方式作出回答。我们可以说,现代国家建基于被统治者的同意,并且也尊重个人自由,因此现代国家从本性上就注定了会承认个人之间进行结社的自由,只要此类结社的目的与其自身的目的保持一致,并且也与所有个体之间的一般性和综合性的结社所应具备的福利目标保持一致。我们可以进一步说,对结社自由的认可应当在一般性的结社法律中得到表达,正是借助这些法律,结社自由的原则才能转化到细节问题的层面,并就其结果进行规约。历史上的国家由于是在时间中逐渐获得成长,所以它关于结社的种种规则往往是分散在各个法律门类当中,这一切都取决于在国家成长过程中所遭遇到的具体事件。国家甚至是在法律的各个分支当中保存着相互之间并不完全一致的规则,比如日耳曼主义者的规则就与罗马主义者的规则有所冲撞,衡平法的规则也同样跟普通法的规则有所抵触。现代国家走到今天这个样子,已经能够很好地将这些不同的规则进行统一化,自由个体在进行自由结社过程中能够发展并形成某种特质,而现代国家也能够很好地根据这些特质而将各种结社规则统一起来。

如此回答结社问题,很容易被指责为教条主义和个人自由主义。不妨说,结社不仅仅是个人结社自由的问题,社团本身就是实体,或者也可以说,它们无论如何都可以在发展过程中成为实体。从个人结社自由的角度来看待社团本身的自由,实际上等于是剥夺了社团的身体,或者说是剥夺了社团自身的有生命力的灵魂,这也就等于是把社团消解为社团成员之间的某种无生命的契约联结形态,从而遗忘了共同目的的脉搏,这脉搏仿佛从上面而来,涌入了任何真实团体成员的心灵和行动当中。无论我们是不是对这样的观点坚持信仰,对于19世纪后半叶的德意志思想家们来说,这种观点都是浑然天成的。他们可能会说,“你们这些生活在莱茵河西边的人,你们有你们的民主国家,这国家仿佛建立在契约的基础之上,你们大可以谈论一般性的团体,不仅包括你们的国家,也包括你们的教会、学院以及所有的联合组织,仿佛它们都是契约自由的造物。我们则生活在莱茵河东边,生活在我们自己的日耳曼世界当中。我们觉得我们的国家乃是某种心灵和某种人格,如果我们不给我们的团体赋予某种心灵和人格,一旦面对如此巨大的精神利维坦,我们的位置将会在哪里呢?我们没有由受托人所构成的保护性屏幕来保护我们的团体,国家的光芒则太过炽烈。除非我们也让我们的各个团体也像国家那样,变得真实,否则它们就根本无法生存下去。我们德意志形式的自由主义必须成为对团体之真实性的辩白,这就是我们用于拯救自由的一种方式,我们通过这种方式来对抗国家的随心所是和随心所欲。正是出于这个原因,我们有权利要求西方自由主义者的同情和支持。情况就是这样,你们也会承认,我们的团体必须具备真实的人格,否则便不会有任何真实的自由,也不会有自己的资金和决策方面的力量,不足以在一个普遍行动的世界里作为自由主体而采取自由行动"。

由此,我们便能获得某种推动力量,从结社自由的问题前进到社团的真实人格问题,这是最起码的情形。那么社团是否就是某种"实存"、某种"有机体"或者某种"人格"呢？就此问题,我们可以回答说,实存是一个高度形而上学的术语,它超出了我们的范围。有机体是一个生物学术语,或者顶多也只能说是个生物学的比喻,而我们的问题所涉及的乃是人类社会,如果我们试图在生物学比喻所散射出的不确定的月光下行走,那么我们必须先去研究一下适用于人类社会的本质性语言。人格这个术语就应当归属这样的本质性语言。人格是心理学术语,也是伦理学术语,同时还是法律术语。政治科学同这些领域的研究有着重大关联,所以它也是政治科学的术语。我们也因此能够致力于对这个术语的探讨:我们可以尝试定义这个术语的确切含义,并依托这个定义而提出建议,究竟在怎样的意义上,可以将一个团体恰当地描述为一个人格,不管这个团体是国家、教会、贸易组织、大学还是一个俱乐部。

我们可以在三种主要的意义上运用人格一词,它们分别对应于心理学、伦理学和法学这三个领域中的研究。首先就是心理学方面的人格。所谓心理学方面的人格,首先是指自我意识上的力量或者能力,这样的自我意识属于某种情感存在物,他对自身的感知有所意识。其次也涉及通过苦乐方面的考虑而进行自我决断的力量或者能力,这样的力量或者能力来自上述的自我意识,不过也将自我意识转化到较之基本的意识活动本身更为高级的活动领域。心理学人格就其本性而论乃寓居于个体当中,个体正是情感事物赖以发生的场所和中心。其次是道德人格。在这方面一直存在两种不同的历史用法,而这往往很容易让人感到困惑。在其第一个也就是内在的用法上,它所指涉的是某种有着自我意识的理性存在物的力量或者能力,它凭借这样的力量或者能力进行自我决断,决断的根据不在于对苦乐所进行的具体的或者暂时的考虑,而在于对正当的生活方式所进行的永恒和普遍性的考虑,对于这样的考虑来说,用于指导生活的正当方式对所有的理性存在物都是一样的。道德人格在这个意义上乃是建立在心理学人格的基础之上,不过它同时也超越了这一心理学人格基础。和心理学人格一样,道德人格也寓居于个体存在物当中,不过这里所谓寓居的意义乃是指这一人格本身也承认自己并不是独特的,相反,它和同类分享了共同的生活以及共同的生活规则。还有另外一种对道德人格的用法。许多法律作家是将之作为一个法律术语来使用的。在这方面,它一般是指一个团体的法律力量或能力,而不具有任何伦理上的含义。也就是说,尽管这样的团体并非某种自然的或者生理上的人格,不过它仍然可以像自然人那样采取法律行动。在此,我们在使用道德一词时,道德的含义同我们在谈论道德确定性以及道德胜利时的意义基本上是一致的。没必要就其用法进行争吵,它是专有的,而且专属于法律领域,只要我们心里清楚这一点就可以了。不过在我们的这个论证中,道德人格一词的含义将局限在我们所谓的第一种用法,也就是内在用法之上。在这方面,它实际上是个伦理学术语,并且仅仅是个伦理学术语。它所指涉的乃是采取道德行动的力量或者能力。

人格一词还有第三种用法,也就是法律领域中的用法。法律人格同心理学人格或者道德人格不同,乃是指采取法律行动的力量或者能力,这种力量或者能力得到法律的承认,而且仅仅是在得到法律承认的情况下它才存在,它凭借法律的承认而能够发起那些对应于法律框架的行动。从这个角度来看,法律人格实际上同道德人格一样,都预设了人类社会的存在。同时,它也预设了某种有组织的法律社团的存在。它和权利纠结在一起,它实际上就是一种实施权利的能力。而权利,就其充分意义而言,也只有在这样的法律团体中才有可能。权利可以属于个人,当然也可以属于团体,实际上它确实就是这样的。因此我们必须在有组织法律团体的领域中,既将权利赋予个人,也赋予团体,由此我们也必须承认,既存在个体人格,也存在团体人格。法律人格不同于心理人格和道德人格,这种差异表现在:法律人格不仅寓居于个体存在当中,也寓居于任何由个体构成的团体场中,在法律领域当中,这样的团体作为单一实体发挥作用。想要发现这一实体的确切本性,或者它的存在,再或者它的本质,都将是非常困难的。不过它确实是存在的,这一事实本身非常明显。有组织的法律团体本身,换句话说,也就是国家本身,就是这样一个拥有并且实施权利的实体,因此我们必须将法律人格赋予国家。简言之,国家乃是一个法律人格,或者就像德意志民族说的那样,是个“主体”。与此类似,国家在其内部所包含的许多团体也都具有法律人格。它们拥有某种权利能力,权利能力实际上就意味着法律人格。

在有组织法律团体的领域当中,以及在归属于这一领域的法律人格范畴之下,我们还必须考虑这样一个事实,那就是存在团体人格,也存在个体人格。社团本身,作为庞大的和具有包容性的团体,乃是团体人格,其中所包含的各种团体,就其拥有并实施权利而言,也可以说是某种团体人格。两者都构成了某种人格的集合或者集群,一个是庞大的,另外那些则要小一些,与无数个体人格的“节点”并存在一起。如何去构思这些团体人格的存在或者本质呢?个体本身作为一个人格节点是简单的。他在本质上就是一,也就是说,它是单一的心理和道德人格,同时也作为单一的法律人格采取行动。不过个体人格所构成的集合或者集群确实是复杂的,至少是双重的。不管它是什么,它都既是它自身,同时也是构成它的所有那些个体。它何以能够同时成为两者呢?它的同一性如何与它的杂多性相联系呢?

对这些问题,大概存在三种不同的答案,它们在基尔克的论证当中重复隐现,如同不同的和不和谐的音调。第一个答案采取了拟制理论的形式。根据这一理论,有一个真正的事实隐藏在法律团体之实存的背后,这一事实就是,构成团体的众多个体成员以及此团体的同一性仅仅是某种借口或者是某种拟制。团体像个体那样行动,并像单一人格那样享有权利,此时,这一人格就是拟制人格,如果人们要问,究竟是谁将这一人格捏造成一个虚构的存在,答案就是国家,或者更确切地说,是国家的主权,它是这些拟制的强大创造者。也可以将拟制理论成为让步理论,我们起码可以说,这一理论通过某种自然的下降过程而导向一种观念,认为法律团体的同一性应当归因于国家权威的所采取的让步。我们在此也不妨指出拟制理论的一个进一步的变种,这也就是我们在前面已经附带提及的“道德”人格理论。根据这一理论,一个团体只要作为同一体采取行动并作为一个单一人格享有权利,我们就应当恰如其分地将之描述为一个道德人格。不过我们绝不是想借此明确下面的看法,此即形容词方面的变更,由拟制改变为道德,就会引入某种意义上的变更,或者会给我们一些新的发现,事实确实远非如此。“道德的”这个形容词只是在否定的意义上得到使用,作为与“自然的”或者“物理的”相对立的形容词。它仅仅意味着一个法律团体乃是某种不同于人类躯体所表达的自然事实或者物理事实的东西。这个形容词存在双重危险。一方面,它模糊了真实的和虚构的人格之间的古老区别,尽管这一区别确实有可能是错误的,相反,它反而暗示了某种介于两种人格之间的某种模糊人格,这个模糊人格实际上两者都不是。另一方面,它也鼓励了某种思想上的混乱,将“道德人格”转化成为某种伦理的或者善好的东西。卢梭在他的道德人格理论中所表达出来的公意似乎永远是正确的,这样的论证恰恰陷入了这样的思想混乱。

对上述问题的第二个答案由加总理论提供。根据这一理论,我们实际上不必为宣召团体人格的同一性而自我烦恼,不管是凭借拟制人格这样的借口,还是凭借道德人格这样的准借口,事情都是无所谓的。诸如单一的团体人格这样的事情根本就不存在,即使是拟制或者半拟制的方式都不例外。真正重要的事实是有那么一些人格存在,当这些人格作为一个团体而采取行动时,他们实际上并不在任何意义上的真实同一体内获得同一性,他们只是简单地聚合在一起,情形就如同我们将一些算数数字进行加总那样,或者也像我们将一些几何符合集中在括弧中那样。由此,由 100 个人格构成的团体不过就是呈现了“1 + 1 + 1……”这样的情形,直到总数达到 100 为止。进行这种计算的法律工具就是契约,而其意图达到的目的不外乎将一些个体聚合在一个单一的聚合体中,是契约将第一个个体跟第二个个体联结起来,将第二个个体同第三个个体联结起来,如此类推,直到第 100 个个体。因此,我们可以将这一理论称为加总契约理论,或者我们也可以模仿梅特兰,通过一个数学比喻,将之称为括弧理论。括弧理论有一个变体,初看起来,它不仅仅是个变体,而是某种完全不同的理论,不过在事实上,它所依托的根本基础与括弧理论是一样的。这就是基尔克所谓的代表理论。根据这一理论,一个由 100 人构成的团体,其实际意义恐怕要超过这 100 人通过契约所形成的集合。这个团体实际上是由 99 个被代表的人和一个代表组成,而这个代表之所以得到任命进驻这个代表的位置,是因为他得到了其余 99 个人中的每个人的行动授权,这样,这个作为代表的人格实际上就把其余 99 个人格整合在自己的单一人格之内,他们在这个人的人格之内成为一个人格,同一性经由此种方式而主宰了杂多性,事情看起来似乎就是如此。然而,代表理论实际上不过是加总理论的翻版而已,契约以及通过契约而进行的单位加总过程乃是它们的共同基础所在。前 99 个人首先根据某种契约形式相互缔结契约,然后他们再通过另一种契约形式而与第 100 个人缔结契约。由此,由这 100 个人所组成的整个团体实际上仍保持着某种契约团体的性质,尽管霍布斯作为这一代表理论的伟大使徒也许会争辩说,他的利维坦乃是同一体的创造性本质,超越了契约的领地,但不管怎么说,利维坦本身仍然容纳了某种契约式的括弧,真正创造出同一性的正是这样的包容性的契约括弧,而不是利维坦本身,尽管看起来是利维坦提供了同一性,不过这也仅仅是看起来如此而已。

我们现在转向第三个尝试解释团体人格内在核心的理论。这也是基尔克自己的理论,也就是所谓的团体人格之真实性的理论。当我们试图寻找那些隐藏在团体人格背后并构成其内在核心的东西时,一定不能就某些"拟制"而夸夸其谈,这些拟制无非就是盘旋在真实个体的头顶上空,并且是在幻影和不真实的存在中盘旋而已,我们也一定不要谈论所谓的"加总"或者"括弧"或者某种契约网,仿佛这些东西真的能把如此众多的个体一网打尽,将他们彼此联结,压缩在某种非人格化的纽带当中。我们必须擦亮眼睛,以便看清楚那些真实而非虚构的事物,只有这些事物才有着活生生的人格,而非某种非人格化的纽带。我们一定要相信,事物依照其本性,确实存在此种真实的团体人格,拥有其真实的存在和本质,就如同作为其成员的那些个体的情况那样。"它本身能够意愿,能够行动"。其情形正如同它的成员们能够意愿和行动那样。当 100 个人联合起来形成一个团体,就像一个个体那样进行意愿和行动时,我们只能说,确实存在一个新的和真实的人格,也就是第 101 个人格,或者说是超级人格,这 100 个个体在其中生活并获得他们的存在,同时他们也作为分立的个体而生活并拥有其个体的存在。因此,在法律的团体人格背后,隐藏着真实的团体存在,这就像有一个真实的个体隐藏在个体的法律人格背后那样。法律的团体人格性乃是由真实的团体人格性所投下的影子,它是凭借法律之镜而对真实的反映。当引进法律的团体人格时,法律并不进行拟制,也不进行数字的加总,法律在此时仅仅是进行尽可能逼真的描绘,是对真实存在的法律素描。这就是基尔克在 1902

年的“人类团体的性质”的修正性演讲中所持的观点。最好还是用基尔克自己的话来表达,我们不妨引用此次演讲中的一些关键性段落:

社会生活同一体真的存在吗?并不存在这方面的直接证据,不过想要直接证明个体生活同一体的存在也同样是不可能的。我们可以借助其效用而间接地证明确实存在这样的社会生活同一体。这种论证方法的说服力可能不会涵盖所有的情况。它的分量部分取决于我们对生活所持的一般性态度。科学调查所依据的那些基础看起来是如此牢固地得以确立,不过即使如此,它们才从最终来说也只不过是根基稳固的假设而已。

首先是我们的外部经验促使我们去假设存在一个活跃的和有效的团体同一体。通过对我们将生命消耗在其中的各个社会过程的观察,首要的是通过对人性历史的深刻研究,我们发现,是民族和其他类型的共同体通过自身的活动而决定了我们这个世界上各种力量之间的均衡,并造就了物质的和精神的文明。共同体由个体构成,正因如此,我们必须承认,是个体,也是通过个体,才得以造就如此的结果。不过,既然个体的贡献实际上是融合人们在其中生活和行动的社会纽带当中,我们也必须同等地承认,个体所经受的身体和精神上的影响乃是来自人们之间的相互联系这一事实。当然,我们也确实能观察到,某些杰出的个人富有创造性地干预并调整社会,所依凭的只是他们所独有的东西,这些东西得自他们,而且仅仅是得自他们。但是,此种成就就其本性而言,也只有在共同体采取最低限度的接受性的合作态度,并把此种个体要素作为它本身已经引进的东西融入自身的血脉中时,才有可能。这样的活跃力量,势必在共同生活发生巨大转变的时刻发挥作用,不过这种力量在多大程度上来自团体,又在多大程度上来自个体,对此,人们可以持有不同的看法。不管我们在英雄崇拜的道路上走多远,也不管我们在集体主义的历史观念当中如何放纵我们自己,两种因素之间总是要存在恒久的相互作用,对这个事实,我们不能视而不见。因此共同团体无论如何都是某种活跃的和有效的东西。我们有必要归之于共同体的那些效能,就其构成而论,恐怕就无法单单从纯粹的个体聚合角度完全获得解释。他们不可能由分立的个人加以单独的创造,以至于总的贡献似乎只是经由部分贡献累加而成的一个总数,只不过是在数量上更大一些而已:

他们是自成一体的。我们只需要考虑一下诸如权力组织、法律、社会法典或者民族经济这样的东西,就能立刻意识到这一事实。如果共同体在其效能方面的这种情形是真的,那么对于造就此种效能的共同体本身来说,情形也是一样的。也就是说,共同体肯定不会是其成员个体的简单加总。共同体必定是个整体,它构成某种生活同一体,而这个同一体本身则是超个人的。因此,如果从人类文明史的诸多事实中推导出真实团体同一体的存在,我们也并没有在任何意义上超越我们的外部经验。通过强调我们迄今所发现的有效原因,我们已经达成了有关真实团体同一体的抽象概念,至于这个概念本身,我们则可以将其作为一个公理性的科学概念而运用到社会科学的全部领域,通过这种方式,可以为这个概念提供论证。

我们的内部经验也回应着我们得自外部经验的这一真理。我们可以在外部事实的世界中发现共同体的真实性,同样,我们也可以在我们自己的内部意识中发现共同体的真实性。将我们的自我融入某种更高秩序的社会存在,此乃我们自身内在生活的事情。我们都意识到我们自身处在自我封闭当中,不过我们同时也都意识到我们自身乃是某种生机整体的构成部分,而这一生机整体恰恰正在我们自身当中发挥作用。如果我们将我们的成员身份从我们特定的民族和国家、我们的宗教共同体和教会、我们的家庭以及种种其他的团体和社团当中剥离出来,那么在所剩下的可怜残余当中,我们将无法认出我们自己。如果我们就所有这些因素进行反思,就会看到,根本不存在所谓将我们束缚起来的外在约束或者锁链的问题。这实际上是一个心灵联系的问题,这一联系一直透入我们最内部的存在当中,并构成我们精神存在的完整部分。我们都能感觉到,促成我们行动的一部分冲动乃是源自已经透入我们自身的共同体。我们也都意识到我们正在分享某种共同体的生活。如果我们从我们的内部经验得出对于我们的自我的真实性的确认,那么这种确认则并不局限于我们作为个体生命同一体这一事实,它实际上也可扩展至我们作为某种更高的生命同一体的构成部分这一事实。的确,我们无法在我们的意识当中发现这些更高的生命同一体。整体并不在我们自身内部,因为我们只是整体的构成部分。从我们的内部经验当中,我们仅能直接地知晓团体同一体确实存在这一事实,至于其特性,我们则无法直接从我们的内部经验当中获得任何信息。不过,从共同体在我们身上所产生的后果,我们却能间接地进行推论,从而得出结论,认为社会性的整体具备实体性和精神性的性质。我们之所以能够这样做,是因为这些效果虽然是由某些精神过程构成,不过这些精神过程却可以得到实体化的中介。这就是为什么我们不仅可以谈论社会“身体”及其“成员”,而且也可以谈论民族灵魂、民族情感、民族观念和民族意志,还可以谈论阶级精神、团体精神、家庭情感以及诸如此类的东西。我们用这些术语乃意指有着活跃生命和真实性的心灵力量,一旦我们召唤我们的个性行动起来反抗它们,他们就无论如何都会显现在我们的意识当中。在普通的日常生活当中,只要我们多少付出一些努力去内省一下,就足以说服我们自己确实存在这样的精神力量。不过也确实会发生这样的情况,共同体的精神以某种原始力量的形式呈现给我们,甚至呈现为某种可见的形态,它填充并主宰我们的内在存在到了这样的程度,以至于我们几乎无法再意识到我们的个体存在。我就曾经在柏林,在菩提树大街经历过这样的神圣化时刻,那是 1870 年的 7 月 15 日。

我们对有关团体人格的不同理论的研究已经穿越了三个不同的领域,拟制领域、契约加总领域以及真实团体人格性的领域。我们应当停留在其中的任何一种理论上吗?还是应当进行进一步的探究?基尔克曾在一个略带反讽的段落中谈到了那种“只盯住‘现实’的眼光”,这种眼光拒绝在一个民族的鲜活的和恒久的同一体之存在当中辨识出除了虚幻的暗影之外的任何东西。不过,这种盯紧现实的眼光,换句话说也恰恰是在寻求面对可在实际生活真实感受的那些事实,并调整理论适应这样的事实,因此这样的眼光也能够发现一些并非仅仅是虚幻暗影的东西,当然这种眼光所发现的东西势必不会达到真实团体人格性那个层面。也就是说,这种眼光所发现的东西要超越纯粹的拟制或者加总,不过要少于某种超个人的东西。如果我们依据这种精神指引探索新的领域,就不妨从我们在前文已经设定的那个区分入手,这就是国家与社会之间的区分。社会是人类的共同体,而人们则总是尝试围绕这个共同体来实现生活的一般目标。国家是人类的社团,这是就其法律形式方面而言的,从外在行动的角度出发去规约人们的生活是其特殊的目的所在,法律规则本身的目的就是确保人们之间最低限度的摩擦和最大限度的发展。国家是法律行动的领域,我们甚至可以在这个意义上称国家为一部法律剧,这部法律剧所包含的乃是其各个组成部分共同的和协作的演出。国家是法律行动者的活动场所,所有的法律行动者都在国家当中扮演某种角色,他们中的每个人都可以是一个戏剧人物。我们因此可以在某种意义上说,所有的国家都是一个舞台,而国家中的所有主体人物都是演员。在这个意义上则可以说国家是人为的,就像舞台也是人为的那样,而且国家也像舞台一样,树起了面对自然的镜子。也正是在这个同样的意义上,我们可以称那些在国家的舞台上穿越行走的人们为人造的人。

为了理解此中的意义,我们有必要考察一下人格这个术语。在最初的意义上,"人格"一词是一个戏剧术语。它意思是指面具,这个面具正适合于一个人所扮演的角色,并由戏剧中相应的演员来佩戴。这一戏剧用法后来进入了法律领域。法律行为主体在法律图示中扮演一个积极的角色,或者说他们具备扮演相应角色的能力,人们一般认为这样的行为主体是"有面具"的人,通过一个自然的让渡过程,人们也逐渐称呼这些人为"面具"。正如同他们在剧中的角色是由戏剧家和制片人创作并指派的那样,我们也可以认为,法律中的人格也是经由一个类似的机构才得到创造和指派的,我们暂时可以说,法律方面的这种机构就是立法者以及法官。关于一部剧的角色,我们可以说其中存在捏造或者人为性的元素,与此类似,关于法律中的人格,我们也可以说其中存在捏造或者人为性的元素。在某种意义上可以说他们是司法创造物,是人工作品或者拟制。如果我们将人格拟制这一术语运用到所有形式的法律人格身上,也不能说它是全错的,也许人格拟制并没有告诉我们全部的真相,不管是团体的法律人格,还是个体的法律人格,情况都是这样的。普芬道夫就持这样的看法,至少就基尔克所给出的论述来看是这样的。普芬道夫的一个学生,提修斯(Theseus),则表述得更为直白,它认为,法理学只处理道德人格问题,也就是人造人格问题,无论这样的人格是单一的还是复合的,也就是说,无论这种人格是个体的还是团体的。进入法庭的并不是那个自然的自我,而是作为权利和义务之载体的人格,法律创造了他,出现在法律面前的也就是他。

法律人格因此就是一个面具,或者像普芬道夫所说的那样,是一个模具,一个机构创造了他,并由这个创造他的机构附加在客体身上。由此就产生了两个问题。那个进行创造和附加工作的机构是什么,它是如何行动的?那个客体又是什么?

用一般性的术语来说,这个创造人格并将其附加在客体身上的机构,或者德意志作家所说的那个“主体”,就是整个的法律社团。最终来说,每个在法律眼中可视为人格的实体都是由这个一般性的主体构造出来的。就具体细节而言,这一认可的过程可沿着不同的渠道进行。就正常的情况而论,常规的过程就是立法,与立法相伴随并实施这一立法的就是司法解释。不过法官可能并不仅仅局限在解释现存法律的文字方面。他实际上可以在类推的基础上认可法律人格性,他可以将人格指派给一些客体,而这些客体仅仅是借助类推的方式才与已经得到法律认可的客体处在类似的法律位置上,至少法官在处理团体人格性问题时就是这么做的。法官可以在习惯和使用的基础上给予认可,这就像尤里阿努斯(Iulianus)在《法学汇编》中所说的那样,“古老的习惯作为法律得到遵守”。也就是说,法官可以依据这样的原则行事:如果习惯允许团体作为一个法律人格采取行动,那么法律就应当作同样的处理。各个国家在宽容度方面是非常不同的,而法律人格的赐予正是凭借这样的宽容度而给出的。国家所库存的面具或者人格数量也各有差异,尤其是当问题涉及团体人格的时候。有的国家只能就团体人格提供一个完整的面具,因此在这个国家的库存中则可能只存在行会这个面具,而这样的完整面具不能给所有的团体都戴上,也不适合所有的团体,因此这样的国家在给出面具的时候势必表现出小心谨慎。有的国家则处在克拉克森店铺的情形中,它拥有一座(全面的)面具储存库,团体人格会因此而兴盛起来,因为它们可以在多种面具形式中进行选择。英语国家就属于后面这种情况。英语国家不仅提供公司面具,也提供委托以及受托人机构这样的面具,我们也可以像梅特兰那样,将这种面具成为某种屏风或者挡板,因为这面具是如此完整地隐藏了一个团体。德国在基尔克开始写作的时候,国家在这方面的装备要显得可怜,因此那一时代的德国在给予面具时势必显得小心和保守,在监管这些面具的工作方面,德国也更为严厉。

我们已经探讨了面具的给予问题,现在则要探讨一下接受这些面具的客体。我们迄今似乎是简单地接受了让步理论,将团体人格性解释为国家的授予,而这种让步理论似乎既涵盖了团体人格也涵盖了个体人格,这就有可能使情况变得更为糟糕。不过也正如我们在前面所论述的那样,拟制理论也许不会包含全部的真理,不过其中确实存在真理的元素,因此我们也可以主张在同源的让步理论中也存在真理的成分,尽管让步理论也同样无法包容全部的真理。从某种意义上可以说,所有的法律人格都起自国家的让步。不过在作出这项主张之后,我们立刻就要问一问,国家是否具有完全的权力自由选择将给予法律人格的那些客体?还是说,国家在这方面势必会依照其本性而受到相当的局限,而只能同样依照客体的本性而将法律人格给予一些特定的客体呢?不管怎么说,如果面具要适合,而且能够穿戴并发挥作用,那么面具背后的客体则也要是恰当的才对。这些客体的性质何在?究竟哪些客体依照其本性有资格要求法律人格这一奖励?

从历史上看,国家在处理这些问题时,几乎都不带任意和武断。一直以来,国家在赋予个体和团体以法律人格时都表现得十分小心和保守。奴隶在多个世纪的进程中都不曾获得法律人格。同样在多个世纪的进程中,妇女在人格方面都居于次等的地位。即使在今天,国家在给予完全法律人格方面,仍然是在挑挑拣拣,施行着种种限制。在法国,"民事死刑"这一惩罚可以剥夺一个犯罪者的民事权利,并且在法律的眼中使其完全不再成为一个人格。在其他国家,某些少数民族群体的成员也可能遭受部分的权利剥夺以及法律人格方面的部分损失。一直以来个体就遭受凡此种种的有着区分度的对待,既然如此,国家在将法律人格授予团体的时候,就势必有着更大的区分度,对此,我们也就完全不必大惊小怪。国家绝不会将这样的人格性给予所有的团体,相反,国家总是承受着种种压力或者诱惑,将法律人格性的授予局限在少数客体身上。究竟是授予还是抵制,一直以来国家在这个问题上的判断所依据的不是团体的内在本性或者团体的公正要求,而是依据这些团体究竟是会给国家带来利好还是造成危害,利好或者危害的前景取决于是授予还是抵制它们的法律人格要求。

如果说历史确实表明了国家在法律人格授予方面所拥有的选择权力,我们就实在没有必要作出结论说,指导国家的这种选择权力的是纯粹的自由决断或者国家的自利。一直以来所存在的选择的原则就是由国家的本性决定的,一直以来,这一原则本身已经逐渐获得澄清并且处在扩展当中。我们已经说过,国家就其本性而论乃是一个法律组织,目的是确保最低限度的摩擦和最大限度的发展,这一切都涉及所有成员的道德人格。从这个观点来看,国家在选择得到保障的行动能力的接受人的时候,必定是由确定的原则来进行指导的,而这些接受人正是在构成其法律人格的生活图式框架内采取行动的。首先,国家势必会把法律人格给予每个拥有道德人格的个体,这里的道德人格是在其原初的和内在的意义上来理解的。其次,国家也会将法律人格给予每个组织性的观念、给予每个共同的目的,正是这些东西将个体成员恒久地联结起来,并作为人们心灵的共同内容以及人们意志的共同取向而呈现出来,只要这些观念和目的同所有国家成员的自由行动和发展是相互融合的。就第一种情况而论,法律人格的接受者是作为个体的道德人格。就第二种情况而论,接受得到保障的法律行动能力的并非某个个体的道德人格。严格地说,也并非某些这样的道德人格。拥有这种行动能力并构成法律人格的乃是那种共同的和持久的目的,它为持久的人格实体所持久分享。拥有牛津大学或者剑桥大学的财产权的那个"人格"并非大学的创建者,也非大学的已经死亡或者仍然活着的继承者所构成的实体。拥有这项财产权的乃是大学的目的,正是这项目的激发了大学创建者,也继续激发着那些继承者们,尽管是以某种新的和经过调整的形式。

为了发展并解释这一观点,回想一下我们在前面所谈到的那三种不同类型的人格是有帮助的,它们分别是心理人格、道德人格和法律人格,而且我们有必要说明这三种人格类型的区分对于我们当前讨论的意义何在。我们已经说过,心理人格通过对感觉的直接考虑而成为自我意识的源泉和自我决断的基础。莱布尼茨的话确实适用于这一人格类型,正如他说的那样,"人格某种程度上是一个人的意志,或者是一个人被赋予的认知、情感、喜悦和悲伤"。这种类型的人格仅仅寓居在个体当中,也只有个体才能成为自我意识的源泉和自我决断的基础。没有什么团体可以成为这个意义上的人格,如果说这样的人格才是"真实的"人格,那么任何团体都不会是"真实的"人格。

不过还存在道德人格的人格类型。这是道德主体的人格,在自我施加的道德规则之下采取行动,并且从道德上对任何违反道德规则之事负有责任。这种人格类型同样寓居于个体当中,团体在道德领域并非道德存在。在这个意义上而论,只能说所谓团体就是一些个体道德存在的聚合,他们为着某种目的而在一起行动。在道德领域,目的很可能就是某种因素,某种具有深刻影响力的因素,但是团体本身并不是道德人格,并且也不可能像个体那样在道德领域采取行动。从道德的观点来看,我们也可以说我们曾经就心理人格所说过的那些话,也就是说,“没有什么团体在道德意义上可以是真实的人格,如果说只有道德人格可以成为真实的人格,那么也就不会有什么团体会是真实的人格”。

这可能是个难度颇大的说法,这样的说法同人类的生活和言辞是有矛盾的。我们谈论团体的宽宏大量,我们发现一个团体会记下它对另一团体的宽宏大量所表示的感激,难道宽宏大量和感激不就是道德品质吗?难道这样的道德品质不就是已经预设了道德人格的存在吗?在这方面,我们会给予赞扬,因此也就会给予批评。正如梅特兰所说的那样,无论是赞扬还是批评,我们都将给予“所有类型的团体单位”。在这个问题上,我们甚至并不讳言“民族罪恶”。我们既给予赞扬也给予批评,这难道不就是意味着我们也将道德责任感赋予了团体吗?难道不也意味着我们是在人格一词的通常意义上将团体视为责任人格的吗?对于这样挑剔的问题,我们很难给出简单的回答,不过这样说也是可以的。所有的团体,只要作为法律人格而采取行动,就都负有充分而绝对的法律责任,其程度也正如个体人格那样。确实,在我们英语国家的法律体系内,团体所承担的法律责任并不总是充分的。国家本身,当其作为一个法律人格而采取行动时,如果破坏了契约,国家也只不过负有调整过的法律责任,这样的责任即使有也是很小的,比如在造成侵权或者伤害的情形中。对这样的例外,我们几乎没办法进行辩护,不过除了这些例外情况,我们则可以放心地说,所有的团体在作为法律人格而采取行动时,都负有充分的法律责任。如果说一个团体引发了或者能够引发道德责任问题,这其实是很困难的事情。并没有什么所谓的团体的道德存在可以遭遇我们的赞扬或者批评。也并不存在所谓的团体的道德人格,无论是行善也好,作恶也罢。不过这并不是说,团体在任何情况下都不涉及道德责任的问题。相反,当团体的行动与公认的道德规则发生抵触时,就会存在范围广泛的道德责任领域。那些建议并推进这些行动的人将在道德上对此负责。那些支持这些行动的人也将在道德上对此负责。甚至那些接受这些行动的人,作为表示同意的一方,也将在道德上对此负责。道德责任最终只能落实在作为个体的道德主体身上。并且是以其充分的形式落实在个体身上的,无论个体是与他人一起行动还是单独行动,情形都是一样的。让道德责任避开个体并使其落实在任何的超验存在之上,这是很危险的教义。

现在我们就从心理人格和道德人格转向法律人格。法律人格同心理人格、道德人格处在完全不同的层面上。心理人格是通过直接感觉而得到的材料,道德人格则是道德意识所聚积起来的材料,法律人格则根本就不是什么材料。法律人格是一种精神构造,或者说是一种法学创造。我们已经看到,法律人格具有某种人造的性质。大多数情况下,这种性质都归属于某个个体,不过在另外的情况下,这种性质也可能归属于多个个体协同行动所要达到的那个目的的身上,无论是哪种情况,法律人格的人造性质都是存在的。我们不能说法律人格在一种情况下是人造的,在另外的情况下就不再是人造的。两种情况之间并不存在类型上的不同,尽管可能会存在程度上的差异,一种情况下的人造性质可能要比另一种情况下的人造性质显得浓重一些。不过我们一定不能过度使用人造这一观念。法律人格乃是一种精神构造,不过它也因此而不是某种拟制。它是一种法学创造,也就是说,是一种从法律角度创造出来的能力,以支撑权利和义务,而这些权利和义务本身也同样是法律上的创造,这当然也并不意味着法律人格不是真实的东西。它在某种意义上是人造的,不过这就如同所有通过我们的思考而存在的东西都是人造的一样。在另外一种更深刻的意义上,它也是真实的,正如同所有经过我们的思考而恒久存在的东西同时也是真实的一样。如果我们将真实性赋予普遍性的法律体系,而正是人类的心灵经过思考和决断而使这一法律体系成为恒久的存在,我们也就必须同样地将真实性赋予法律的本质性要素,因为这些要素也是经过同样的心灵过程而成为恒久存在的。

因此,法律人格乃是一种精神构造,不过在我们人类的世界中,这一精神构造乃是作为一件事实而存在的,它也是我们人类经验的一个真实部分。作为一种精神构造,而非感觉或者意识的直接材料,法律人格可以经由心灵的作用而融入可见的个体存在,也可融入不可见的某种目的,个人的聚合体正是出于对这一目的的追求而恒久联合在一起。这样的目的有附加在它身上的财产权,并且目的本身也拥有这样的财产权,它也有着附加在它身上的义务,并且也拥有这样的义务,它可以作为一方而采取法律行动以辩白它的财产权或者承受义务的负担。在所有这些情形中,它都是作为法律人格而采取行动的,我们也正是出于所有这些原因而将之称为法律人格。团体同一体的本质就在于它所表达出来的目的,而法律人格就属于这一本质。就个体的情况而论,情况则是不同的。对于个体来说,生命同一体的本质实际上就是目的的持久源泉或者力量所在,个体的法律人格所应当归属的就是个体的这一本质。

人们可能会反驳说,一旦我们将人格赋予某种非人格的目的,那么其中所存在的悖论就可能会走向极端。不过目的并不是非人格的。当我们说一个目的可以成为法律人格,成为"主体"或者成为权利的所有者时,我们所说的并不是非人格的东西穿上了人格的衣服。我们只是说,由许多个体人格持续享有的目的可以作为法律权利和义务的载体而进入法律领域,其方式和基础与个体法律人格的情况是一样的。不过这要求目的本身必须是活着的心灵所持久享有的。否则它就是一个死亡的目的,一个死亡的目的不可能承载任何东西,也不可能做任何事情。一所学院的师生必须持久地享有这个学院的目的,否则这个目的就不可能像学院的创建者所希望的那样成为权利和义务的承载者。当然,有人很可能会说,师生本身所构成的躯体就是那个真实的承载者。但是,即使不谈"躯体"一词本身的模糊性(比如,它究竟是指个体的集合,还是指某种不仅仅是个体之集合的东西),我们也必须对这个说法立刻进行限制。也就是说,我们必须立刻补充下面的看法:师生必须构成一个单一的人格,并且是作为单一的权利和义务载体而采取行动,以发挥自身的作用,这种作用就是享有大学的目的,并服务于大学的目的。一个如此构造起来的人格可能多多少少都是一个抽象的人格,因为要构造这样的人格,就必须将每个成员的某个部分抽象出来,并将这些抽象出来的部分融合在一起,而这种融合所赖以进行的方式则不仅仅是简单的累加或者纯粹的加总。对这一真理的更简洁也更精确的说法就是,大学的本质就在于其目的,而大学的法律人格也寓居于这一目的当中。这一目的势必是总体性的和恒久的,享有这一目的的大学师生也只是部分地享有它,这就像是所有在场客人中的一个客人,他们仅仅是暂时地享有这一目的,时间范围就限制在他们在校期间。

这样的团体生命同一体也许会一个世纪接一个世纪地持续下去,不过就上面的观点而论,这一团体生命同一体则并没有包含某种永远不老的真实人格观念,仿佛支撑这一生命同一体的乃是不老的真实人格,情况不是这样的,团体生命同一体仅仅包含一种有关真实目的的观念,或者更确切地说,这是某种共同目的,这一共同目的由于为团体成员的心灵所持续享有,所以它也能够持续地促动并激发团体成员。我们也同样不能因为这个观点而影射到有机体理论,在这个问题上,我们所谈论的乃是人们之间的某种组织,它经由组织性的观念而得以创生并维系下去,而且,只要组织性的观念仍然存在,这个组织就同样能够生存下去。不过观念要想继续生存,就必须作出改变,因为改变正是生活的一部分。我们也因此遭遇到一个新的困难,从而也进入一个新的论述阶段。组织性的观念或者共同目的构造了团体的同一体,这一观念或者目的不但必须为成员们的活的心灵所享有以便获得生存机会,它也必须有能力接受那些发自成员心灵的调整和发展以便获得生存和成长。在时间进程中,目的本身必然要不断地进入新的情境当中,除非有足够的空间以备作出调整以适应新的情境,否则它就会像一具沉重的尸体那样,给当前的生活造成沉重负担,甚至也可能会把它的那些特殊的支持者们的忠诚拉伸到崩溃的边缘。苏格兰教会的案子最终由上院在 1904 年最初裁决,它就是人们常常引用的典型案例,以说明此种危险。在这个事例中,确实存在一个自由教会的目的,这一目的成形于 60 年前,并且在当时的教会秩序之下,被认定是根本的和不可变更的。这样的一个认定,只要它仍然存在,就会给时间方面的普遍运动造成负担,而这一运动本身则是指向自由教会同苏格兰的另一个教会在发展观念的基础之上的联合,不仅如此,此一认定也将自由教会本身分裂为两个敌对的阵营,一方是少数阵营,执着于 1843 年的原初规定,另一方是多数阵营,急于看到目的本身的发展和变化。在双方阵营的关联当中,人们已经说过很多的话是反对"非人格化的不可变更的目的"的,同样也有很多的议论是支持"人格化的生命团体"的,这样的"人格化的生命团体"凭借其本性就注定了有能力作为一个有着目的力量的真实人格而获得自由发展,以适应生活的需要。不过我们也可以从这个例子中得出另外一个更朴实的道德。真正的危险并不在于目的概念本身,而在于将原初的目的设想为根本的和不可变更的。这种危险部分地来自法庭,因为法庭天然地倾向于并且也注定了要将巨大的分量赋予原初构造的那种目的,不过这种危险在大得多的程度上乃是来自这一目的的创立者和构造者,他们都希望目的本身永远都有效,就像他们一直在看着它一样。人类在作出决断的时候总是存在一种试图把未来也束缚起来的激情。创立者们在构造目的的时候,也存在同样的激情。聪明的创立者则希望他们所建造起来的那个目的能够活下去,而且也承认变化乃是生活的一部分,他们会给他们继承者留下变化的空间,以便让继承者们继续享有并服务于这个目的。类似地,法庭在解释目的的时候,也大可以容下发展的空间,即使原初的立法并没有明确保障这种发展。我们绝不可能指望国家会禁止就原初的目的进行僵化的定义,不过国家在遭遇某些事件之后,也总是会留有余地以便凭借立法行动来补救此种僵化。这就是议会在 1905 年最终议决苏格兰教会案时所采取的行事方式。

因此,我们有必要再次考虑一下国家与目的之间的一般关系问题,因为正是这些目的构造出了团体的存在及其同一性,并且也正是这些目的作为拥有权利和义务的法律人格在发挥作用。我们已经论证了,目的必须是为接受并服务于这一目的的团体成员的心灵所享有的。我们也论证过,这些目的必须是可以变化的,否则便无法适应新的情境,而对目的进行变革的心灵也正是那些对此目的矢志忠诚的心灵,因为他们认为支持这一目的的最好办法就是对其作出变革以适应新的需要。现在我们还必须补充说,一个一般性共同体的所有成员的心灵应当在对国家的实际性批评中得到呈现,而且应当由这种批评来呈现,这样的心灵总是要对团体的目的以及这些目的的原作持某种带有嬉戏色彩的态度。没有哪个共同目的仅仅因为它是共同目的就能简单地被接受并被赋予法律地位以及法律人格。项目共同目的总是要在仔细称量之后人们才会发现其品质所在。黑手党也有他们的共同目的,不过没有哪个国家会容忍。每个共同目的都势必同其他的共同目的形成对比,所有的共同目的都必须相互调整适应,都必须有能力融洽相处。所有特殊的共同目的都必须放置在国家的一般性目的旁边,都不能与国家达成其主权目的发生抵触。这并不是说国家应当也能够对各个团体进行普遍的监控,而只是说团体绝不能省略其进行建设性批评和同情式调整的责任。我们大可以祈祷团体会兴旺发达,每个团体都致力于自身的特定目的。人的生活是多重的,一个致力于特定目的的特定团体可以说是人的多样性获得发展的本质元素。一个种族、一个教会、一个政党以及一个经济组织形态下的国家其实也就是一片孤寂的荒漠。但是一个国家如果尽力成为各种真实团体人格的家园,也会有其缺陷。它也许肯定不会是一片荒漠,不过它很有可能变得一团混乱。如果我们既想避开荒漠又想避开混乱,我们就必须一方面留出空间让团体围绕自由形成的目的而进行自由的结合,同时也要给国家留出空间就团体的种种目的进行批评和调整。

此处所给出的观点涉及团体法律人格的内在核心,它的基础并非拟制观念和让步观念,或者个体的加总或者括弧观念,也不是团体的真实人格观念。不过从另一方面来看,这一观点包含了所有上述观念当中的某些元素,它有助于解释为何人们直到现在仍然持有上述的各种观念。我们允许某些来自国家方面的拟制或者让步元素融入归之于团体目的的法律人格当中,同时,我们也在归之于个体的法律人格当中融入了同样的元素。我们承认,个体的总数或者加总必须享有某种共同目的,同时也必须有能力对这一目的作出发展,不过我们也承认,共同目的乃是某种恒久的同一体,它超越了为服务于这一目的而聚积起来的个体。我们否认在团体的法律人格背后存在任何意义上类似于真实个体人格的团体人格,不过我们也论证了,一个真实的目的,一种类似于个体形成目的的真实力量,必须凭借这种目的支撑起人格,在这个意义上,我们也可以自称为"现实主义者"。论证进行到最后,我们置身于一个法律的世界当中,有两种类型的人格在这个法律世界当中行动,一种是个体法律人格,这种人格建基于形成目的的力量之上,而这个目的构成了个体的本质;另一种是团体法律人格,这种人格建基于恒久目的之上,这一恒久目的构成了团体人格的本质。两种类型的人格之间存在差异,这是因为个体人格的基础是形成不确定目的的权力,而团体人格的基础则是某种公开宣布的和确定的目的。不过这个差别并不是绝对的,而且两种类型的人格可以在同一个世界当中自由行动。就个体而言,形成不确定目的的权力肯定会受到它以前所宣布的目的的限制,团体的确定性目的则正如我们已经看到的那样,也必须总是同目的本身的成长和发展保持融洽关系。

所有这一切看起来似乎只是字义之争,或者仅仅是口舌之争和风车之战,但事情并非这么简单,因为有关团体之真实人格的理论完全有可能越过理论的王国,涌入外面世界的一般生活和思想当中。如果仅就基尔克的理论本身来看,或者仅仅考虑基尔克的理论本身,那么基尔克就好像是在对学者的世界说:"我找到啦,我已经发现了隐藏在令人困惑的法律的团体人格背后的现实。这个现实就是真实人格,它是真实的,就如同你我那样真实。"这种说法就其本身而言乃是一种比较深奥的理论,是对一件法律事实的哲学解释,预期的听众则是那些研究法律哲学的人。但是外面的世界只是在倾听法哲学的回声而已,人们一般只是借助自己的语言而采纳“真实的团体人格”这个术语,这种方式实际上是给这个术语赋予了新的和实证的意义,然后人们就会从这一实证意义中得出实践方面的结论。路德(Luther)的一个说法也许正适合我们在此处的目的,“理论像鬼魂一样接近普通人”(出于我们马上会看到的原因,我们也可以补充说,理论只是以限制的形式接近普通人),“而他则使理论变得有血有肉”。换句话说,人们都是将真实的团体人格这一概念运用到他们自己的特殊团体身上,比如他们的教会、他们的职业、贸易同盟组织或者无论什么社团,只要能吸引人们的热情,而后,人们就会感到真实人格必须享有某些权利,不过却忘记了或者总是倾向于忘记同时也要承担的义务,人们于是成为权利的先知,不仅是权利,还是自主权的先知,甚至到最后还成了主权的先知,总之人们总是想着自己主宰自己团体的事务。这就是工团主义的处事之道。一直以来,人们就是这样牵引着基尔克的理论走向这条道路的,至少在我们自己的国家是这样的,自从梅特兰于 1900 年让这一理论流行起来之后就更是如此。我们一定不能对这一理论抱有实用的态度,也一定不能根据其随后的效用来判断一种理论的真理。不过我们无论如何都可以考察理论的伴生物,如果我们已经准备好了立足在根本和本质的基础上去质疑理论的真理,我们也许就能发现,这一考察的结果有助于我们确证我们的怀疑。

工团主义是法国的一种父权理论。这种理论如果更极端一些就会以团体来取代国家的作用,尤其是经济团体更喜欢这么做,其理由是经济团体要比政治组织更古老一些,因此也应当优越于政治组织,经济法律也因此要比政治法律更为古老,也更为优越。这种理论的温和形式实际上提倡国家和团体之间的某种共管制度,其基础就是某种“多元”主权的体系,在这种情况下,主权将会在国家和团体之间分割属于主权的那些特质。英格兰既没有接受其极端形式,也没有接受其温和形式。但是在英格兰也存在与之近似的东西,我们在菲吉斯博士(Figgis)的作品,尤其是他出版于 1913 年的《现代国家中的教会》中发现了这种近似的东西。这本书召唤基尔克的权威来支持一条特定的理论脉络,这一脉络与单一国家以及主权同一性的观念正相抵触。菲吉斯博士对教会的独立性深信不疑,他由此出发走向了关于所有社团“内在的、自我发展的生命”的理论。

他将一般性的共同体视为相互关联的各种社团所组成的巨大等级体系,每个都是鲜活的,每个都具有人格性。他试图为每个这样的社团都确立起“自我发展的人的个性的必要独立”。教会在他的思想中是排在首位的,不过他努力把教会的事业同一般性团体的事业联系在一起,包括经济团体、民族团体,当然也包括教阶团体。他反对他所谓的“国家中的团体的地位的古老观念”,因为在他看来,这一古老观念有悖于这个世界的普遍事实。“这种观念世界由两个极端构成,一边是一大群自我存在的个人,另一边是绝对的国家。相反,真实世界是由众多或大或小的共同体构成的,每个共同体都不仅仅是其成员个体的简单加总,换句话说,每个共同体都有其真实的人格,而非拟制的人格。这一点对所有那些以真实的眼光看待真实世界的人来说都是完全真实的。在现代民族主义中、在教会和贸易同盟组织对权利的要求当中,这就是真相的本质所在。”

作为开始,我们首先应当承认,如此解释基尔克的观点实际上对于基尔克理论的一般逻辑是陌生的,顺便要指出的是,这种做法并不是菲吉斯所特有的。作出这样的承认对基尔克肯定是公正的。基尔克是个完整的德国人,一个彻底的日耳曼主义者,到1880年,基尔克所有的理论主线都已经定型。工团主义,无论是其极端形式还是其温和形式,都超出了基尔克的智识范围。他接受了他那个时代德意志的领土教会体制,他也接受了同一时代的德意志社会中的经济组织形态。他作为一个法学家所关切的是德意志的团体组织应当建立在日耳曼法律传统的基础之上,而非罗马主义者的法律传统之上,不过他所思考的这些团体属于一个传统上的过去,而不属于一个革命性的未来。这些团体也就是乡镇和日耳曼社团,它们都深深浸染在德意志民族的民族历史当中,因此它们也应当依照继承权规则而归属于德意志国家的民族法律。基尔克的近亲并不是狄骥,此人是法国工团主义的法哲学家。基尔克的近亲是赫尔德,此人是德国浪漫主义的先驱。民族的形象仍然保留在他的思想背景当中,民族的多数乃是在国家当中才得以道成肉身,而国家即使承认有其他真实团体与其比肩而立,也仍然保有主权。难道这些其他的团体不也是民族整体的构成部分吗?这些团体必定要在包容他们的更高生活中寻找自己的生活,难道不是这样吗?国家,对于基尔克来说,便由此而“凭借其全然的主权而提升到超越所有其他团体的位置上了”。国家的权威乃是“尘世上最高的权力”。国家法律对团体的控制力要远大于对个人的控制力。“法律体系在处理团体问题时是和处理个体问题不一样的,它并不停留在外在行为的规则上。它也控制并渗透团体的内在生活……团体与个体不一样,它必定是这样一种生活形式,在这种生活形式当中,整体的同一性与部分的杂多性之间的关系必须准备好接纳外在规范的约束,而这种约束乃是为了人类的意志。”

通过这样的段落,我们很容易就能够意识到,基尔克关于团体之真实人格的理论,正如我们已经观察到的那样,乃是某种经过稀释和限制的理论。不过我们也同样很容易就看到,这样的稀释和限制是怎样遭到遗忘的。人们的思考和写作所导致的结果往往超越了作者或者思考者本人的预期。这一命运同样也落在了基尔克的理论和作品身上。他本人坚持要廓清一个包容性国家中那些被包容的团体,他认为低一级团体的生活必定要融入更高一级的生活当中。然而,如果基尔克由此就相信了一个更高整体的必然性,而这个整体似乎包容了所有次一级的各个整体作为它的部分或者成员,那么基尔克所穿透的理论不管怎么说都将是一般意义上关于团体的真实和内在人格的理论。如果我们只关注基尔克的理论本身,而且,如果我们进一步地将这一理论产生的效用限制在除了国家之外的团体身上,我们就会很轻易地滑入某种形式的工团主义当中。这并非基尔克心灵的真实写照,不过这个写照却也具有某种程度的相似性。若果真如此,我们则可以说我们已经退出了那个抽象的和不真实的世界,这个世界的一边是自我存在的个体,另一边是绝对国家。我们也可以宣称我们进入了一个真实团体的具体的和现实的世界,一个现实的国家也存在于这个世界当中,不过这个国家要接受各个团体的内在权利的节制,由此,我们便也可以主张说,基尔克的作品为这个新的世界提供了历史—哲学性的证成。

但是这并不是事情的全部。团体的真实人格的理论不仅仅会趋向工团主义,它还有其他的伴生物,它也会趋向绝对国家的理论,而我们则常常认为这样的绝对国家乃是我们的救赎所在。我们只有假设基尔克的理论并不适用于国家,并且也只有当我们认为国家背后并不像其他团体背后那样,存在某种真实人格,我们才有可能使基尔克的理论成为某种对抗国家的防护装置或者缓冲装置。但是,我们有何根据可以作出这样的假设?我们几乎无法说我们找到了根据。相反,一旦我们接受了团体的真实人格的理论,我们就注定了必然要在国家背后见证到所有团体中那个最伟大的也是最真实的形象,也就是民族这一形象。无论如何,这一理论为我们呈现了两种类型的真实团体人格。一种是民族的真实人格,有着自身的灵魂和自身的生命。另一种则是包容在民族内部的团体的真实人格。基尔克本人很可能是在一种综合性的态度中来理解这两种真实人格类型的,这种综合态度寻求同时公正对待两者。不过这两种类型通常会处于破裂状态,其中的每一个都会要求一个单立的和主权式的存在。如果人们倾听并接受团体而非国家的要求,结果肯定会是某种形式的工团主义哲学。如果巨大的民族团体因其在国家当中道成肉身,而呼声更响亮一些,并获得更多和更大的回响,结果就肯定会是某种形式的专制或者独裁政治。如果只能在这两种结果中选择其一,那么后者似乎更值得人们忧虑一些。

情况似乎往往是这样的,团体之真实人格的理论在得到提倡时,通常也会伴随有某种形式的默许的例外。也就是说,这一理论似乎并不适用于国家,似乎它是某种外在于国家的东西,并尝试限制或者驯服国家。但是,如果理论本身完全是真实的,那么在国家身上,它不也必然是真实的吗?而且它难道不正是在国家身上才是最为真实的吗?难道这一理论的特殊危险性不正是在于它最终总是会将自身附着在国家身上,并且对国家怀有一种特别的迷恋吗?民族本身,只要它以民族国家的形式进行组织和表达,那么它就是一个巨大而且显著的团体。如果我们使团体成为真实人格,我们也就会使国家也成为真实人格。如果我们使国家成为真实人格,并有着真实意志,我们就确实也使国家成了利维坦,而这个利维坦也就不再会像霍布斯的利维坦那样是一个人造机械体,而是一个活生生的现实。一旦它与其他意志发生冲突,那么作为最大的团体,它就有资格要求必须而且应当主宰世事,它的至高意志也就会因此变成至高力量。一旦发生这种情况,国家就会成为唯一的真实人格和唯一的真实团体,它将取消或者吸收其他团体。它很可能也会变成某种纯粹人格化的权力,从而取消它作为某种特定目的的真实本性,而国家的这一特定目的一直就是指向法律和权力的。如果人格化权力可以由此褪掉其目的,那么路德的古老说法就可以在这里转借过来,发挥新的含义了:“没有法律,人格也帮不了忙。”

我们今日的经验逐渐印证了此种假设性的恐惧。从某种程度上说,意大利曾经拥抱过真实团体人格的理论,“有机体优越于其成员个体”,社团国家显现为多重元素的结构。在这些元素中,究竟哪些确实是在采取行动,哪些只是行动的影子,这一点并不总是很清楚的。不过在意大利国家的社团组织中,似乎没有什么人格或者自治可言。如果我们阅读墨索里尼的《法西斯理论》,我们差不多就可以肯定,唯一能够采取真实行动的团体就是意大利民族,而意大利民族则是在意大利法西斯国家中“得到完整的实现”。“更高的人格是民族的人格……法西斯国家是所有价值的综合与同一,国家负责解释、发展并激活作为整体的民族生活……对法西斯主义来说,国家是绝对的,个体和团体在国家的存在当中则是相对的……国家是自觉的,有其自身的意志和人格”。

目前这个新德国在1933年才确立起来,论述这个新德国的时机还不成熟。“有很多隐藏的敌人”,不过还是有一些东西是可以说道说道的。这个新德国也是团体和日耳曼社团的家园所在,正在经历一体化的伟大进程,在这一进程当中,民族开始担当起某种新的特性,这一特性正在把所有的团体都“吸收”进来,而民族本身正在这个民族社会主义国家中组织起来并取得具体形态。将各个团体吸收进这一人格当中,这本身就已经触及并改变了教会和贸易联盟组织,它就像洪水那样扫荡了德意志古老的地域性共同体以及各个政党,它即使没有全部清除基尔克所谓的国家的社团性表达,至少也重塑了这种社团性表达。想从革命热情高涨的暂时阶段得出持久的结论可能是错误的。不过就目前的证据而言,则有可能作出某种简单的反思。一旦民族之真实人格的观念获得胜利,而民族在民族国家中得以组织起来,具体的时刻又是处在革命阶段,那么国家中的各个团体随着时间的流逝则要么灭亡,要么改变。它们所依托的那些观念以及作为它们的本质的那些目的,也会随着要么遭到扫荡的命运,要么就是进行重塑。我们可以谴责胜利进军中的国家观念,我们也可以认为这样的国家观念意味着权利将作为祭品而奉献在民族性以及人格化民族的祭台上。我们还可以急切地论证说,这意味着确定的目的向动荡的人格投降,不过我们必须在某个方面承认这一国家行动的精力和能量。德意志本身,团体的古老母亲,已经开始向世界展示了国家内部的各个社团不过是一些单纯的目的而已,而不是真实人格,这些目的是可以重塑甚至删除的,只要革命时刻带来,包容这些团体的国家就能够这样做。至少到目前为止,德国就是这样做的,所有的革命都具有类似的特性。革命将动摇并考验人们的各种共同目的。其中一些像树叶那样飘落在地上,那些存活下来的则改变了颜色和性质。问题的关键并不在于团体人格的死亡或者改变,而仅仅在于那些共同的目的在仍然坚持这些目的的人们的心中已经动摇了,一些团体改变了,一些团体则死亡了,说它们死亡,乃是因为人们已经不再有坚持下去的韧性了,而仅仅这样的韧性本身就足以保持团体的生存。

那么我们是不是要把国家单独留下来,让它作为那个全能的真实人格存在下去,并让它摇撼所有的树木而只有自身屹立不动呢?我们全部的论证都禁止这种做法。国家在我们的一般性目的理论中并不是终极的或者绝对的人格,似乎能够为所欲为。国家其实也是一个团体或者社团,它和其他的团体或者社团有着同样的立足点。它的本质或者存在就在于它的目的,这和所有其他团体或者社团是一样的。目的不仅是国家内部各个团体的本质,也是国家自身的本质。当我们谈论国家和团体的关系时,我们其实是在谈论一种目的和其他种种目的之间的关系。国家之目的的特性就在于国家的目的乃是法律的特定目的。而其他的目的,就其关涉或者影响国家的目的而言,则必须符合国家的目的。或者换个说法也是一样的,其他团体,就其承担或者拥有某种法律地位而言,必须学会自我调整以符合我们所谓的国家这一法律团体。不过它们的调整并不是为了符合国家的意志,而是为了符合国家的目的,国家的目的就是法律。如果国家不能确保这样调整,也就无法达成目的,同时也无法履行责任。不过所谓调整并非一件自由裁量的事情,调整并不是武断的,它必须由国家的目的进行控制,并因应国家的目的。拒绝团体之真实人格的理论并不一定就会落入对全能国家或者绝对国家的崇拜当中。所谓调整就是要在国家的法律目的中发掘国家的本质所在,并让国家屈从于这个目的,正如同我们应当在团体的特定目的中发掘团体的本质,并让团体成为这些目的的仆人和侍从那样。我们只有让国家像其他团体那样,成为某种共同目的,而非某种真实的团体人格,才有可能避免单纯意志的暴政。目的乃是某种特定的东西,如果我们所直面的国家乃是一种特定的目的,那么我们就是在直面某种确定的东西。简言之,在这样的直面过程中,我们看到并接受了法律的主权,而这样的法律包括了宪法,它表达了国家建基其上的根本目的,也包括了法庭所实施的普通法律,它依据宪法而得到恰当的构造,它从细节方面并通过人类生活的各种范围,表达了国家的根本目的,这一表达同时也贯穿了适合于进行控制的人类外在行为的全部领域。

论《独立宣言》*

阿纳斯塔普罗** 著

董成龙*** 译

这是最彻头彻尾的真理：在自然的法则与演变中，有一个不可分割的联合，它存在于美德与幸福之间、责任与益处之间、正直宽容政策的真正准则与公共繁荣和幸福的稳固奖赏之间；因为，我们仍然应该相信，如果一个国家无视上天本身所裁定的秩序与法权的永世法则，永远不要寄希望于上天慈祥的笑容垂青于它……

——华盛顿，1789 年

---

* [译按]译文系国家社科基金重大项目"西方国别政治思想史"(13& ZD149)的阶段成果。文中引用《独立宣言》(1776 年文献)的地方，借鉴了赵雪纲译本，见阿纳斯塔普罗(George Anastaplo)：《1787 年〈宪法〉讲疏》，赵雪纲译，华夏出版社 2012 年版，第 275 ~ 278 页。原文的说明性注释均作翻译，仅列引用文献的注释直接以原文形式出现。

[原刊编者按]本文第一部分选自阿纳斯塔普罗在芝加哥大学希勒尔基金会犹太学生中心(Hillel Foundation Jewish Student Center)所作的一次公开讲演《独立宣言：说明与提示》("The Declaration of Independence: Explanation and Reminder",1961 年 2 月 12 日)。本文第二部分选自作者在芝加哥大学芝大学院所作的一次"美国政府"课程讲演——《再观独立宣言》("Another Look at the Declaration of Independence",1963 年 10 月 10 日)。相较而言，前一个讲演叙事更强，篇幅也相对长一些，主要面向沉思的公民；后一个讲演发挥了第一部分所提出的的一些问题，它主要面向的则是有公民意识的学者。

这些讨论也被收录在"宪制系列讲演"中，它是阿纳斯塔普罗《美国宪法第一修正案注疏》一文的附录，参见 Anastaplo, *Notes on the First Amendment to the Constitution of the United States* (Ph. D. diss., University of Chicago, 1964)。阿纳斯塔普罗在《言论自由和第一修正案》("Freedom of Speech and the First Amendment", *Detroit Law Journal*, vol. 42, 1964, p. 55)一文中罗列了收入这篇博士论文简易影印本的文库。作者的另一篇文章《法律的正当程序：一项导言》("Due Process of Law—An Introduction", *Detroit Law Journal* 42, 1964, p. 195)又追加了一些文库和对"言论自由"条款的修正。

** 阿纳斯塔普罗，分别于 1948 年、1951 年、1964 年获得芝加哥大学文学学士、职业法律文凭(J. D.)和博士学位。现为芝加哥大学博雅学科讲师和罗萨里学院(Rosary College)政治科学助理教授。

*** 北京外国语大学历史学院副教授，法学博士。

一

第一节

作为美利坚合众国的公民，我们在做这项考察之前就认为，《独立宣言》本质上是一份公共文件。[1]

《独立宣言》的发表旨在国内外的各种公共目的。人们可以从文中段落发现，它想要影响英国和法国读者，还想确保殖民地的公众支持长期抗争。

《独立宣言》之所以是公共文件，还有另一个原因：有些最起码具有革命信仰的人讨论过《独立宣言》要应对的问题，《独立宣言》吸收了他们普遍接受的内容。因此，亚当斯才在多年后说："《独立宣言》中的观念不是别的，就是两年前大陆会议里的陈词滥调。"[2]而杰斐逊则说，《独立宣言》的目的正是：

> 不去找此前从未虑及的新原则或新论据，既不说从未思考过的，甚至也不说从未说过的，而是向人类展示人类主体的常识，使用如此平实而坚定的言语来征求他们的同意，并为我们不得不选择独立的立场正名。既不以原则或观点的原创性为目标，也不复制其他特定的前人作品，它旨在表达美利坚的心灵，并为这一表达提供情势所要求的合适的音调和精神。因此，无论是通过谈话、书信或印刷品表达的情感，还是其他关于公共权利的基础作品（如亚里士多德、西塞罗、洛克、西德尼等）所表达的情感，它们的协调正是《独立宣言》的所有权威所在。[3]

---

〔1〕 在1845年以国会名义出版的《美国公共法令大全》（*The Public Statutes at Large of the United States of America*）卷一中，《独立宣言》是第一条法令（第1～3页）。紧随其后的是《邦联条例》（第4～9页）和《1787年宪法》（第10～20页）。在本文所引文本和注释中，括号内所指的是《美国公共法令大全》卷一中《独立宣言》的行次。第1～43行在该卷第1页，第44～102行在第2页，第103～127行在第3页。本文采用的是宣言最原初的拼写和大写。

〔2〕 C. F. Adams ed., *Works of John Adams*, 1850, vol. 2, p. 512.

〔3〕 *Works of Thomas Jefferson*, vol. 10, p. 343. 德纳（William F. Dana）检验了《独立宣言》的诸多来源，并且着重强调弗吉尼亚的《人权提案》（Bill of Rights）和洛克的《政府论·下篇》。参见 William F. Dana, "The Declaration of Independence", *Harvard Law Review* 13, 1900, 318。

最后,《独立宣言》是公共文件的原因还有:大陆会议细致审议了杰斐逊的草案,甚至还做了许多方面的修改,这个由比他更审慎的人组成的团体批准并颁布了《独立宣言》。大陆会议还增添了意图作为"世界的最高审判"[115]的想法,为了"天命的庇护"[126],删掉了杰斐逊写入(亚当斯也为之辩护)的对奴隶贸易的强烈谴责,还做了一些其他更改,这让杰斐逊觉得他的工作被肢解了。杰斐逊当然预见了大陆会议会坚持的一些观点:即便是提交大陆会议的草案(被删掉了四分之一),也不能像他的其他公开表述那样被简单视作他自己的思想。

所有这些因素都影响了这份文件的阅读方式,也佐证了爱默生对它的描述:"它是一份有远见的法令,为久远的未来和永恒的利益而发挥作用,这份荣耀同样属于那些发起它、接受它的人。"〔1〕

第二节

《独立宣言》的内容有七部分,它的编撰者将之视作"关于(美利坚)诸种自由的契约"。〔2〕不过,《独立宣言》的特点是,各部分的描述(更不必说还有它们的含义)都非常清晰,而且还能不停地被重估。

我们首先面对的是它精巧的标题,这表明它是大陆会议1776年7月4日批准的《独立宣言》,是"美利坚十三个州全体一致通过的宣言"。第二部分是一个长句,阐述了文件的目的,还有它指向的裁判。可以说,审判所成立了。[1~6]接下来辩论开始了:阐明一般原则、不证自明的真理和从中得出的推论,这些正是殖民地居民行动的基础。[7~24]《独立宣言》第四部分也是它的核心部分,占全文1300多字的一半有余,它阐明了行动的原因和英王一系列不当行为所引发的不满,结尾是控诉——殖民地居民"屡屡上诉"都"只是屡屡招致伤

---

〔1〕 Edward W. Emerson ed., *Works of Ralph Emerson*, 1903, vol. 11, p. 316.

〔2〕 *Works of Daniel Webster*, 1869, vol. 1, p. 127. Webster's Speech, "A Discourse in Commemoration of the Lives and Services of John Adams and Thomas Jefferson", delivered in Faneuil Hall, Boston, August 2, 1826. 该演讲表达了对《独立宣言》和革命者的有益政治赞赏,位于该卷第113~150页;参见前引 *Works of Ralph Emerson* 第11卷第201~205页。

害”,也是评判——“一旦君主的品性打上暴君行径的烙印,他就不宜再做一个自由民族的统治者了。”[24 ~ 102]接下来,上述原则与伤害合在一起就得出了一个结论:他们必须践履不可剥夺的权利,废除显然有损于政府恰当目的的政府形式。[103 ~ 113]文件的第六部分就是正式宣告独立,重申一个月前提交大陆会议的决议,并彼此宣誓支持这一宣言。[1] [114 ~ 127]最后是签署《独立宣言》的各州代表的名单。

要指出的是,即便是“宣言”一词也是有深意的,因为它提醒人们想到同名的法律形式以及先于《独立宣言》的各种具有历史意义的政治宣言。在辩护中,宣言的法律形式是“有条理、有逻辑地详述构成控诉人行动理由的情势”。[2] 或者换一种说法,它是“旨在创造、保存、坚持或证实一种权利的正式声明”。[3] 即便我们能将这些词语归入《独立宣言》的各个部分,它们不仅在语言上还在顺序上都遵守宣言的普通法形式:标题、审判所、开始、阐述、结论,甚至还有正式宣言(和对它的宣誓)。因此,对于美国人而言,这一案件被提交到上帝与人共同组成的法庭中。

先于《独立宣言》的各种具有历史意义的宣言中,有三个需要特别关注,一个是英国的,两个是美利坚的。最著名的是 1689 年的《英国宣言》(或曰《权利法案》),这份文件吸收了 1688 年光荣革命的措辞,它包括三部分:

(议会)对前国王(詹姆斯二世)的(一次)详述,包括他犯下的非法而专断的行为,以及随后的退位投票表决;按照上文所说,它几乎是一个宣言,宣告这些列举的行为非法;它还是一个决议——奥伦治的国王与王后按照(某些限制)

---

[1] 据弗吉尼亚的亨利·李(Richard Henry Lee)所说,1776 年 7 月 7 日大陆会议所采纳的决议如下:这些联合起来的殖民地是自由而独立的,而且它们理应如此;它们将不再忠于英王;它们彻底切断了与大不列颠王国的政治联系,而且它们应该这样做。这是结成外部同盟的最有效的权宜之计。为了得到各个殖民地的考虑和批准,应当筹备一项邦联计划,并将其告知相应的殖民地。Library of Congress ed., *Journals of The Continental Congress*, 1906, vol. 5, p. 425.

[2] John Bouvier, *Law Dictionary and Concise Encyclopedia* (8th ed.), Kansas City, Vernon Law Book Company, 1914.

[3] Jowitt and Clifford Walsh ed., *The Dictionary of English Law*, Sweet & Maxwell, 1959.

继承王位。[1]

《独立宣言》无疑借鉴了英国"非常国会"(Convention Parliament)的先例,以及它对强权君主的谴责——乔治三世甚至到了已经"放弃本地政务"的程度,从而为殖民地居民提供了宪法依据。[83]但二者当然也有很大不同:1689年的议会改革了君主制,而1776年的大陆会议既否定了英国议会,也否定了君主制。

美利坚早先的两份宣言(均由大陆会议发布)——1774年10月14日发布的《第一次大陆会议的公告和决议》和1775年7月6日发布的《武装原因和必要性宣言》已明确指出,英国议会的恶行而非君主的恶行,应当为1776年的决裂负责。两份宣言的主要不满是:在1766年《宣示法案》(*Declaratory Act*)中,英国议会声称:"无论何种事务,都有依法约束美利坚人民的正当权利"。1774年,面对他们已承受的各种"令人痛心的法案与行动",殖民地居民准备只以"和平方式"抗争。1775年,他们在重申哀痛后,"为了履行他们对世界其他地区的忠诚义务,以昭示他们事业的正义",宣称必须为"保卫(他们的)自由"而武装。他们同时还向大不列颠的支持者保证:"我们并不是要瓦解在我们之间长期存在的幸福团体……"

不过,一年之后,他们有必要"默认"宣布独立的"必要性"。[111]他们必须抛弃对英王的效忠,因为议会无法替代英王的权威,而且他们也认为恰恰是这一点提供了他们与英帝国唯一的制度性关联,所以1776年的重点是英王的恶行和议会法案,由于立法都是由君主御准的,所以议会的过失也一并算在国王身上了。不管这种处理方式对于宪法史学家而言多么独特,它的修辞优势都很明显。因此,美利坚合众国诞生了。

据修昔底德记载,在伯罗奔尼撒战争之初,雅典人不得不举行一场公共葬礼,为战争中的首批死难者致哀。在那个场合,我们获知:"桑西巴斯(Xantippus)之子伯利克里被推选出来发表演说,到了合适的时候,他就从坟地

[1] Henry Hallam, *Constitutional History of England*, 1882, vol. 2, p. 317.

跑到了一个高台上,让多数人能听到他的话,以自己的方式大声演说。”[1]《独立宣言》的起草者们在发表他们国家的决定性声明时,也选择了一个高台;这样他们就能像伯利克里那样提升情感的思想性和风格,激发抱负而蔑视模仿。

第三节

现在转入《独立宣言》。我们很容易费力讨论《独立宣言》的五个教诲(而不是对这些教诲发问),这些教诲与人人平等、政府形式、革命权、政事中的神罚和政府的目的有关。

如果我们暂且忽略是否真的有自明真理,《独立宣言》将“人人被造而平等”[7]视作最早与政治相关的自明真理。

这能说明什么呢?我们所知道的,《独立宣言》起草者们当然也知道:人们在诸如力量、美丽这样的身体特征方面迥异,遑论肤色;可更重要的是,他们甚至还天生智力不平等,甚至可能还有道德认知的不平等。人们还能再罗列人与人的不平等,有些还与政治相关[如98]。但是,列举的这些,会不会取决于对自明真理所揭示事实的默认?也就是说,罗列的这些差异存在于人们之中,而人这种生物,他们之间的相似远高于他们与地球上其他生物的相似。

与长久以来的认识不同,这种认识的重点在于,人类本质上的平等基于对正义的考虑:要不是有好的理由支持不平等待遇的主张,这个人为什么会受到与他人不同的对待?作为现代科学所许诺的丰富物质的结果,这种对正义的考虑,至少在经济事务中可行,它反映在《独立宣言》清晰阐明的第二条“不证自明的”真理中:“造物主赋予他们某些不可剥夺的权利(和)其中所包括的生命权、

---

[1] Thucydides, *The Peloponnesian War*, trans. By Thomas Hobbes, Chicago, University of Chicago Press, 1959, p. 35. 另见 Leo Strauss, *Natural Right and History*, Chicago, University of Chicago Press, 1953, chapter 1。

自由权和追求幸福的权利。"[8 ~ 9]。〔1〕 生命权、自由权和追求幸福的权利是"不可剥夺的",这个词意味着自然本性(nature)和自然性(the natural):一个外国人要经历《独立宣言》所说的"归化"[52,naturalization]才能成为公民。

有些权利不可剥夺,没有好的理由,就不能恰当地放弃或剥夺(任何作出这种尝试的剥夺行为,要么是错误的,要么就会遭遇反抗,而许多则被正式否定了),不过,众所周知的是,生命和自由当然会丧失。《美国宪法》第五修正案就意识到了这一差异:不经正当的法律程序,人们的生命、自由和财产不能被剥夺。因此,专横的剥夺并不正当,因而也无法驳斥人类本质上的相似,无法恰当考察某些不可分割的权利。

甚至包括《独立宣言》最著名的评论者林肯在内,有些人严格地讲,阐明所有人被造而平等的原则,对当下的直接目的(从大不列颠中分离出去)"没有实际作用"。〔2〕 可是,任何民族都有权利"改变或废除"无法实现政府恰当目的的任何政制[12 ~ 13],对于在这种宣称中达到极致的论点来说,难道这一原则不实用甚至不必要吗?因此,进一步来看,人类平等对于这一论点至关重要:这个人的共同体,这个民族,有权像其他民族一样独立。

这个民族与"人类其他民族"[112]不同,或曰可以与它们相区分。确实,"血缘"[110]让美国归向"英国同胞"[103],但这一纽带并不是要默许对"一个自由民族"[102]的暴政。什么塑造了一个"民族"?例如,称魁北克是"邻省"而非"这些殖民地"之一的基准是什么?[75 ~ 78]当然,"野蛮残忍的印第安人"不是这个民族的一部分,殖民地居民害怕的"内乱"的奴隶也不是。[95 ~ 98]另一方面,还涉及"同胞"("在公海上被俘虏"后)被强迫"武装反抗自己的

---

〔1〕 林肯把《独立宣言》运用到"白种人和黑种人之间的"关系上,他在 1858 年 8 月 21 日的奥塔瓦(Ottawa)演说中激发大家考虑其中的正义:在我看来,两个人种有生理差异,这或许永远也不能让他们在完全平等的基础上一起生活;正因为这种差异的必然性,我和道格拉斯法官一样赞成我们所隶属的人种居于优先地位。我从未说过相反的话,但我认为,尽管如此,也绝对没有理由说黑人没有资格享有《独立宣言》中列举的所有自然权利——生命权、自由权和追求幸福的权利。我认为黑人和白人一样有资格享受这些权利。我同意道格拉斯法官的话,黑人在许多方面和我们不一样——肤色当然不一样,道德或天资方面恐怕也不能相比。但是,吃自己双手挣来的面包而不用任何人批准的权利,他、我,还有道格拉斯,以及每一个活着的人都平等地拥有。

〔2〕 "Springfield Speech of June 26, 1857", *Works of Abraham Lincoln*, vol. 1, p. 232.

国家”,他们成为“他们朋友和同胞的刽子手”。[92 ~94]

有一种东西叫“国家”[93,country],它与“一个自由的民族”[102]、“这些殖民地的良民”[117]和“一个民族”[1 ~2]有关。它由“朋友和同胞”[94]构成吗? 不过不是“英国同胞”;而且,我们也获知,友谊被战争与和平支配。[103,112 ~113]有没有什么测试、准则或其他明显的方式判定哪些算、哪些不算? 亚非的许多“国家”(nations)都有这个问题。美国内战证实了“一个民族”这一概念的要命处,甚至可能还有它的专断性。确实,为政治目的而判定一个民族的构成因素,这一问题可能在暗示:《独立宣言》诉诸的理智德性是审慎而非智慧,原因是——审慎能支配一种(植根于根本未经权衡的假设的)政治行为,它产生的判断是可能的,或者仅仅是普遍接受的;另一方面,智慧追寻一种非政治的确定性,它无法满足于“严正的……意向”[116],也不会放过这些“不证自明的真理”——它们与人类平等、“生命、自由和追求幸福”的含义和意义,或该民族与其他民族差异的根基有关。[1]

除了形式,《独立宣言》显然不是一个论证。无疑,论证的根基不是诉诸上天——诉诸“世界的最高审判”[115 ~116]和“天命”[126]。“自然法和自然神法”提供了“世界各国之间”“独立和平等的地位”。[3 ~4]出于某种原因,要求全世界相信,“一个民族”有权“解除与另一民族的政治关系”。[1 ~3]事实上,全世界已经相信,一部分源于美国案例,更是源于美国对人类平等的坚持(尤其受到了威尔逊自决学说的影响),全世界现在都认定,如果所有的人类团体都坚信彼此平等,那它们就是平等的。

我们要注意,奴隶主和没有奴隶的人同样乐意地签署了《独立宣言》。但这不能表明“被造而平等”用语的意思,它只表明人类在他们所遭遇的情势中,无法充分实现他们的原则。不管《独立宣言》起草者对奴隶制的私人看法如何,他们的公开用语仍是对这一准则的经典阐述,《解放奴隶宣言》和第十三至第十五修正案则对这一准则具有决定性意义。

我们应时常提醒自己,林肯对“《独立宣言》宣称‘人人被造而平等’那一部分的

[1] 柏拉图:《理想国》414D—415D。在《独立宣言》中也存在柏拉图那里出现的“人类”与“一个民族”之间的紧张关系。

内涵与对象"有创造性理解。[1] 他在 1857 年说,"那份法律文件的起草者们":

> 不是想说一个显而易见的谎言——所有人实际上都享受着平等,他们也不认为他们能即刻授予人类以平等。实际上,他们也没有权力授予这一恩赐。他们只是要宣称拥有权利,因此,只要条件允许,随时都可以行使这一权利。
>
> 自由社会应为人类熟知和尊崇,他们就是要为自由社会确立一个标准,一个所有人都应该熟悉,所有人都应该梦想,所有人都应该期待并一直为之奋斗,无限靠近却从未完全实现的标准,因此,才更需要不断扩展和加深它的影响,从而让所有地方各个肤色的人都能获得生命的幸福和价值……他的作者将其视作一个绊脚石(谢天谢地,正如它自我呈现的那样),有些人以后可能会设法把一个自由民族带回到专制主义,它就是阻碍这条可憎之路的绊脚石。这些法律文件的起草者们明白,繁荣容易滋生僭主,他们还认为,一旦这些僭主重现于这块美丽的大地并着手工作,就会发现至少一个遗留的难题难以突破。[2]

我们在这里看到林肯对《独立宣言》的政治使用方式——强调《独立宣言》的教诲适用于他的时代,我们还可以看到他屡屡称为"法律文件"的原因。实际上,"难题"已经受到了有力的锤击。最近,在美国参议院的议员席上,人类平等的宣言被谴责为"不言自明的谎言"。其他人,包括首席大法官唐尼和参议员道格拉斯(Stephen A. Douglas)都认可"被造而平等"宣言的有效性,却否定黑人也算在其中。林肯好像也意识到,先辈所说的"不言自明"被"一场重大的内

---

[1] "Springfield Speech of June 26, 1857", *Works of Abraham Lincoln*, vol. 1, pp. 232–233.

[2] "Springfield Speech of June 26, 1857", *Works of Abraham Lincoln*, vol. 1, p. 232. 德纳先生认为,《独立宣言》并"没想赋予黑人选举权,可能也没想解放他们"。这一论点实际上是对斯科特案(*Dred Scott Case*)的修正主义看法,为了佐证其看法,他引用了林肯的若干段落,却并没有把握住 1857 年 6 月 26 日的斯普林菲尔德演说,而本文恰恰引用了这场演说。参见 William F. Dana, "The Declaration of Independence", *Harvard Law Review* 13, 1900, pp. 329–330。

关于历史的诸种运用和修正主义的各种圈套,参见 Anastaplo, "Legacy of Suppression-Freedom of Speech and Press in Early American History", *New York University Law Review*, vol. 39, 1964, p. 35。另外,一部著名宪法案例集的编辑们则认为,利维(Levy)的作品"是在英美背景下对《第一修正案》彻底的学术再阐释"。参见 Freund, Sutherland, *Constitutional Law*, Howe & Brown, 1545 (1961)。关于林肯对历史的运用,参见注释 27 引用的段落和注释 28 所引用的讲演。

战”侵蚀了,也被引发战争的公开辩论——他不得不在葛底斯堡演说“人类被造而平等”的命题——侵蚀了。

我们对这个共和国的奠基性情感模棱两可,这个现象很古怪:假定公立学校的种族隔离意味着否定人类被造而平等的原则,那么,最高法院在 1954 年裁决推翻它,理应值得庆贺,不过这并不意味着,《独立宣言》仅仅基于社会科学研究中更可疑又远不够高尚的结论。[1] 实际上,我们可能已经离“不证自明”的真理信条太远,以至于我们有时会认可十年前向我们保证的那位首席大法官。

> 除了可以确定不存在绝对者以外,现代社会没有任何事是确定的,名字、短语、标准,只有与为之赋名的因素相连,才有意义……威胁迫近时,用语义上的限定来包装这一威胁以麻痹政府的人,我们必须对他们说,所有的概念都是相关的。[2]

在建构或重构“一个自由民族”时,不能信奉“不存在绝对者的原则”。立国法律文件《独立宣言》就在提醒我们一些绝对者的存在。[3]

第四节

守法的美利坚人从容地坚信,在《独立宣言》中,任何政府形式,只要有损于政府的正当目的,无论何时,“人民有权利改变或废除之,以建立新政府”[11 ~ 14],那么这与当下有何相关?美利坚人需要注意,这两百年之久的保留权利只是另一个不证自明的真理?美利坚人普遍认可他们的政府形式,在这个时代下,我们还有必要声称这一保留权利吗?

这并不是说革命原则已被遗忘。比如,它甚至在实定法对叛贼和强盗的区分中有所体现。不过,事情很可能是:今天的美国人比以往任何时代,更需要被明确告知这一原则及其所有暗示。1776 年,人们能说“不言自明的”各种

---

〔1〕 Brown v. Bd. of Education, 347 U. S., p. 483, (1954).

〔2〕 Dennis v. United States, 341 U. S., pp. 494, 508 (1951). 参见注释 31、36。

〔3〕 “Springfield speech of June 26, 1857”, *Works of Abraham Lincoln*, vol. 1, pp. 690 – 691;参见注释 20。

真理。[1] 我们(至少是我们当中有教养、有经验的人)无法这样做了,然而他们本该说,恰恰是有教养的人更有能力辨别"何为不言自明"。相反,我们更倾向于说我们习惯于哪些事物、他们又习惯于哪些事物,从而做个区分,而不去探究"我们"和"他们"之所以不同的根本在哪里。确实,如此执着于"我们"就意味着必须对"我们"相信的或者做的事情毫不质疑。也就是说,如果没有不忠诚的证据,那么,声称有权质疑(声称革命权原则)本身就为怀疑提供了基础。[2]

一旦当权者变得损害政府目的,坚称"改变或废除"的权利,不仅是认识到

---

〔1〕 Aquinas, *Summa Theologica*, Q. XCIV, A. 2.

〔2〕 参见 in re Anastaplo, 366 U. S., p. 82 (1961)。该文确认作者被排除在伊利诺伊州律师协会之外。他在诉书的第 83、84 页解释道:

在与伊利诺伊州律师协会打交道的整个期间,申诉人由于表达了对《独立宣言》和革命权的看法而受到惩罚。仅仅因为(品行)委员会的委员们对申诉人就此议题的看法(回答问题时的阐述)大为光火,申诉人就被率先追问(政治和宗教)归属。在现有的整个记录中可以看到,申诉者关于正当反抗的观点十分恰当,却一直不受待见,这种情况多次出现在委员会的多数报告(*Lawyers Guild Rev*. 1959, vol. 19, 65. 重印)和《法庭意见书》中(18 Ill. 2d 182, 163 N. E. 2d 429, 1959)。如果说第一和第十四修正案会保护什么免受国家攻击,那一定就是基本的美国政治意见的表达,即对《独立宣言》和革命权利的信仰。

与伊利诺伊州法院和品行委员会不同的是,美国最高法院被诱导,第一次在这种情况下承认《独立宣言》中审慎界定的"正当的反抗原则"的合法性,并将其视作毋庸置疑的正统。但是,法院中的大多数人都站在哈伦检察官(Mr. Justice Harlan)一边,也拒绝承认 1950 年以来的案件所有参与者和记录的研究者们都显而易见的事实:申请人捍卫《独立宣言》学说是被排除在律师协会之外的根本原因。因此,法院否认申请人被排除的主要原因,也没有对排除作出修正:《独立宣言》的本质得以昭示,却没有成全其顽固的捍卫者(他现在认为自己已从法律实践中退出)。

关于这场争论中革命权利的处境,参见 Transcript of Record (in the Supreme Court of the United States), pp. 75 – 78, 81, 84, 145 – 158, 161 – 167, 207 – 220, 278 – 280, 320 – 331, 341 – 342, 347 – 348, 381 – 382, 412, 418, 480, 493 – 497;另见最高法院复审请愿书,参见第 5 ~ 14 页以及由伊利诺伊州律师品行委员会成员、伊利诺伊州法院布瑞斯托法官(Judge Bristow)和布莱克检察官(Mr. Justice Black)所提供的异议(详细记录参见 1960 年 7 月 4 日请愿者诉书第 10 ~ 57 页)。

关于申请律师执照一案的资料,参见 Anastaplo, "Freedom of Speech and the First Amendment", *Detroit Law Journal* 42, 1964, notes two, twenty-three, and twenty-six。(In note twenty-three, the final "it is" should read "is it") 参见 Anastaplo, *Notes on the First Amendment to the Constitution of the United States* (Ph. D. diss., University of Chicago, 1964), pp. 681, 699, 715 (分布情况见第 388 页以下的介绍性说明)。关于这一案例的最佳案例讨论,参见 the collection of Lockhart, Kamisar and Choper (West Publishing Company);另见 Anastaplo, "What's Wrong with Anastaplo?" 这是我在伊利诺伊州大学法学院的一次讲座。读者可以读到这次讲座的油印版,参见《卡特维尔通讯》(*Carterville Herald*) 1964 年 11 月 10 日,12 月 3 日、10 日、17 日和 31 日的连载。

在特定情形下人们对其统治者行为的回应方式,更是对这些目的的坚持——正是这些目的超越了一切政府形式(包括在我们《宪法》中的混合形式)。这时可以说,《宪法》为美国人推动了这些目的。可是,如果一个依宪行事的政府变得损害政府目的了,该怎么办?也就是说,如果《宪法》本身或主动或被动地损害政府目的,该怎么办?

《独立宣言》假定,在政府形式的表面下,有若干高于政府的目的,它们被用以评判政府行为。在远不至于用武力表达诉求时,这些目的能预示并引导行为和决策。这些目的让人发现并确信:我们要记得对自然法的传统追索。这些目的与"自然法和自然神法"(the Laws of Nature and of Nature's God)[4]有关,还与"某些不可剥夺的权利"[8~9]有关,它包含了"生命、自由和追求幸福"的权利。人类可以(实际上他们必须)依赖各种政府来实现这些目的;但即便他们想把最珍贵的人类不可剥夺的权利交给其他人,这也不能合法地实现,之所以最珍贵,是因为它基于人兽之别;他们还不能交出检验和评估其统治者和自身行为的权利与责任。

因此,《独立宣言》提醒我们一个陈旧的命题:在人类各种协定、各种学说、政府和时代之外(也是之上)有若干标准,它甚至还高于"人民"在任何时代所相信或选择的事物。简言之,革命权就是在坚持人类的理性至高无上。[1] 那些根据"革命权"原则反抗的人,其实是他们尚未意识到的"自卫",这并非出自当下任何暴力推翻美国政府的企图,而当然是出于对革命权必然含义的欣赏。在我们的时代,对于那些"设法把一个自由民族带回到专制主义的可憎之路上"(无论是暴君专制还是自我放纵的多数人专制)的人,这一革命原则就是一个棘手的难题。

其实远不止如此。有一个条件贯穿《独立宣言》始终,它要么被其他时代的许多人忽视,要么只是被另一些人单单视作一个革命先例或论据,它就是运用理性和确立合理性的必需条件。"人类的舆论"[5~6]应予尊重:要说明促使一个民族分离的若干原因。阐明原因,需要运用理性,并调用人类共有的或普遍接受的若干原则。不仅要"向这个公正的世界提交""若干事实"[29~30],

---

〔1〕 Hooker, *Ecclesiastical Polity*, vol. 1, p. 16.

还要提出一种论证,由不证自明的前提得出可能的结论。这里尤其重要的是,一个清单最能证明造成破裂的“一连串渎职和篡夺”[20 ~ 21]的重要性,这里列有 20 余个“压迫”[99],要么是殖民者施加的,要么就是英王准许的。

因此,一旦政府形式有损于政府目的,就有权利变更或废除它,可是这一权利只在一种情况下是恰当地运用理性:“实际上,出于审慎,成立多年的政府不应因微小和暂时的原因予以变更。”[16 ~ 17]《独立宣言》明确了“推翻”[23]某些政府是一种责任,不过还意识到有责任小心行事,并提供作出如此严重之举的好理由[16 ~ 17]。它基于一些人的良好判断力和自然惯性,“只要痛苦尚能忍受,他们都宁可忍受,而不是为了自身的权利废除业已习惯的政府形式”[18 ~ 20]。

那么,是什么促使这个民族在那时行动的呢？我们必须谈谈接连的“渎职与篡夺”[20 ~ 21],国王被要求对此负责[27]。无论是就本文目的还是就那些学者的目的而言,分成三部分都足够了:控诉的开场,主要是拒绝国王的统治,或是允许其他人正当的统治[31 ~ 64];核心部分,强调议会行为中的“篡夺”得到了国王的许可[65 ~ 82];结尾部分,谋杀、纵火和其他暴力与残忍行径占主要部分,在声明之后,“他宣称我们不在他保护之列,并对我们作战,从而放弃了本地的政务”[83 ~ 98]。第一部分和结尾部分都掺杂了“渎职”,这种修辞手法非常容易说服广大人民(甚至包括法国人)。控诉涉及了无政府的无秩序,还有无法无天的敌对政府的无秩序。另外,“篡夺”更多地在针对美利坚情势和那些熟悉英国宪法者的期待,它们隐藏在清单中间,因此马虎的读者不易察觉。这些控诉最不可能诉诸局外人,甚至还有一些美利坚人,但我们发现,这些控诉中大多数具体抱怨已被激烈讨论了 12 年。在陈述了若干一般原则后,清单详述了 24 条“压迫”,意在为这一结论提供依据:大不列颠的殖民政府显然已经损害了它应该致力其中的目的。

不过问题还在——如何能确定这些结论是否已证实,一个特定的革命又是否合法？当然,格兰特将军 1885 年就从实际角度出发考量了这次革命和其他所有革命合法与否的问题。

如今,革命权是一种天赋权利(an inherent one)。人们一旦受到其政府的压迫,就享有从压迫中自我解放的自然权利,如果他们足够强大,就会撤出政府,要么就是推翻它,继而建立一个更能接受的政府。不过,任何诉诸这一救济的人或一部分人民,都是把他们的生命和财产压在这个问题上了,他们还宣称拥有公民权赋予的保护。[1]

但是,起决定作用的不是胜利(或失败)的前景和压迫的严重性,而是这些考量可能具备的重要性。因为甚至在《独立宣言》中也有一个认识:甚至是最严重地否定不可剥夺的权利,也不能在任何情况下使革命或未遂革命合法。[2]北美奴隶被明确否认拥有获得自由的权利,大陆会议所纠结的杰斐逊执笔的激进段落似乎也认可了这种否定。[3] 不过,对英国的不满中有一条就是控诉"内乱"[95]已经在各个殖民地蔓延。因此,要拎出这一点来,无疑还要视之为严重的不公:奴隶已经被说服,行使了废除殖民统治的权利——这些殖民者否定了非洲裔人维持生命所必需的诸多生死攸关的权利,其数目远多于《独立宣言》罗列英王压迫时涉及的诸种权利。

该怎么理解这一点呢?在何种程度上运用林肯对《独立宣言》起草者默许奴隶制的论证,"情势的必然性"这一点能够应付吗?这种问题的前提假设是,理解了超越各种政府形式的目的、原则与学说的区别,还有政治哲学与意识形态的区别。合宜地践履这种问题的答案,在很大程度上有赖于人们相信有公共精神的美德者,因为他们"意向严正",值得信任。

---

〔1〕 Ulyssess S. Grant, *Personal Memoirs of Ulysses Grant*, C. L. Webster, 1894, pp. 130-131.

〔2〕 Anastaplo, *Notes on the First Amendment to the Constitution of the United States*(Ph. D. diss., University of Chicago, 1964), pp. 394-414. *Cf.* Aquinas, *Summa Theologica*, Q. XCIV, A.4.

〔3〕 下面这段话被大陆会议否定了,它位于杰斐逊原稿中的第98行:他煽动我们的同胞们叛国造反,以没收和充公我们的财产为诱饵。他发起了对人类自然本性的残酷一战,侵犯人们自然本性中最神圣的生存权和财产权,抓捕他们并让他们在另一个半球做奴隶,而这个遥远的民族从未冒犯过他。这场掠夺战被异教权力视作可耻,它是大不列颠基督教君主的战争。他决定继续开放人口买卖市场,他滥用否决权,从而压制每个试图禁止或限制这项可恶交易的立法。恐惧之下不需要高尚的死亡,这些人已经被刺激得揭竿而起了,想重获被他夺去的自由,方式就是杀掉他硬要用来压迫这些人的那个民族,因此,针对先前对一个民族自由所犯的罪行,他主张他们针对另一个民族的生命犯罪来报复。

第五节

《美国宪法》与《独立宣言》之间的正常关系总是含混不清,一方面是因为《独立宣言》作为基本宪政文件的重要性被大大忽视了,另一方面是因为《宪法》所设计的政府形式取得了成功。

至于《美国宪法》提供了一个名为"共和政体"的宪政,我们必须提醒自己,这只是《独立宣言》留下的诸种选择之一。我们获知,"人类之间成立"政府以保障"某些不可剥夺的权利",我们还进一步获知,"任何政体只要有损于这些目的,人民就有权利变更或废除之,以建立新政府,新政府的这些奠基原则和权力组织形式,让他们最有可能获得安全和幸福"。[7 ~ 16]政府的目的基于"不证自明"的真理;不过,实现政府目的的方式并没有这么确定。《独立宣言》指出,政府形式必须要被检验,还必须要设置一个"最有可能";盛极一时的事物在另一个场合可能就不那么合宜了。《独立宣言》所说的只是一个君主"不适合做一个自由民族的统治者"[101 ~ 102],而不是所有的君主吗？事实上,我们只是在"最有可能"的条件中找到了这份文件一个最具假设性的例子,它在其他方面可都是大胆自信的断定。

可是,因为当下所谓"民主政府"的优越性,《独立宣言》总是被解作一种权威。是什么催生了这种时而有害的学说？历史事件当然在其中起了作用:适合《独立宣言》情感的这种政府形式,被等同于《独立宣言》中人民所开拓的那种政府形式。甚至法律文件本身也提到了"在立法机构中的代表权",说这种权利对"那些人"而言是"无价的",注意,是"无价的"而非"不可剥夺的",而且"只有暴君畏惧它"。[38 ~ 40]民主人士好像还从以下断言中寻找论据:一个民族有时会更换政府,对于他们而言,替代者似乎最能实现政府的目的。不过,我们已然看出,这意味着,没有某个单一的政府形式在任何情况下都是最好的。比方说,想想对于"残忍未开化的印第安人"而言最好的政府,或者想想对于担心"内乱"的奴隶而言最好的政府。[95 ~ 98]

在所有人心中,确立民主与《独立宣言》之间的关系,更具决定性的可能是将《独立宣言》的重点放在这一命题上:政府的"正当权力源于被统治者的同意”。[10～11]“被统治者的同意”会引向何方？“同意”能使权力正当地行使吗？乍一看，似乎是这么回事，但仔细读来，并不需要这种解读。“同意”可能与正当地行使政府权力无关，不过却与一个特定政府的合法性有关。或许还可以说，“同意”一旦作出，只有在这个政府有损于政府目的时，才能收回。正义则维系已获得的合法性。而且，一个民族有资格保留一个他已经同意了的正当政府。[1]

那么，如何表达同意？“立法机关的同意”[62]似乎要求积极的立法行为，如果要确保人民的同意，还会要求他们的积极行动。但这是什么样的行动？普选或公投难道不会造成假同意吗？除了全民公投，难道没有决定或确立同意的其他办法吗？反映为满足、平和与富足的人民的普遍情绪，或许足以成为（甚至是更好的）同意的标志。可我们必须追问，如果骗人民默认该怎么办？如果把痛苦和冲突误认为快乐与和谐该怎么办？如果把极端不公和残忍误认为一个正当而文明的体制，该如何是好？被误解、被欺骗的人民能给予同意，认可有损于政府目的的统治者和体制吗？沿着这些线索前行，我们就会更加接近合法性和正义的标准。如果他们绝对远离的就是审慎和智慧或者行动和思考呢？这里，我们是否必须重回对“我们意向严正”的信任呢？

第六节

我们可以看到，在提及上帝时，《独立宣言》间接地预示了《宪法》中确立的分权。有四种参照（它们在文件中开头或结尾的摆放和搭配，言辞一定要合宜）：

（1）“自然法与自然神法”[4]

（2）“授自他们的造物主”[8]

（3）“诉诸全世界的最高裁决”[115～116]

（4）“坚决信赖上帝的庇佑”[125～126]

---

[1] 这是“伪法案”（pretended legislation）；另外，还让人不满的是：“取消我们的宪章，废除我们最宝贵的法律，并从根本上改变我们各个政府的形式”[67，79～80]。

第一次提到上帝(可能还有第二次)是把上帝当作立法者:他组织各种事物,并决定要做什么。他给我们的第一印象是立法者或制法者。(因此,就像在《宪法》中那样,在《独立宣言》中,政府的立法方面最先列出也最重要)第二,上帝还被视作法官。第三,他作为行政者出现,提供庇护、执行规定的法律,还暗示行政者有豁免权。

因此,《独立宣言》的起草者在刻画他们的政治制度时,甚至创造了一个世界政府。我们要进一步指出,最先涉及上帝的那两条,其灵感来自杰斐逊:上帝在自然中是可见的、可知的,在没有神启帮助的情况下,人类可以通过理性把握他。另外,涉及上帝的第三、第四条是大陆会议议员加进杰斐逊草案的,它更接近于《圣经》中的上帝,一个神启宗教中的上帝。实际上,我们要看到,通过这些虔敬的条款,大陆会议比自由思想的杰斐逊更具现实政治感。华盛顿在 1796 年告别演说时所讲的至少与之相关:

> 在促成政治发达的所有性情和习性中,宗教和道德是必不可少的支柱。有人会竭力破坏人类幸福的这些重要支柱、人与公民责任的这些坚强后盾,他们称赞爱国主义是无意义的。纯粹的政治家和虔敬的人,都应该尊重并珍视它们。一部书也说不尽它们与私人幸福和公共幸福的关联。坦率地讲:宣誓是法院的调查手段,如果宗教义务感抛弃了这些誓言,那么对财产、名誉和生命的保护从何而来? 我们就先谨慎地听任这一假定:没有宗教,道德也能维系。无论精致的教化会对特殊结构的心灵造成什么影响,理性和经验都告诉我们不要以为:没有了宗教原则,国家道德依然盛行。

林肯正是通过这一资料提出了“政治宗教”,他认为这对“我们政制的永存不朽”至关重要。[1] 在与《独立宣言》相关的许多事件中,他看到了上帝之手。甚至在偶然评论一首小夜曲时,林肯总统也发现:

---

〔1〕 “Springfield Speech of June 26, 1857”, *Works of Abraham Lincoln*, vol. 1, pp. 9, 12. *Cf.* In re Anastaplo, 366 U. S., p. 82 (1961): Transcript of Record, pp. 137, 206, pp. 185 – 194, 237 – 243, 249 – 250, 256 – 276; Petitioner’s Brief, pp. 28, 82, pp. 35 – 38, 41 – 45. 上文注释 24 中所引用的段落暗含了杰斐逊对有组织宗教的看法。

那是多少年以前呢？80 多年前的 7 月 4 日，人类历史上第一次，由一个民族的代表开会，宣告了“人人被造而平等”这个不言自明的真理。那是美利坚合众国的诞辰。自此，我们也以各种不同的形式来纪念 7 月 4 日。设计和支持宣言中最著名的两个人是杰斐逊和亚当斯，一个是主笔，另一个则在辩论中据理力争，他们也是签署宣言的 55 人中仅有的两名当选总统者。距他们将手放在这份文件上，已经过去整整 50 年了，他们两个人都在这一行动中得到了全能上帝的青睐。即使在我们这个时代，这也是一个非凡的卓越之事。另一个总统在 5 年后的同月同日宣布就任；现在，上一个 7 月 4 日刚刚过去，我们遭遇了一个巨大的反抗，这是从根本上旨在推翻“人人被造而平等”这一原则，我们将在那一天战胜一个颇有地位的军队……先生们，这是一个光荣的主题，这是一个适合演讲的场合，但我并没准备要做抓住这个场合……[1]

葛底斯堡演说精练并提升了这些评论及其主题。那场演说是调和政治与宗教的最高峰。[2]《独立宣言》预示的这一调和，不仅见于世界政府的分权中，还见于将“荣誉”视作“神圣”之中。[127]

因此，不仅在《独立宣言》的设计过程中、我们那些伟大总统的情感中，还在《独立宣言》本身的用语中，我们都能发现“宗教和政治的恰当关系”所产生的张力、可能性和问题，它们遗留至今。

第七节

我们将在这篇评论的结论中重返政府的世俗目的，它本质上是事业的起点。我们获知，政府的目的是保障“某些不可剥夺的权利……其中包括生命权、自由权和追求幸福的权利”。沿着这一线索，我们被引向这一推论：政府的组建

---

〔1〕“Springfield speech of June 26, 1857”, *Works of Abraham Lincoln*, vol. 1, p. 366.

〔2〕“The Gettysburg Address: America’s Political Religion”, in Anastaplo, *Notes on the First Amendment to the Constitution of the United States* (Ph. D. diss., University of Chicago, 1964), p. 600; “Church and State: The Beginnings of an Argument”, p. 771.

目标,必须是实现人民"安全与幸福"[16]的可能性。生命权(可能还有自由权)都被视作努力确保被统治者的安全;自由权和追求幸福的权利体现在努力促进被统治者的幸福。

贯穿该法律文件的重点是"英国现任国王"对自由的侵犯,因而也是对生命、财产和公意的侵犯。它揭露并断言:一个"将(美利坚人民)置于绝对专制之下的企图";"不断伤害与篡夺"的直接目的是"在这些州确立绝对的暴政";国王的品性打上了"暴君一切行径"的烙印;他"不适宜做一个自由民族的统治者"。[27,22,27 ~28,102]因此,无论是用《独立宣言》确立的表达方式,还是用对"生命、自由和财产"的传统(不那么革命的)观点来看,自由不仅是这个著名三部曲的核心,还好像是《独立宣言》起草者眼中达成幸福、保全生命的核心。起草者甚至会同意伯利克里在雅典人葬礼上的发言,将幸福置于自由之中,又将自由置于英勇之中。

理解伯利克里准则,要虑及它的语境:因为伯利克里鼓励同胞仿照荣耀的逝者,他的发言是"面对战争威胁提出的"。[1] 重点在英勇上,因为战争是时下的竞技场,城邦的命运在此决出。在和平年代,我们应当期许正义而非英勇成为自由的秘诀。《独立宣言》起草者似乎也要表达这一点:他们的"英国同胞"[103]因"充耳不闻正义与血统之声"[110]而招致谴责。血脉之连本该尤其让英国人聆听反复的控诉;在罗列王室对成文法与不成文法的侵犯举措中,对正义的诉求得以体现,所有人都应该聆听它,尤其是这种诉求以英勇行为作后盾时。

华盛顿的一个论点在提醒我们:"在自然的法则与演变中,美德和幸福都是不可分割的联合体。"如果要实现政府目的,英勇和正义都是必需的——不管在战时还是平时,审慎都会指引重点应该放在哪里。实际上,审慎不仅指导人们拓展并运行他们的宪法,还指导人们对其所崇敬的宪法性文件,决断出扬善揭短的恰当时机。

接下来,正如《独立宣言》那样,我们必须结束这一阶段的讨论,这一终结是

---

〔1〕 Thucydides, *The Peloponnesian War*, trans. By Thomas Hobbes, Chicago: University Of Chicago Press, 1959, p. 43.

一个新的开始,它意味着,我们的“卓越不比沙漏中的颗粒更持久”(富兰克林语)。“在人类的事变进程中”——宣言的这一开篇词令人难忘,它表明了这项事业的现实品性,甚至还提醒我们人类事务和人类存在的脆弱。但是,理性和崇敬将人引向文明,而理性和文明提出要求和希望。1776 年大陆会议中的两个伟人,正是被这种精神联系起来了,直至晚年。杰斐逊在 1813 年写给亚当斯的信就体现了这种精神:

> 因此,我已就我们的不同点发表看法,不是为了争论,因为我们都这么老了,无法改变追寻和思考一生所得出的观点;而是基于你来信中的主张:在彼此尚未自我辩解之前,我们都不能死。[1]

亦友亦敌的这两个人,实际上已经解释了政府的根基:愿意自我解释,就意味着恰当地尊重人类的观点,从而尊重人类的理性与道德情感。但不幸的是,辩解是平时的方式,而牺牲则是战时的方式。《独立宣言》就处在战时。我们确信,在法律文件的尾声,彼此就“我们的生命、我们的财富和我们神圣的荣誉”作出了承诺。生命权前途未卜,因为每个人都在《独立宣言》中判了自己死刑——万一失败,就会作为叛乱者被处死。追求幸福的权利和他们面前的财富,同样被置于危险境地。

自由与另外两个伟大权利不同,它具有决定意义。因为,自由可以立刻获得,不存在失败的可能:为了共同的事业要放弃选择的自由和行动的自由。这是一种奉献,一种以“荣誉”作抵押的奉献,这种抵押并不是运用自由放弃曾经告之于世的事业。

---

〔1〕 Padover ed., *The Complete Jefferson*, 1943, p. 286.

二

第一节

作为学者,我们把《独立宣言》放入政治哲学尤其是古典政治哲学的学说中。[1] 这些学说可能会影响人们对《独立宣言》的看法,它们甚至还会让人好奇,应当就这份珍贵的法律文件思考些什么。如果只是想让自己恰当评判修正主义样式的哄骗,这份好奇,就会触动当时不信也不忠于公民权的学者去沉思和求索。

不过,学者首先可能会好奇,是否有必要尝试理解该法律文件,并面对它所提出的诸多问题。或者,如果他要一直都是学者,那就有资格把关注点专门转向其他事物了。但或许是这样的:当他某一天思考我们政权的本性时,他会设想共和政体中公民的责任;也很有可能是这样的:他不得不诉诸这份对他国家的生命至关重要的法律文件。

一个民族从这些奠基性命题和其政治灵魂的公共表达中引申出《独立宣言》。[2] 因此,为了遵循"认识你自己"这一古代(甚至是神圣的)戒条,人们必须检验并熟知某些基本观念,而且还要持续复查它们。并非所有的民族都能得到这一戒条的重托,[3]只有这些民族可以——构成它们的命题经得起检验,虽

---

〔1〕 应指出的是,杰斐逊提到了亚里士多德和西塞罗,这表明他信赖古典作家。参见注释3引用的文本段落。对诸种柏拉图对话的导读,参见 Anastaplo,"Human Being and Citizen: A Beginning to the Study of Plato's Apology of Socrates", in Joseph Cropsey ed., *Ancients and Moderns: Essays On the Tradition of Political Philosophy, in Honor of Leo Strauss*, New York, Basic Books, 1964;另见 Anastaplo, *Notes on the First Amendment to the Constitution of the United States* (Ph. D. diss., University of Chicago, 1964), pp. 459 – 464 (*The Republic*), 437 – 486 (*Crito & Phaedo*), and 814 – 824 (*Crito*);亦见注释36。

〔2〕 关于印度《煽动叛乱法》的简短讨论,参见 Anastaplo, *Law Library Journal*, 58, 1965, p. 197。亦见上文注释15。

〔3〕 *Cf.* Plutarch,"Lycurgus". 关于斯巴达人、色诺芬人、希腊人对传统的虔诚(及其堕落)的意义,尤其参见Ⅱ, ii, 19 – 20; Ⅲ, ii, 21 – 26; Ⅲ, iii, 1 – 11; Ⅳ, iii, 13 – 14; Ⅳ, iv, 12; Ⅳ, vii, 2 – 7; Ⅳ, viii, 36 – 39; Ⅴ, i, 29 – 30; Ⅴ, iii, 27 – iv, 1; Ⅶ, i, 29 – 31; Ⅶ, iv, 32。

然这些命题也有任何公共表达都有的缺点,但它们还能指引并提升学者和公民。

第二节

我们获知,为保障全人类授自造物主的不可剥夺的权利,政府得以在人类中组建。[8]组建政府来确保的权利包括"生命权、自由权和追求幸福的权利"。[1] 因此,政府的任务就是让人比在其他情况下更安全、更自由、更幸福,《独立宣言》将其总结为"他们的安全与幸福"[16]。我们猜测要求安全是为了它所容许的幸福。因此,重点就是这与一些人的主张不同,他们认为政府的任务或目的是保障人民的美德,让人民比在其他情况下更好。略言之,《独立宣言》中大多数时候都在强调幸福而非美德。

当然,要恰当地理解幸福,就要用美德来看待它。人们只需虑及亚里士多德在《尼各马可伦理学》卷一中的讨论,他主张美德是幸福的重要(而非唯一的)因素。例如,一个有真正美德的人,正在受痛病或劲敌的折磨,他仍会幸福,或者说,如果情势变好,他至少是更幸福。

可是,就像亚里士多德也意识到的那样,人类对幸福的看法千变万化,这就造成了诸多政治问题。有些人把幸福当作肉体快感,有些人把它当作政治荣誉,甚至还有少数人把它当作某些精神活动。这里有没有一个必然趋势,就是把幸福当作不仅基于观念,还尤其基于个人观念的某些事物?也就是说,在日常世界中,相比于什么是美德,人们更容易就什么是幸福产生分歧。有的人很明确,对于他的邻居而言,一个具体行为是诚实的还是勇敢的,可能有人认为他是在评判其他人的生活方式,"好吧,就是这一点让他幸福"。因此,当幸福成为一个共同体的目标时,它在暗示并允许的,不仅有达成幸福的各种方式,实际上还有基于个人脾性和个体环境的各种目标。

不过,现在即刻要问的是,目标的多样性是否真的能定义或维系一个共同体呢?这一多样性让他们抛弃了在运行各自事务时所需要的坚强指引吗?因

---

〔1〕 Aristotle, *Nicomachean Ethics*, Ⅰ, viii – ix; Ⅹ, ix;亦见注释36和本文题记。

为,这一指引可能让他们更加依赖那些迎合其低级本能的暂时领袖和短期风尚。结果既不会鼓动君子的温柔和自私,也不会让他们什么事都不认真对待。

那么,一旦主要考虑的不是幸福,而是"何为善""何为正当",甚至还有"何为高贵",人民就真得最幸福吗?

第三节

当一个人想到美德时,他会想起义务;如果一个人想到幸福,那么这可能是他思想的倾向,甚至是渴望。这转而揭示了责任与权利的区别。这暗示了一个人对一个共同体及其公民关系的看法。另外,权利主要是指个体(通常是一个人)对自己的看法。《独立宣言》暗示的宪法,是基于心中的权利而非责任建构的。甚至连这两个词的使用也反映了它们的重大差异:"权利"或"各种权利"几乎出现了 12 次,而"责任"只出现了一次,而践行这项责任来"推翻"任何走向专制的政府,似乎是下面这个命题的推论——"人民有权变更或废除"任何有损于政府目的的政体。[13]

没有义务意识,可能长期造成这种对权利的重视。有人可能会放弃他的权利;他可能不想坚称这些权利;他还可能平衡两种权利——他甚至可能合法地忘掉这些。不过,强调责任,重点就变了:有一种义务,人不能任性地无视责任,忘记这些责任就违法。这表明好公民在于遵守责任,而非坚称权利;有些情况例外——公民认为为了共同体的政治健康,自己有义务坚称权利。但总体来说,责任让我们在某种程度上依照城邦的善行动;权利恰恰是让我们以自己希望的方式行动。

诉诸被否定了的权利,显然有修辞优势,这一优势尤其体现在一个旨在赢得普通人热烈响应战争号召的法律文件中。不过,自由的公民更关心他们的权利而非责任,他们在繁荣和平的年代,可能会形成一种观点,以追求个人享乐的纯粹功利主义威胁公民美德。

第四节

一旦对权利的诉诸威胁了共同体的安全(它的存在),强调权利和一些与公民美德相关的事物,其更大的难题就显现了。

据说,某些权利不可剥夺。这表明,自然性是人类的一大成分,无论在社会内外,它都会破坏人类的人性,并使其失去人性。

不过,我们还获知独立国家有权实施的“行为和事情”,如宣战、缔和、结盟和通商。[122]所有独立国家都能宣称这些权利:“世界各国”都有权依照“自然法和自然神法”获得“独立和平等的地位”。[3~4,124]这转而表明,无论这些国家是否保障了公民不可剥夺的权利,它们至少有相互独立的地位和意义。例如,一国政权与另一国政权签署贸易协定,通常不受签署方公民自由度的影响。

所以事实上,公民和国家的权利都存在于自然本性之中。[1] 公民和他的国家结盟时,显然没什么问题——例如,国家行为确保其公民自由不受外国侵犯。可是,如果公民和国家不和,谁应当被优先考虑?如果政府认为保全生命是政府最重要的目的,而公民却强调自由,那该怎么办?这一观念的差异在这几年关于言论自由的辩论中有所体现。如果不考虑政府在生命和自由之外的一些目的,言论自由的合适地位必须基于美国传统所设定的优先项来决定。

这种基于自然本性的权利冲突会变得更激烈,特别当一方虑及另一方不可剥夺的权利时,即当某一特定政府形式有损于政府目的时,人民有权利变更或废除它。但一国有权力执行的是对内贼或外敌宣战的权利。[49~50]有些人的论证基础可能是:自然和自然神暗示,国家镇压叛乱的权利是所有国家都“有权利做”的那些“事情”之一。[124]当人们基于自然权利评判这两种主张时,如果不诉诸一些有关正义和公意的观念(这些概念克服了更机械的权利概念,

---

〔1〕“Utopia or Tyranny: The Universal Declaration of Human Rights”, in Anastaplo, *Notes on the First Amendment to the Constitution of the United States* (Ph. D. diss., University of Chicago, 1964), p. 790.

甚至可能还暗示了人类的完美),[1]那要诉诸什么标准呢?

因此可以说,在《独立宣言》的若干学说中存在不可调和的矛盾。在革命年代,为了美利坚人民,通过两组权利的并存,这一矛盾得以平息:人民作为公民,其权利被英国剥夺了,为此,殖民地政府对英国使用作战权。可是,这两组权利的矛盾在美国内战中更加明显,那时,一些公民援引不可剥夺的权利挑战政府的自卫权。林肯试图通过坚持宪法来解决这个矛盾。但是他最终迎来一个更高的基点——在葛底斯堡演说中诉诸"自由的新生"。在美利坚革命战争中,英国的论据似乎没能高于宪政,也没能"高于平静历史中的教条"。

国家权力和公民权利的矛盾延续至今,可能还见于当下的一体化辩论。借助思考美德(此处美德特指正义)从而思考责任(而非权利),这种思路在多大程度能解决这个矛盾呢?[2]

第五节

我们现在能对美国殖民地脱离英国这一权宜之计说什么呢?这在今天不再是问题——除非我们考虑更大联盟的优势,诸如已提出来的大西洋共同体,甚至还有世界政府。不过,这一问题能把我们引向一个深入的问题:我们的各种政治制度是不是已经扭曲了它们的自然设定,因而可能会抑制或扭曲发展?这种抑制或扭曲被视作可欲的,是不是部分地取决于人们如何看待国家的自然本性:一个政治共同体应该在多大程度上以理性为基础,又在多大程度上以传统为基础?年轻人尤其容易忘记:传统侧重于吸收并反映热情,还能考虑一个地方或一个民族的独特处境。

除了其他因素,分离还意味着与英国社会制度的决裂。因此,趋势是有选择地保留英国政治制度,不保留为其政治制度辩护又助长国父们出现的那些社

---

〔1〕 Anastaplo,"Natural Right and the American Lawyer: An Appreciation of Professor Fuller", *Wisconsin Law Review* 1965, 1965, p. 322.

〔2〕 "Neither Black not White: The Negro in America", in Anastaplo, *Notes on the First Amendment to the Constitution of the United States* (Ph. D. diss., University of Chicago, 1964), p. 753;亦见注释11、28。

会制度架构(诸如学制、教会制度的建立和阶级结构)。结果是体制不可避免地民主化,实际上,民主化普遍存在于合理性取代传统之后,合理性甚至更加强调用权利取代美德和责任。所以,分离的权宜之计的问题鼓动我们思考:我们的社会制度是否足以承担我们的政治生活?

第六节

一旦从分离的权宜之计的问题转向为造反辩解,我们就会重视《独立宣言》本身所作的考虑。

革命之前一系列不满的核心是法律问题。所以,殖民地人民陈述其不满时,对理解英国宪法的依赖程度令人吃惊。

文件起草者就行动原因的表述,在多大程度上恰恰被它的文字和语调否定了?换言之,文件是否表现了一定程度的文明,从而使读者质疑殖民地居民所遭受的虐待和奴役?不管产生了怎样的分歧,在英国宪法范围内,难道就不能实现一个光荣的解决方案,非得由具备《独立宣言》语言所暗示的那些能力的对手诉诸武力吗?

不过,可能会有这样的反驳:如果这一法律文件的起草者像他们的辩论所显示的那样高尚,他们又为分离而奋斗,难道不应被视作分离的权宜之计和正义的最好裁判者吗?即无论我们从无人预见的结果中得出何种灼见,我们对他们的了解,都不如他们对局势和问题的了解。英国宪法及其自由遗产,也可能获得好的转向,或者不会更坏;美利坚遭遇的难题是,英国统治者不审慎地主张他们的权利,这就是坏的起源。所以,我们甚至可以看到这一问题的持续相关性:为了理解我们的政治制度,造反是否正当。

显然,我们提出的这些问题的答案,甚至还有这些问题本身,都在很大程度上依赖于人们对各种因素的重视。读者肯定注意到了,本文指出的大量内容是假设性的。这反过来提醒我们,我们每个人都具备理性谈论政治事件的临时品性。即使我们意识到,其他研究领域许诺更精确、更确定,这有吸引力,我们还是认可政治哲学的重要性。我们再次猜测,美德与幸福存在竞争,这也是通常的理解。

第七节

我们(尤其是作为公民)有义务跟随我们所提出的《独立宣言》研究者面对的那些问题,为这个法律文件的诸种优点做一个总结性的提示。

“那一高贵法律文件的起草者”的效力,甚至可能还有他们的审慎,体现在美国式共和延续至今的活力中,体现在它在“世界各国”[3]中所享有的声望、自由和昌盛。这种活力和某些当代问题,都能追溯到那个强大的源头。

该文件的语调和文字反映了生活方式和生活品质,后者指明了当今我们所需要的标准,尤其是在这个雅趣与共和制下的质朴都遭到威胁的时代。《独立宣言》的语调和文字预设了一种观众,他们是具备某种品性的人民。这种思想并不平凡:甚至在为自利而措辞时,公民的最优秀品质也被唤醒并获得滋养。不管这一论点的长期效果如何,对责任的献身精神弥漫着这份法律文件。

将《独立宣言》摆在面前的公民,是想通过一些人的眼睛观察政治生活;这些人曾经用高贵的言辞描绘了他们的所见所闻。这种高贵的模式让我们忆起古代的先驱,在我们塑造的与同胞共享的生活中,它指导我们应当鼓励什么和谴责什么。即使是那些我们已经接触到的权利,只要合理阐释,也能指向人类发展的标准并为公民美德作出贡献。因此,这些权利可以用来揭示我们所追求的人类完满。[1]

有必要进一步提醒的是:《独立宣言》中最重要的权利是正当的反抗权,这份文件中的责任和权利端赖于此。唯有这项权利的恰当运用,才既是权利又是责任,它以全面检视各种情势、政客和问题为先决条件。这实际上就意味着负义务的公民对政治生活最彻底而持久的检视。我们在“言论自由”的体制中可

〔1〕 Anastaplo, *Notes on the First Amendment to the Constitution of the United States* (Ph. D. diss., University of Chicago, 1964), pp. 335, 699;亦见注释28、36。

以看到这个义务和契机。[1]

因此,我们可以认为,言论自由既是权利也是责任,它对我们的共同体及其宪法并不构成威胁。更确切地说,一旦我们有走向冷漠、暴政和自私自利的倾向,它便会修正这种倾向。有责任感的公民,穷其一生都致力于严肃但又恭敬地考察我们各种政治制度的自然本性、德性和限度。

---

〔1〕 Anastaplo, "Freedom of Speech and the First Amendment", *Detroit Law Journal* 42, 1964, pp. 70 – 71, 及下一期的更正; 另见 "Justice and the Common Good: Roman Catholics and American Communists" and "Principle and Passion: The American Nazi Speaker on the University Campus", in Anastaplo, *Notes on the First Amendment to the Constitution of the United States* (Ph. D. diss., University of Chicago, 1964), pp. 715, 728. 分析和讨论独立后建立的各种政治制度,参见"The American Constitution of 1787: Form and Matter", in Anastaplo, *Notes on the First Amendment to the Constitution of the United States* (Ph. D. diss., University of Chicago, 1964), p. 519. 这次讲座也涉及作为那些政治制度先决条件的社会状况和民族品性。

公民身份与尊严*

杰里米·沃尔德伦** 著
张卓明*** 译

内容摘要:公民身份是尊严的一种类型。在一个由各个国家组成的世界里,公民的尊严是实现人的尊严的最佳方式。公民的尊严不仅能证成公民的权利,而且能导出公民的义务。公民的义务不仅指尊重他人的尊严,还包括服从法律的义务和积极行使公民权利的责任。公民的尊严在于其能感受到某种力量,因为只有公民的投票才能决定最终的政治结果。公民的尊严意味着对公民理性能力的敬重,国家是公民的聚合体,每个公民都应该获得平等的尊重。公民的尊严还要求政体运作必须公开透明,接受公民的审查和讨论,而不能建立在蒙骗公民的基础之上。

关键词:尊严　公民身份　人的尊严　公民义务

尊严理论不得不在两种截然不同的尊严观念之间作出确定其方向的选择。一种是罗马拉丁词汇"dignitas"所包含的古老尊严观念,即贵族制度和等级体系中的特定角色或特定等级所包含的地位。还有一种是关于人之尊严的平等主义观念,即尊严被认为赋予了每一个人,而不管其社会地位是最高的还是最低

* 本文为纽约大学法学院"公法与法理研究工作论文"(2013 年 1 月),并收录于克里斯托弗·麦克拉登(Christopher McCrudden)主编的《理解人的尊严》,牛津大学出版社 2013 年版,第 327 ~ 343 页。中文摘要和关键词为译者所加。

** 杰里米·沃尔德伦,纽约大学法学院资深教授,研究方向为法哲学。沃尔德伦曾任牛津大学万灵学院的社会和政治理论教授,被认为是世界著名法律和政治哲学家之一。

*** 华东政法大学法律学院教授,法学博士。

的，不管他是道德英雄还是十恶不赦的罪犯。换言之，人的尊严应该是人人所具有的，无论其在社会中具有何种地位或角色；无论其做了什么事或发生了什么事，其始终拥有人的尊严，因为人的尊严是不可剥夺的。对于这两种尊严观念之间的联系，尊严理论家不外乎采取以下两种态度中的一种：他们要么认为，自斯多葛学派哲学家所处的时代以来，这两种尊严观念就长期共同存在并相互竞争着，最终人的尊严观念超越等级尊严观念而胜出；要么认为，尊严与等级之间的联结至今仍未切断，只不过等级尊严观在经历了价值重估之后，高等级的地位与人性本身联系在一起，由此，每个人都处在高贵的等级。〔1〕

一、康德论公民的尊严

康德哲学几乎总是与尊严的第二种观念——人性本身所具有的尊严——联系在一起。在《道德形而上学的奠基》中，康德说，既然人拥有道德能力，人性就具有尊严。而且在他看来，这种道德能力存在于所有人身上，不管其处于何种等级或有何行止。〔2〕 但是，康德也运用尊严的第一种观念——与角色相关的尊严。在他晚期的政治哲学中，他谈到立法职能、行政职能和司法职能的尊严；〔3〕他还在稍不同的意义上谈及“尊严的分配，此种尊严是不含报酬的显赫身份，其仅仅以荣誉为基础”，而享此殊荣是“国家最高长官”的权利之一。〔4〕他把贵族描绘成一种“使其拥有者无须提供特殊服务就能成为较高阶层的成员”的尊严，〔5〕而且，他似乎对这种尊严可否世袭以及世袭是否正当的问题十分着迷。尽管他的研究结论是在一个合法政权下世袭的尊严最终必将消亡，但是这一结论并不影响他谈论非世袭的尊严或将尊严与等级和不同角色、特权和

---

〔1〕 采取第一种态度的，参见特雷莎·伊格莱西亚斯：《基本真理与个人尊严》，载《逻各斯》2011年第4期。我采取的是第二种态度，参见［美］沃尔德伦：《尊严、等级与权利》，牛津大学出版社2012年版，第30～36页。

〔2〕 ［德］康德：《道德形而上学的奠基》，载［德］康德：《实践哲学》，剑桥大学出版社1999年版，第84页（4：435普鲁士科学院编《康德全集》）。

〔3〕 ［德］康德：《道德形而上学》，收录于康德：《实践哲学》，第459页（6：315）。

〔4〕 ［德］康德：《道德形而上学》，第470页（6：328）。

〔5〕 ［德］康德：《道德形而上学》，第471页（6：328）。

责任联系起来。

那么,康德是否想协调这两种尊严观念或者在它们之间建立某种联系?他确实没有明确回答它们之间有何种联系的问题。但是,无论它们之间有怎样的鸿沟,至少康德在它们之间搭起了一座桥。在《道德形而上学》中,他在讨论了阶层尊严后说道:“当然,在国家中不可能有一个人没有任何尊严,因为他至少拥有公民的尊严。”[1]结合上下文,“公民的尊严”是作为一种等级尊严出现的,尽管这种等级尊严非常普遍。据说,每个人都有权利拥有这种等级尊严。由此,在人的尊严与等级尊严之间建立起一种有趣的联系,在我看来,此种联系值得吾人深究。

我接下来的探讨将不限于康德哲学的范围。我将探究此种联系对于一般意义上的人之尊严有何影响,以及对于 18 世纪和 20 世纪所确立的公民身份与尊严之间的联系有何影响。但是,我会先对康德自己的解说作若干评注,揭示其理论的特性,这也是一件非常有意义的事情。

首先,康德在提出“作为一个人”与“拥有公民尊严”之间的联系后,马上又对公民尊严的普遍性作了限定:“例外情况是有人因为自己的犯罪行为而丧失了公民尊严。”[2]但这并不被认为是否定人之尊严的普遍性,因为在同一本书的后文中,康德又援用人的尊严提出,即便是十恶不赦的罪犯,也应给予一点尊重,所施的惩罚也应有限度。[3] 所以,这表明公民尊严与人的尊严这两个概念之间可能存在不一致性。

其次,众所周知,康德认为公民身份可分为两个等级——积极公民和消极公民,后者是较低等级的公民身份,它是那些在社会、经济和政治生活中无法充分独立的人所拥有的。只有独立的公民——在生活上不直接依赖于他人的那些人——才有“权利作为国家的积极成员”,譬如作为选民或陪审员,参与国家的管理。[4] 如果说人的尊严本身是与公民身份相连的,那么不难推测,它必然

---

〔1〕 [德]康德:《道德形而上学》,第 471 页(6:329)。

〔2〕 [德]康德:《道德形而上学》,第 471 ~ 472 页(6:329 – 330)。

〔3〕 [德]康德:《道德形而上学》,第 580 页(6:463):“即便一个十恶不赦的人,我也不能全然否定其作为一个人所应有的尊严;我至少不能取消其作为一个人所应获得的尊重,即便其行止已使其不配获得尊重。所以,可能存在可耻的刑罚(譬如五马分尸、犬刑、劓刑、割耳,其令人性本身蒙羞)。”

〔4〕 [德]康德:《道德形而上学》,第 458 ~ 459 页(6:315)。

是与消极公民相连。而且，康德也是这么说的，正如他指出的：尽管消极公民“依赖于他人的意志，但是这种不平等绝不否定其作为人所享有的自由和平等”。消极公民仍然有权利要求获得“基于平等的自然自由之法则”所应有的待遇，并且，他们还应该被视为构成该国人民的成员，公民社会的建立正是为了人民的利益，为了人民能够在道德上相互依存。〔1〕

康德事实上已经预料到，我们可能会不太乐意接受消极公民这一概念，看到这一点是很重要的，所以他说：“消极公民的概念似乎与公民概念本身相矛盾。”〔2〕在“理论与实践”一文中，康德表示，那些他后来叫作“消极公民”的人根本不应该叫作公民，而应该叫作“共同受益人”。〔3〕 但是，这不仅仅是一个寻找适当标签的问题。在我看来，康德的观点是，不管是否拥有投票权，所有人都应该被视为尽可能积极地处在共同体之中。如同康德要求为各方人才提供平等的机会或开放职位那样，其同样主张从消极地位提升至积极地位的可能性必然总是存在的。〔4〕 没有人被冻结在出生时或祖上传下来的消极公民之地位上。

这就预告了康德公民身份学说的第三个显著特征：康德是一名假想式契约论者。在康德看来，任何人的公民身份都意味着他们应该被视为国家契约的建立者，这是正确对待他们的方式。即便实际上他们并不是国家契约的建立者，但康德主义者的原则是他们必须被如此看待。“原初契约的理念仅仅是理性的一种理念，然而，其无疑具有实践上的现实性，也即，其对立法者的立法活动具有约束作用：立法者所制定的法律应该被看作是从整个人民的统一意志中产生，立法者应该把每个想要成为公民的主体都看作好像参与投票赞同了这样一种意志。”〔5〕

虽然这仅仅是个假想，但它产生了衡量议案是否具有正当性的实践标准：“如果一项国家法律的制定，其不可能获得全体人民的赞同……那么这项法律

---

〔1〕 [德]康德：《道德形而上学》，第458页(6:315)。

〔2〕 [德]康德：《道德形而上学》，第458页(6:314)。

〔3〕 [德]康德：《论俗语：理论上可能正确，但实践上不可行》，收录于[德]康德：《实践哲学》，第294页(8:294)。

〔4〕 [德]康德：《论俗语》，第292～293页(8:294)。

〔5〕 [德]康德：《论俗语》，第296～297页(8:297)。

就是不正义的。”[1](康德在此处所举的不正义之法律的例子,又是一项建立世袭等级尊严体系的法律。)

第四点,尽管康德的威权主义为众人所周知,但这不是因为他对公民理念的诋毁。公民如同制宪者和立法者:他们被想象成自己创造了这个国家,而不是仅仅被迫担负义务的臣民。公民必须敬重国家和法律,但是他们所敬重的事物,也被想象成是由他们自己所创造的。此种敬重的必然性质源于如下事实:即使在理想情境中,那些将成为国家之公民的人对国家的创造和建设,也被认为在道德上是必要的,而非任由人所选择。任何人都不拥有停留在自然状态中的道德选择权,同样,任何人都不拥有重新回到自然状态的道德选择权,至少当这个国家的组织还健全时,没有人能够拥有返回自然状态的权利。

第五点,对于康德来说,公民身份之所以构成尊严,部分原因在于:成为运行有序的国家中的公民,不失为一项成就,尽管成为一个公民,也是道德上的必然要求。为建立一个国家提供助力(或者至少不妨碍国家的建立),把自己融入国家生活当中,并且服从国家的法律,这是一种转变的过程,类似于卢梭在《社会契约论》第一卷第八章所想象的那样。[2] 公民,哪怕是消极公民,皆可将那些没有完成此种转变的人视作“无法无天的野蛮人”。[3] 这并没有贬损那些人所拥有的人之尊严,而仅仅意味着:较之于人的道德能力所具有的崇高尊严,公民身份本身甚至可以被认为具有更高的尊严。

然而,尊严的这种提升,是潜在可能性得以实现的过程;它并不反映人类之间的种类差异。所有人都有义务参与公民社会的协定,并且凭借他们的道德能力,所有人都能够做到这一点。作为基本人性的道德能力及其尊严,常被康德描绘成个人理性的一种形式。但是,我们应该记得,康德也用政治术语或准政治术语来描绘它:一个人可以把自己想象成为“目的王国中的一个立法成员”。这是我对康德的公民观念的第六点看法。康德不仅将这种公民观念运用于他的政治哲学,而且公民作为立法者的肖像对于他的道德哲学来说也是至关重要的。凭借着诸如共同的公民身份之类的理念,一个人得以在道德层面构想自己

---

[1] [德]康德:《论俗语》,第297页(8:297)。

[2] [法]让-雅克·卢梭:《社会契约论》,企鹅出版社1968年版,第64~65页。

[3] [德]康德:《道德形而上学》,第482页(6:343-344)。

与他人的关系："理性存在者通过普遍的客观法则建立起系统的联合体"，正是这些理性存在者制定了普遍的客观法则并将服从这些法则。[1] 如果一个人恪守道德，那么他就会认为自己适合担任此种角色："由于他自己的本性，即作为目的自身，他早已注定要成为此种角色。"[2]"每个理性主体都应该成为目的王国中的立法成员，此一主体价值"是人之尊严的基础，并使我们每个人区别于"一切单纯的自然物"。[3] 被想象成为目的王国中的一个立法成员，就像被想象成为积极公民那样，负责任地参与法律的制定，并与他人一道忠实地臣服于这些法律。康德在讨论目的王国的著名段落中，最后又回到了人的尊严上："人性的尊严就在于这种普遍立法的能力，尽管以自己同时服从这种立法为条件。"[4]

在康德的道德哲学和政治哲学之间所建立的此种联系是十分有意思的。一方面，它表明政治哲学在某种意义上优先于道德哲学（这不是康德在解释问题时的通常顺序）：我们运用特定的政治理想来说明我们的道德能力。而且，普遍立法的理念以及根据普遍法则的系统联合，首先必须在政治哲学中构想出来，然后才能作为解释工具运用于道德哲学。然而，它不只是一项理论解释的工具。我们作为人类，在使自己成为现实政体中的公民之前，就已经有能力过上一种市民生活或公民生活。我们每个人，无论在道德生活中，还是在前政治的市民生活中，抑或在政治生活中，本质上都是一个（潜在的）公民。因此，人的尊严在很大程度上是（潜在）公民的尊严。我们使自己成为现实政体中的公民，并且以好公民的标准要求自己，这一转变仅仅实现了我们自己，我们一直以来就是这样一种人：我们能够与他人一起生活，我们每个人都能为自己立法，我们能参与到自己所将服从的普遍立法中。

最后，我们简单讨论一下康德关于普遍性和特殊性的看法。现实政治中的公民身份是这个或那个特定共同体中的成员身份，这似乎就使得此国公民与彼国公民区分开来。康德曾言："构成民族的那些人可以在类比意义上被看作同

---

〔1〕［德］康德：《道德形而上学的奠基》，第 83 页（4:433）。
〔2〕［德］康德：《道德形而上学的奠基》，第 85 页（4:435）。
〔3〕［德］康德：《道德形而上学的奠基》，第 87～88 页（4:438～439）。
〔4〕［德］康德：《道德形而上学的奠基》，第 89 页（4:440）。

一祖先的后裔”,这似乎表明康德具有本土主义的倾向。[1] 如果把这一倾向不断放大,那么我们就可能不得不抛弃公民尊严的理念,因为所谓公民身份,在不同的民族可能有不同的含义,同样,拥有公民身份的那些人可能会认为这有很大的区别。但是,康德在几个方面从民族主义的立场上撤退下来。他指出,民族国家的公民身份之共同祖先观念仅仅是一个神话。其中唯一的真理是,一个国家的所有公民都由同一个母亲(这个共和国)所生;他们之所以应该把自己视为“具有同样高贵的出身”,其原因就在于此,而非在于共同的祖先。[2] 他相信,每个政体的根本规范结构都是一样的:每个国家都应该是共和国,广泛建立共和制度的必要性可以从政治哲学的先验基础上推导出来(正如我所说的那样,这一先验基础也呈现在康德道德哲学所使用的政治比喻中)。[3] 即便世界分而治之,成立各个独立国家是重要的,[4] 公民身份(至少是公民身份的规范性理想)在所有政体中都是一样的。最后,我们不应低估康德对普遍公民身份(世界公民)的渴望。[5] 各个独立国家都需要将自己与其他国家的关系从无政府状态中摆脱出来,转变成类似于在一个松散的联盟中依据共同法律所形成的有序状态。在一个共和国林立的世界里,这不仅为国家主权所必需,而且也为公民所必需:每个民族国家的公民都负有推动创造“世界宪法”的政治责任。[6] 倘若他们负起此种责任,他们就不仅仅是本国公民,而且也是世界公民。康德甚至推测,只有依靠后者的努力,才能实现道德所要求的政治和谐。[7] 就此而言,公民身份的尊严最终可以表现为道德主体之尊严的一种实现。

---

〔1〕 [德]康德:《道德形而上学》,第482页(6:343)。

〔2〕 [德]康德:《道德形而上学》,第482页(6:343)。

〔3〕 [德]康德:《永久和平论:一部哲学的规划》,收录于[德]康德:《实践哲学》,第322~323页(8:349~351)。

〔4〕 [德]康德:《永久和平论》,第336页(8:367-368)。

〔5〕 [德]康德:《论俗语》,第281页(8:277)。

〔6〕 [德]康德:《道德形而上学》,第487~488页(6:350-351);[德]康德:《论俗语》,第307页(8:310)。

〔7〕 [德]康德:《永久和平论》,第350页(8:385)。

二、公民身份与人的尊严

我之所以用很大篇幅探讨康德关于公民尊严的看法,是因为康德在作为政治角色的公民之尊严与一般意义上的人之尊严间确立了微妙联系,在我看来,此种联系已超越康德的特定哲学领域,而具有普遍意义。此种联系对于我们思考当今世界的人之尊严具有启示意义。我并不是想说,人的尊严与公民的尊严是一回事,或者公民的尊严近似人的尊严。不过,当公民身份被当作一种重要的地位时,无论是在这个国家,还是在另一个国家,每个人都应该拥有它,就此而言,在一个由各个国家组成的世界里,公民的尊严可能是人之尊严得以实现的一个优良方针。

跟康德一样,我认为公民身份是尊严的一种类型。公民身份是一种地位,而且,我在别处已说过,尊严最好被理解为一种地位概念。〔1〕 就像其他地位概念——破产者、幼儿、重罪犯、皇室、军队成员——公民身份包含一束权利、权力、义务和责任,这些要素取决于公民身份作为法律问题而非选择问题的内涵和应用,并且由于对特定类型的个体或处在特定困境中的个体有着根本的社会关切而结合在一起。公民的尊严仅仅是这样一种地位,或者说,从积极视角看待公民身份所具有的一种地位。并不是每一种地位都是一种尊严:尊严常常与受到珍视并获得敬重的地位联系在一起;我们一般不说重罪犯的尊严或破产者的尊严。但是,公民身份作为一项尊严——其与人的尊严有共同之处——显然因为它是特别受到珍视的一种地位,尽管这种地位在一个社会的成员中是非常普遍的。

当然,公民身份不是一件物品,它会随时代而变迁。〔2〕 并且,拥有公民身份意味着什么,以及取得公民身份需要怎样的条件,在不同的国家有不同的答案。不同国家取得公民身份的标准是不同的。在美国,取得公民身份的标准是出生地——任何出生在美国的人都有资格获得美国公民身份——或者父母中

〔1〕 [美]沃尔德伦:《尊严、等级与权利》,牛津大学出版社 2012 年版,第 57 ~ 61、73 页。

〔2〕 一个经典的解释,参见[英]马歇尔:《公民身份与社会阶级》,载[英]马歇尔:《阶级、公民身份与社会发展》,双日出版社 1964 年版。

有一方或双方是美国公民。其他国家——德国最近则只采血缘的标准。对于那些并非基于出生而是通过归化取得公民身份的人来说,国家可通过对标准的修改而使公民身份的取得更容易或更困难。而且,取得公民身份能带来什么,也有所不同。在美国,公民身份是拥有选举权的必要条件;但是,在英国,选举权(和竞选议员的被选举权)已拓展至没有公民身份的一些居民,他们是与英国有着历史性联系的其他国家的公民,譬如爱尔兰或英联邦成员国的公民。一些国家(如以色列)对其公民课以服兵役的义务;今日多数国家已不实行此种强制兵役制,不过其公民被告知拥有参军的权利。

但是,不同之处也许没有相同之处那么重要。在任何国家,其公民都有权利进入并居住在其所属国。在任何地方,身处国外的公民们都有权利获得他们国家的外交人员或领事馆工作人员的有效保护。在大多数国家,公民拥有选举权和参政权(即便在一些国家其他居民也拥有此项权利);无论在理论上,还是在实践上,公民身份是共和政府与民主政治的支柱。正如我早已所指出,公民们也可能有义务支持其国家,譬如战时他们有义务应召入伍,在一些国家甚至在和平时期也有义务参军。在任何国家,公民都有义务效忠于其所属国家的政府,如果支持其国家的敌人,就会因为叛国而受到惩罚。

这些是公民身份通常所伴随的,具有典型性。同时,正如我所说,它们合在一起构成了各个政体中的一种地位——这是一种特殊的、平等的和普遍的地位。公民身份是一种高贵的地位:它包含着重要的权利,如选举权和居住权;即便公民身份所伴随的那些义务或责任,在某种意义上也为其拥有者所珍视,并为不拥有的人所羡慕。公民身份是一种平等的地位:与康德的公民观不同,绝大多数国家并不允许对公民身份作等级区分;“二等公民”的说法,无论在什么情况下使用,一定是对允许作等级区分的社会的一种谴责。

最重要的是,公民身份被认为是普遍的。在特定国家谋生的所有人或大多数人都将成为该国公民,这是人们通常会有的预期。在移民国家,人们预期长期居住在本国的外国人将在适当的时候取得公民身份。[1] 说公民身份是一种

---

〔1〕 譬如在美国,法院已裁定:长期居住的外国人,倘若不申请获取公民身份,那就不能抱怨针对公民和已提出公民身份申请的那些人的特定优待措施。参见 *Ambach v. Norwick* 441 U. S. 68 (1979),第 81 注和 *Nyquist v. Mauclet* 432 U. S. 1(1977),第 10 页。

高贵地位的尊严，并不是说公民身份是一个社会中的少数人或特权阶层所拥有的特殊权利。相反，公民身份意味着政府与服从其权力的那些人之间关系的一般性质。总体来说，服从政府权力的那些人并不被视为单纯的服从者，他们也被视为政治共同体中拥有权力的积极成员，政府是需要对他们负责的。公民身份与人民共和国宪法或民主宪法在理念上的密切联系，意味着政府对其所统治的那些人永远负有责任，这是任何一个良好政体所应具备的基本条件。

当然，多数先进的民主国家是移民国家，它们常常包含数量庞大的非公民人口（外来游客、外来务工者、获准居留的外国人和那些非法入境的人）。公民身份似乎是作为一种"我们 vs. 他们"的概念发挥着作用：有特权的地位和没有特权的地位之间由此形成鲜明的对比，拥有公民身份者之所以看重它，也正是因为此种区分。肯定存在可做比较的地方：一方面，作为一个美国公民与作为一个加拿大公民是不同的，即便公民身份所包含的权利、特权和责任在这两个国家是近似的；另一方面，公民身份所伴随的权利和权力无疑是有价值的，拥有和不拥有是有差别的。但是，如果把公民身份在某个国家所具有的地位之价值与某个共同体中任何种类的地位之优势等同起来，就大错特错了。即便一国境内的每个人都是该国公民，公民身份也不会丧失其价值：居留权、选举权等仍将具有同样的重要性。

公民身份这个术语在政治哲学中的运用经常如此宽泛，以至于可用来指称居住在一国境内并受该国政府统治的任何人，不管其是否属于严格意义上的该国公民。虽然如此运用有其危险性，但也有其优点。[1] 正如我在前面所说，公民身份并不意味着一个特权阶级所享有的权利、权力和责任，而是意味着国家与服从其权力的那些人之间关系的一般性质。法律技术意义上某个国家的公民，其所享有的多数宪法权利和其他法律保障，也常常为该国政府管辖范围内的非公民人士所享有。在美国，言论自由、正当程序权利、平等保护和反歧视原则，全都或多或少地适用于其管辖范围内的任何人，并且适用的方式跟适用于公民（大致）相当。一国政府对于其管辖范围内的每个人都应给予尊重，倘若有

---

〔1〕 对此有若干关切的，参见杰拉尔德·纽曼（Gerald Neuman）：《修辞意义上的奴隶身份，修辞意义上的公民身份》，载《密歇根法律评论》1992 年第 90 卷，第 1276 页。

粗暴的不当行为,不管对于其公民还是非公民人士,都有不可推卸的责任。一国政府还应对于其管辖范围内每个人的利益、福祉和机会表现出应有的关切。这一平等的尊重和关切远远超出了狭义上的公民尊严。

这是否意味着,宽泛意义上的公民尊严与人的尊严融合在了一起?并不尽然。即便它适用于某个国家内的所有人,公民尊严理念仍然是较具体的和关系性的:它所指向的是个人与其居住国政府之间类似于成员关系或构成关系的事物。原则上,人的尊严理念是从该事物中抽象出来的。它也是蕴含着平等性的一种地位,包含着众多我们称为人权的权利。虽然,无相关义务的权利是没有意义的,并且与人权相关的首要义务主体通常是国家,但是谈论人的尊严时并不总是在谈论特定个人与特定国家之间的关系。说人的尊严时可能在表达针对所有人类的一种主张,但是说公民的尊严时不可能有这样一层意思。也许,当我们申明我们所谈论的是——正如康德有时谈论的那样——世界公民时,公民尊严与人的尊严之间的界分就模糊起来。但那是与众不同的说法。公民的尊严也许代表了人的尊严的一种可能实现方式。每个人都属于一个特定的政治共同体,每个人都拥有一个对自己负责的国家,这可能是实现人的尊严的最佳方式;但是,这并不意味着人的尊严和公民的尊严是同一回事。

三、尊严与享有国籍的权利

1958 年,美国联邦最高法院在"特罗普诉杜勒斯"(*Trop v. Dulles*)一案中判定:对罪犯处以剥夺公民身份的刑罚之规定,违反了第八宪法修正案不得施加残酷和非常的刑罚之禁令。在作出这一判断时,法院对"残酷和非常的刑罚"条款评注道:"第八宪法修正案背后的基本观念无非就是人的尊严。"[1]在涉及第八修正案的援引尊严的案例中,为我们所熟知的是 20 世纪 70 年代的死刑判例,这些判例将尊严问题与痛苦和耻辱联系在一起:"刑罚不准如此严苛,以至于贬损人类的尊严……政府施加严苛的刑罚,倘若仅仅是为了折磨罪犯,而无

---

〔1〕 *Trop v. Dulles* 356 U. S. 86 (1958),第 100 页(首席大法官沃伦撰写的法庭意见)。

其他意义,那就不符合人的尊严。"[1]援引尊严的部分作用似乎是剔除极端的刑罚;对此,我们从康德关于"令人性本身蒙羞的可耻刑罚"[2]的说法中就已经能够看到。

但是,取消国籍本身并不是通常意义上令人痛苦或残忍的刑罚。正如首席大法官沃伦所指出:"所涉及的不是身体上的粗暴对待,不是原始的酷刑。"那么,"特罗普诉杜勒斯案"判决究竟是如何与人的尊严原则——它被联邦最高法院看作是第八宪法修正案的基础性原则——联系在一起的呢?联邦最高法院提供的答案十分有趣,并有助于我们回答最后一个重要的问题:公民尊严与作为人权之基础的人的尊严之间存在何种联系?

联邦最高法院首先通过指出取消国籍所可能带来的苦难而将尊严与公民身份的剥夺联系在一起。首席大法官沃伦就曾说过,剥夺一个人的公民身份,意味着"个体在组织化社会中之地位的完全丧失":

> 它使个人丧失的是有几个世纪之久的政治存在形式。此项惩罚剥夺了他在这个国家和国际政治共同体中的公民地位。在这个国家的允许之下,他或许仍可生活在其中,但是其所处的地位变成一件偶然的事情……它使个人处在日益增加的恐惧和忧虑的命运之下。他不知道会有怎样的歧视措施等待着他,他不知道会有怎样的禁令向他发布,他不知道自己在故土上的生活会在何时出于何种原因而终结……他没有国籍,这在一个由诸多民主国家组成的国际社会中是件不幸的事情。

正是基于这一点,首席大法官沃伦同意下级法院首席法官克拉克的意见:"即便我们应该处罚那些人,人之尊严的美国观念也不允许让他们成为完全'没有国籍'的人——即便他们确实会有某个容身之地,面对国内的掠夺者和国外的压迫者,他们也不可能处于公平的境地。"[3]

---

[1] *Furman v. Georgia* 408 U. S. 238 (1972),第 271 页和第 279 页(布伦南大法官的协同意见书)。

[2] [德]康德:《道德形而上学》,第 580 页(6:463)。

[3] 首席大法官沃伦所引,见 *Trop v. Dulles*,356 U. S. 86 (1958),第 101 页注。

所有这一切都是对的,也是很重要的:创制此种使人处于脆弱境地的惩罚与尊重人之尊严的要求不相符合。但是,我们对这个段落的解读,还有必要结合同一时期美国所发生的关于没有国籍对于人权意味着什么的讨论。汉娜·阿伦特的观点是最杰出的。她说:无国籍人宛如置身于法律的边缘,其必将频繁地触犯法律,事实上其必将处在直接受警察权力而非法治的支配之下(按照法治的预设,违反法律是例外而非常规)。〔1〕 她还说:人们可能会想,这些人的情况至少还会受到人权的保护;但事实表明,没有了国籍,便没有了国家法律制度的承认和护佑,人权也将变得一文不值:

人权……因为被认为独立于所有政府,所以被定义成"固有的"权利;但事实表明,人权一旦失去了自己的政府,便将大大缩水,既没有当局保护它们,也没有制度保障它们。〔2〕

吊诡的是,人权只对属于某个国家的公民来说,才是有用的:

公民权利——不同国家公民所拥有的各种各样的权利——被认为包含着人的永久性权利,并通过有形的法律详加说明,而这些权利本身被认为独立于公民身份和国籍。所有人类都是某种政治共同体中的公民,如果他们国家的法律没有达到人权的要求,那么,他们想必会努力去改变这些法律,在民主国家可以通过立法程序,在专制国家则可以通过革命行动。〔3〕

但是,如果一个人不是一个共同体中的公民,那他就没有可立足的法律体制,去为人权鼓而呼。既然丧失国民权利无异于丧失人权,结论就很快变得一清二楚:最重要的权利是拥有权利的权利,成为一个有组织的共同体中的一员

---

〔1〕 [美]阿伦特:《极权主义的起源》,哈考特·布雷斯·乔瓦诺维奇出版公司 1973 年版,第 287 ~ 288 页。

〔2〕 [美]阿伦特:《极权主义的起源》,哈考特·布雷斯·乔瓦诺维奇出版公司 1973 年版,第 268 页。

〔3〕 [美]阿伦特:《极权主义的起源》,哈考特·布雷斯·乔瓦诺维奇出版公司 1973 年版,第 293 页。

的权利,只有在共同体中,他的权利主张才是有用的。

毫无疑问,阿伦特对人权的悲观态度有点夸大其词。但是,她在人权与公民权利之间所画出的连线是重要的。伟大的人权宣言和公约将权利与人的尊严紧紧地联系在一起,这一联系似乎令纯粹有关公民身份的权利黯然失色。但事实表明,无论在实践中还是在理论上,人权除非在每个国家被整合进保障公民地位的法律构造中,否则通常是易受侵犯的。[1] 因此,真实的情况是,公民的尊严是人的尊严所必然相伴随的。探索公民尊严的轮廓也将是我们关于人类的尊严理论所必不可少的一部分。

四、权利与责任

亚里士多德有一句名言:作为一个好公民,他应该既懂得如何施行统治,又懂得如何接受统治。[2] 公民需要知道如何担任政治职务,譬如他要知道怎样做陪审员或立法会成员(在现代民主国家,他要知道怎样做选民或代表);同时,公民还需要知道如何接受他人的决定,并据此行动,譬如他应该服从法律,即便该法律的制定是其所不赞同的,或者他应该接受法院的判决,即便该判决是有利于另一方当事人的。按照这一理论,公民的美德包含服从和谦恭的品格。

今日,美德虽然不同于尊严,但是人的尊严概念被导入现代法律和政治话语后,显然,它既能够作为权利和自由的基础,也能够作为义务和责任的基础。人的尊严概念当然要求每个人尊重他人的尊严,我说的意思还不限于此,像权利这样的解放性概念都会产生那种依存性的义务。我的意思是,尊严还会产生特定的责任,这些责任是每个被认为拥有尊严的人所应该承担的。尊严并不完全是一个解放性概念。[3] 康德将人的尊严与人自身的特定义务联系在一起:其不仅指作为尊严根基的道德能力之核心的义务感,而且指与"我们所具有的

---

〔1〕 譬如,参见《公民权利和政治权利国际公约》序言和第2条。

〔2〕 [古希腊]亚里士多德:《政治学》,企鹅出版社1981年版,第181页(卷三,章四,1277a.25)。

〔3〕 对此问题的一个讨论,参见斯坦法尼·安纳特·弗歇(Stephanie Hennette-Vauchez):《人的一种尊严?当代尊严法哲学中的古代法律概念之残余》,载《国际宪法杂志》2001年第1期,总第9卷。

人性尊严”有关的自尊自立的义务。[1] 在关于人之尊严的现代法律论辩中,我们还能听到同样的论调。有论者指出,每个人对其自身的人之尊严负有特定的责任,据此可对特定的自由主张提出异议——不得为了金钱而贬损自己,譬如卖淫或各种有损人格的表演。[2]

事实上,公民身份的尊严阐明可能牵涉的义务和责任的方式,不仅仅是两种,而是三种,除了尊重他人的尊严之义务(此项义务是与基于权利的尊严方面相依存的),还有另外两种不同类型:第一种是服从法律或政治上失败结果的义务;第二种是与公民身份权利的积极行使相联系的责任。

亚里士多德的分类阐明的是第一种类型:公民必须懂得如何接受统治。这在现代民主政体中尤其重要,因为个人和政党在一轮一轮的选举变动中,施行统治和接受统治是不断更替的。我们绝不能将政治上的失败结果与人格上的贬损或羞辱联系在一起。屈服的姿态就像服从法律或接受政治上失败的结果那样,与公民身份的尊严并非不相契合。

但是,即使某个人在政治上处于优势地位,责任的要素仍然存在。与公民身份相联系的权利和权力,之所以为某人所拥有,并非为了其自身利益,而是为了共同福祉,这就对如何行使这些权利和权力提出了特定要求。这就是我所说的第二种类型:与公民身份权利的积极行使有关的责任。在其他文章中,我曾主张很多权利最好被理解为责任权利:受托并行使社会或政治制度中特定的重要责任的权利。[3] 譬如,父母亲的权利,最好如此来理解;特殊职务基于尊严的等级观念而产生的很多与角色相关的权利,也是如此。因此,在我看来,与公民身份的尊严有关的政治权利也是如此。尊严之所以与公民身份密切相关,部分原因在于我们尊重公民个体超越其自身利益而关注政策、法律以及为全体利

---

〔1〕 [德]康德:《道德形而上学》,第558~559页(6:436)。

〔2〕 譬如,参见南非有关卖淫的一个判例:State v. Jordan and others(CCT31/01)[2002]ZACC22,萨克斯(Sachs)和奥里根(O'Regan)两位大法官在协同意见书中对尊严的讨论,第77~84节。另见法国非常有名的投掷侏儒案:*Commune de Morsang-sur-Orge*, CE, Ass., 27 Octobre 1995, Rec. Lebon 372, http://www.conseil-etat.fr/fr/presentation-des-grands-arrets/27-octobre-1995-commune-de-morsang-sur-orge.html。

〔3〕 [美]杰里米·沃尔德伦:《尊严、权利与责任》,载《亚利桑那州法律杂志》2011年第4期,总第43卷。

益殚精竭虑的责任能力。公民身份是一种尊严,因为其拥有者深受信任,他们能够履行这一职责。

五、契约论上的尊重

我已多次提及公民身份与民主之间的紧密联系。我猜想,一个人在绝对君主制国家也可以成为公民;但是,亚里士多德正确地指出:“我们对公民的定义最好被应用于民主制国家。”[1]即便公民投出的一张选票就像投入大海的一个水滴那样,他仍然能够感受到某种力量,因为他会想到,在这个政体中,只有像我这样的公民所投的选票才能决定最终的结果。

但是,公民身份的尊严有比这更深层次的内涵,而且对公民积极行使职责所需能力的尊重之外,还有更深层次的内涵。选举或其他政治参与形式的民主机制背后,存在若干层次的尊重。公民身份的地位所具有的尊严,既非普选权所能概括,也非宪政民主体制保障的权利和提供的保护所能穷尽。公民的尊严在于,他是政治和法律组织存在的目的之一,并且这些组织通过他——和其他无数公民——运用理性能力而得以维持。公民和臣民是不同的,我们区分二者,旨在强调公民不只是自在自为的国家之怜悯对象,国家出于保护公民的目的,需要受到特定的限制,并履行特定的义务。国家应该被看作一个公民聚合体,其由公民们自己所创造,并且为了他们全体的利益,一起维持着这个集体。因此,每个公民都应该被看作创造国家的奠基者,是参与建国之社会契约过程的一分子。

当然,这些观念都是虚构的。实际上公民比臣民好不到哪里去。国家是一个拥有独立权力的实体,直接面对着脆弱的可怜臣民。臣民非但不能成为某个社会契约的签署人,而且在国家政治结构和法律的塑造过程中,事实上也是起不到多大作用的。看起来,我们所能够做的,最多就是减轻这种无助感,一方面要求国家为臣民提供一点点保护,另一方面要求国家给予臣民一丁点政治权力,并称之为“公民权”。然而,我们对公民尊严的追求,意味着我们可以用另一

---

〔1〕 亚里士多德:《政治学》,第170页(卷三,章一,1275b.5)。

种眼光来看待。正如在过去的时代,我们赋予了君主神圣而又崇高的地位,即使我们全都知道,国王实际上也是人类,与其他任何人没有什么不同;今日,我们为普通臣民造就了一个尊严的光环。他应该受到赞颂,获得敬重,被赋予权力,并得到回应,就好像这是他的国家那样(当然,也是其他人的)。

为了使统治者拥有高贵的地位,我们过去会讲君权神授的故事,同样,为了使公民拥有高贵的地位,我们会跟自己讲社会契约的故事。当然,在这两种情形之下,我们都知道我们正在运用虚构的手法,不过,为了探寻我们认为应该获得的尊重之轮廓,虚构可能是最好的方式。[1] 此处采取的策略类似于康德的假想式契约论:尽管原初契约仅仅是理性的一种理念,但是它具有现实性,它在实践上必然要求立法者只制定原初契约中可能达成共识的法律。[2] 不过,这里有一个不同点:康德运用这个手段主要将其当作检验立法是否具有正当性的(消极)标准。我运用这个手段则还为了确定国家对臣民所应采取的整体态度。尊重作为一个公民的他,意味着给予他的尊重,应该与国家宪法和法律的创制者所应获得的尊重一样。他的关切应该获得回应,他的问题不应被置之不理,他的观点应该同其他人一样获得尊重。不管他的实际政治权力有多少,他对这些问题是有发言权的。

照此理解,公民身份的尊严不只是康德所谓"某部法律是否与正义相符的试金石",而且还涉及公开透明和不受蒙骗的问题。政体运作所依赖的原则应该是公开的;政体运作不应建立在公民普遍受到蒙骗,或某个公民群体受到蒙骗,对政体的运作方式存在误解的基础之上。社会契约观念又一次能够给予我们一个有益的想象:宪法和法律架构必须保证政体运作的公开性,每个公民都能够获得政体运作的知识,这就好像他是建立这个宪法和法律架构的人民中的一分子,并且他的关切是政体在持续运作中所应追求的。[3]

这一想象也是虚构的,毫无问题,在真实的世界里,宪法和法律架构的知识

---

〔1〕［美］罗尔斯:《正义论》,牛津大学出版社 1992 年版,第 12 页,承认了这一点。

〔2〕［德］康德:《论俗语》,第 296 ~ 297 页(8:297)。

〔3〕比较［美］罗尔斯:《正义论》,牛津大学出版社 1992 年版,第 115 页与［美］罗尔斯:《政治自由主义》,哥伦比亚大学出版社 2005 年版,第 66 ~ 71 页。另见［美］沃尔德伦:《自由主义的理论基础》,载［美］沃尔德伦:《自由权》,剑桥大学出版社 1993 年版,第 56 ~ 58 页。

和理解是因人而异的。政治才干可能要求普通公民难以理解的复杂算计，并且，有时可能存在特定的事项需要加以保密。但普遍的原则是：一切事情都应该公开，以便受到审查和讨论，公民们可以形成他们自己的观点，这就好像政体安排和所有政治决定都是由他们作出的那样。这便是尊重公民身份的尊严之核心要义。倘若特定事项需要保密，那么应该对保密的必要性作出充分的说明；倘若公民们对政治议题的理解存在分歧，那么应该允许他们在公开的讨论中利用各自的专业优势，而不是操控这个议题。凡是做不到这一点的，都是一种侮辱——不一定是对普通人的智力的侮辱，而是对公民的尊严和权利的侮辱。

我这么说是因为，人们不时能听到政治精英对伯纳德·威廉斯（Bernard Williams）所谓"政府大院的功利主义"的共鸣之音：[1]知道（譬如气候变化）真相的我们，有责任包装信息，操纵公共意见，以便产生我们想要的政治结果，因为经过我们计算，这一结果将产生最好的后果；相反，如果我们仅仅披露这些信息，而不去控制大众吸收这些信息的过程，那将是不负责任的。这样一种方法可能是有效率的，并且在后果主义的意义上是负责任的。但是，它与公民身份的尊严不相符合。这就像公司的董事会操纵其股东或者大学的院长操纵其教职员工。正是这些人的地位要求其组织对信息可能受到限制或得到包装的方式施加约束。他们的尊严胜过不许他们公开而充分的讨论所可能取得的任何成果之价值。[2]

---

〔1〕［英］伯纳德·威廉斯：《伦理学与哲学的边界》，哈佛大学出版社1985年版，第120~122页。

〔2〕感谢罗伯特·基欧汉（Robert Keohane）对这些问题的讨论。（基欧汉目前是普林斯顿大学政治学教授，曾任美国政治学会主席。——译者注）

图书在版编目(CIP)数据

师大法学. 2020年. 第1辑 : 总第7辑 / 华东师范大学法学院组编 ; 张志铭主编. -- 北京 : 法律出版社, 2021

ISBN 978-7-5197-5863-9

Ⅰ. ①师… Ⅱ. ①华… ②张… Ⅲ. ①法学-文集 Ⅳ. ①D90-53

中国版本图书馆CIP数据核字(2021)第170622号

师大法学(2020年第1辑·总第7辑)
SHIDA FAXUE (2020 NIAN DI-1 JI · ZONG DI-7 JI)

华东师范大学法学院 组编
张志铭 主编

策划编辑 蒋 橙
责任编辑 蒋 橙
装帧设计 鲍龙卉

出版发行 法律出版社
编辑统筹 法律应用出版分社
责任校对 蒋 橙
责任印制 吕亚莉
经　　销 新华书店

开本 710毫米×1000毫米 1/16
印张 18　**字数** 274千
版本 2021年8月第1版
印次 2021年8月第1次印刷
印刷 唐山玺诚印务有限公司

地址:北京市丰台区莲花池西里7号(100073)
网址:www.lawpress.com.cn
投稿邮箱:info@lawpress.com.cn
举报盗版邮箱:jbwq@lawpress.com.cn
销售电话:010-83938349
客服电话:010-83938350
咨询电话:010-63939796

书号:ISBN 978-7-5197-5863-9
定价:68.00元

凡购买本社图书,如有印装错误,我社负责退换。电话:010-83938349